Angelika Aliti
Mama ante portas!

Angelika Aliti

Mama ante portas!

Wenn Frauen das Sagen haben

Frauenoffensive

1. Auflage, 1997
© Verlag Frauenoffensive, 1996
(Knollerstr. 3, 80802 München)

ISBN 3-88104-287-3

Druck: Clausen & Bosse, Leck
Umschlaggestaltung: Frauke Bergemann, München

Dies Buch ist gedruckt auf Papier aus chlorfrei gebleichtem Zellstoff.

INHALT

DENKFALLEN

Ich sag's lieber gleich: Dieses Buch ist streng unwissenschaftlich. Es ist emotional und ausgesprochen parteiisch. Meine Argumente sind unfair, und Ausgewogenheit ist mir vollkommen gleichgültig, ja im Grunde vermeide ich sie ganz bewußt.

Ich habe die Absicht, Sie zu verwirren und zu verunsichern. Am Ende möchte ich, daß Ihr bisheriges Weltbild zumindest erschüttert, möglichst aber verändert ist. Um das zu erreichen, werde ich jeden mir bekannten verbalen und psychologischen Trick anwenden und damit die Kontrollen Ihres Bewußtseins umgehen und außer Kraft setzen. Ich werde in Ihren emotionalen Haushalt eingreifen und Ihre bisherige Wahrnehmung so sehr beeinflussen, bis Ihnen die Augen aufgehen.

Das ist unumgänglich, denn mit diesem Buch möchte ich – zumindest gedanklich – neue Welten eröffnen. Es soll der Gedanke zu Ende gedacht werden, wie eine Welt aussähe, in der Frauen das Sagen haben. Viel wird darüber gestritten, nachgedacht jedoch beinahe nie.

Was uns dabei vor allem im Wege steht, sind Denkfallen aller Art, und das selbstverständlich nicht etwa zufällig. Das Patriarchat ist ein System, das der geistigen und emotionalen Verwirrung des einzelnen Menschen bedarf, um bestehen zu können. Denkfallen erzeugen Vorstellungen und Bilder, die wir uns von der Welt machen, die aber weder auf Logik noch auf primärer Erfahrung beruhen. Sie leben vom Hörensagen. Es gehört zur Denkfalle, daß der Wahrheitsgehalt dieser Vorstellungen niemals überprüft wird.

Weil bereits die Voraussetzungen, von denen wir ausgehen, falsch sind, müssen es die Schlüsse, die wir daraus ziehen, selbstverständlich auch sein. Und genau deshalb stecken wir fest in einer Welt, die trotz aller Bemühungen keine gute Welt wird, und verstehen nicht einmal, warum. Die falsch gezogenen Schlüsse halten uns dort gefangen, wo wir uns befinden, und sie erzeugen die notwendige geistige Beschränktheit, die seelische Leidensbereitschaft und verdrehte Un-Körperlichkeit, die wir gelernt haben, als natürliches Menschsein zu erfahren.

Damit sind wir verständlicherweise alle recht unglücklich, und deshalb setzen wir dann all unsere Kraft ein, um zu verstehen, was nun einmal auf diese Weise nicht zu verstehen ist. Und während auf diese Weise die Jahre ins Land gehen, merken wir nicht, wie wir uns im Kreis drehen.

Denkfallen kommen eher harmlos daher und erscheinen stets unverdächtig. Werden sie aufgedeckt, werden erstaunliche Emotionen freigesetzt. In der Regel wird versucht, unter allen Umständen zu beweisen, daß der verdrehte Gedankengang doch stimmt und die Aufdeckung der Denkfalle bestenfalls ein Irrtum, sonst aber auf böswilliger Verdrehung beruht. Zu sehr scheint die Selbsttäuschung zu schmerzen.

Was eine Denkfalle ist, soll die folgende Geschichte deutlich machen. Da gab es einen Mann, der wurde am hellen Nachmittag in einer Seitengasse der großen Wiener Kärtnerstraße von drei Frauen überfallen. Sie zwangen ihn mit gezückten Messern, ihnen in einen Hinterhof zu folgen. Dort schnitten sie ihm die Hosen herunter. Gerade als im Versuch, ihm die Hoden abzuschneiden, schon das erste Blut floß, traf die Polizei ein und nahm die drei Frauen fest. Ein wachsamer Pensionist hatte alles beobachtet und die Ordnungshüter gerufen, die beherzt einschritten. Wie sich herausstellte, war der Mann nicht das erste Opfer der drei, die sich selbst als wahre Frauen und echte Männerhasserinnen bezeichneten. Sie zeigten keine Reue für ihre Tat.

Als ich diese Geschichte zum erstenmal hörte, waren meine Reaktionen ziemlich eindeutig: Obwohl ich mich ganz klar für eine Emanze halte, dachte ich: „Der arme Mann, der hat ihnen doch gar nichts getan." Und dann: „Das geht nun aber doch zu weit." Ich war imstande, Mitgefühl für das Opfer zu entwickeln, und hatte nur wenig Verständnis für die Täterinnen. Die meisten Menschen, die diese Geschichte hören, reagieren so oder ähnlich.

Diese Geschichte ist selbstverständlich nie geschehen, sie ist eine Denkfalle. Sie ist von vorn bis hinten erfunden – einzig zu dem Zweck, daß die Hörerin/der Hörer der Geschichte sich im Gestrüpp der eigenen heimlichen Vorurteile verfange und ihr und ihm die Wahrheit über sich selbst klarwerde.

Täglich geschieht überall auf der Welt Tausenden und Abertausenden Frauen und Kindern, was dem Mann in der erfundenen Geschichte geschah. Interessanterweise wird diesen weiblichen Opfern nicht auch nur annähernd die anteilnehmende Reaktion zuteil, die wir dem männlichen Opfer in der Denkfalle angedeihen lassen. Auch dann nicht, wenn wir selbstverständlich Gewalt im allgemeinen und Vergewaltigungen im besonderen aus tiefstem Herzen verabscheuen.

Doch dies ist noch nicht alles, was diese auf Umkehrung basierende Geschichte offenbart. Das eigentlich Bestürzende ist, daß den wenigsten wirklich auffällt, daß nur die eine, die männliche Hälfte unserer Spezies solchen Umgang mit dem anderen Geschlecht pflegt, wir jedoch üblicherweise den Menschen und nicht nur den Mann für gewaltfähig halten. Während wir alltäglich beinahe ausschließlich von männlicher Gewalttätigkeit umgeben sind, ohne uns etwas dabei zu denken, halten wir weibliche Gewalttätigkeit für wahrscheinlich, obwohl wir ihr nie begegnen, weil es sie praktisch nicht gibt. Zweifler dieser Behauptung mögen darüber nachdenken, daß zur Zeit etwa 170 Mörder in Österreich lebenslang im Gefängnis sitzen. Drei davon sind Frauen.

Wir leben in einer Welt, in der mit derlei zweierlei Maß gemessen wird. Das würde wohl kaum jemand akzeptieren, wären da nicht überall große und kleine Denkfallen aufgestellt, die die Wirklichkeit verzerren. In einer solchen Welt Gerechtigkeit herzustellen, geht nur mit Hilfe von Argwohn gegenüber den eigenen Denkweisen und mit einem gerüttelt Maß an emotionaler Parteinahme. Die Parteinahme ist ganz besonders in Fragen der angeblich nicht existierenden Unterdrückung von Frauen von erheblicher Bedeutung. Je vehementer die Sache der Frauen vertreten wird, um so betonter sind die Appelle an Ausgewogenheit und Fairness.

Wann immer die Forderung auftaucht, es müßten doch um der Fairness willen beide Seiten betrachtet werden, ist allerdings äußerstes Mißtrauen angebracht. Meine Erfahrung hat gezeigt, daß es sich stets um den Versuch handelt, die Reichweite eines feministischen Gedankens zu begrenzen, um männliches Mißfallen zu vermeiden. Männliches Mißfallen ist so ziemlich die stärkste Waffe, die das Patriarchat kennt, die immer dann eingesetzt wird, wenn Frauen zur Sache gehen.

Die Würde des Mannes ist unantastbar. Das ist tief in unsere Herzen eingebrannt. Die Würde der Frau ist es nicht. Auch die Würde der Kinder ist es nicht, da sie dem Lebenskreis der Frau zugeordnet werden. Auch das halten wir, obwohl wir es aus ganzem Herzen ablehnen, für richtig. Immer noch. Die Wirkungskraft dieser heimlichen Überzeugung zeigt sich auf einen Schlag, wenn wir uns der Überlegung nähern, was wäre, wenn die Wiederherstellung der Würde der Frauen es notwendig machte, die Würde des Mannes anzutasten.

Als ich vor einiger Zeit in einem Vortrag die These aufstellte, daß Faschismus nur eine Variante des Patriarchats sei, im Grunde nichts als eine Klimax des Systems, und daher als reine Männer-(ur)sache anzusehen sei, gab es eine interessante Reaktion der Veranstalterin. Sie stimmte mir zwar zu, aber sie entschuldigte sich mehrmals bei den anwesenden Männern im Publikum für meine Thesen und betonte immer wieder besorgt, daß diese bitte nicht als persönlicher Affront aufgefaßt werden mögen.

Vor nichts haben Frauen so sehr Angst als davor, sich als klare, offene und kompromißlose Gegnerinnen von Männern und ihrer Herrschaft zu outen. Was vor allem die noch durch Ehe oder Lebensgemeinschaft an Männer gebundenen Frauen über Männer an Verachtung, Hohn und Zorn äußern, wenn Frauen ganz unter sich sind, würde so manchem Mann die Haare zu Berge stehen lassen, hätte er je eine Chance, davon Kenntnis zu erhalten.

Doch der Feminismus solcher Frauen endet genau dann, wenn es darum geht, in aller Öffentlichkeit Farbe zu bekennen. Geht es dann sogar richtig zur Sache und sind Konsequenzen gefragt, siegt die Angst vor dem Rausschmiß aus der Welt von Geld, Sicherheit, Anerkennung, Bestätigung und Macht. Ein Leben aus eigener Kraft und ohne männliche Unterstützung scheint diesen Frauen nicht möglich.

Eine weitere Denkfalle, aus der es Zeit wird, sich zu befreien, ist die Annahme, bei der eigenen Wahrnehmung handele es sich um objektive Realität, aus der sich schließen ließe, daß alle anderen Menschen sie ebenso erleben. Der verdrehte Schluß, der aus dieser falschen Annahme gezogen wird, ist der, daß alle anderen Menschen auch so handeln würden wie man selbst, was wir für einen Beweis für die Richtigkeit unseres Handelns halten.

Begegnet jemand, der in dieser Falle sitzt, anderen Wahrnehmungen und unterschiedlichen Auffassungen von der Wirklichkeit, so wird dieser jemand sofort viel Zeit und Energie darein setzen, im günstigen Fall durch Überzeugung, im schlechtesten Fall durch Erzeugung von Druck die eigene für wahr angenommene Wahrnehmung durchzusetzen, denn diese sei ja objektiv. So landet man dann in der ermüdenden Rechthaberei, für die ganze Völker auf diesem Erdball berühmt und gefürchtet sind.

Diese Denkfalle hat eine immense Einengung der persönlichen Verhaltensmöglichkeiten zur Folge und liefert die Rechtfertigung dieser Beschränktheit gleich dazu.

Auf diese Weise ist es erklärlich, warum fast alle Männer und auch ein Großteil der Frauen auf die Forderung, den Lauf der Welt lieber von Frauen als von Männern bestimmen zu lassen, mit Furcht und Ablehnung reagieren. Alle gehen davon aus, daß in einem solchen Fall über den Geschlechtertausch hinaus die gesellschaftliche, soziale und wirtschaftliche Struktur unserer Welt so bliebe, wie sie ist. Nur daß dann die Männer den schwarzen Peter hätten. Wirklich? Hätten wir dann in Österreich nur drei männliche Lebenslängliche und 167 weibliche? Würden dann Frauen die Kinder mißbrauchen und die Männer schlagen und vergewaltigen? Sorgten dann Mütter dafür, daß die Wirtschaft weiter expandiert, koste es unsere Kinder auch Gesundheit und Zukunft? Würden auch dann die Reichen immer reicher und die Armen immer zahlreicher? Würden dann die Männer als zweitklassige Wesen, unterdrückt und verlacht, sich vor allem mit unbezahlter Arbeit durchs Leben schlagen müssen? Gäbe es ein dienendes Geschlecht, und hätte dieses eine tiefe Stimme? Gäbe es weiterhin obszöne Kriege wie in Bosnien? Hooligans? Neonazis? Haß? Gewalt? Zerstörung?

Das ist so unwahrscheinlich wie eine bevorstehende Verlobung des Papstes mit Kim Basinger und träfe wohl nur dann zu, wenn Frauen so definiert werden, daß sie Männer sind, die sich nicht im Gesicht, sondern an den Beinen rasieren müssen.

Frauen aber sind Frauen. Und eine Welt, die sich nach weiblichen Werten entfaltet, ist eine vollkommen andere als die männerzentrierte patriarchale, in der wir leben müssen.

Bevor darüber aber allzu intensiv nachgedacht wird, wollen die meisten lieber eine Welt, in der die Macht zwischen Mann und Frau gleich verteilt ist. Partnerschaft statt Herrschaft. Das klingt nicht nur unverdächtig, das klingt richtig gut. Willkommen in der nächsten Denkfalle.

Gleichheit herzustellen ist das Ziel aller, die sich eine gerechte Welt wünschen, weil angenommen wird, daß Gleichstellung etwas mit Gerechtigkeit zu tun hätte. Wenn das so wäre, dann frage ich mich, warum wir nicht darum kämpfen, daß der Vater ein Recht auf Vaterschutz acht Wochen vor und nach seiner Niederkunft hat.

Damit sind wir aber noch nicht heraus aus der Denkfalle. Schutz – in diesem Fall Mutterschutz – wird den Schwachen gewährt in einer Welt, in der die Starken ihre Stärke gewöhnlich zu mißbrauchen pflegen. Ist die Tatsache, daß Starke ihre Stärke mißbrauchen, schon sonderbar, aber unbestritten existent, so ist die Annahme, Frauen – in diesem Fall Mütter – wären inferior, geradezu unglaublich.

Jede, die selbst geboren hat, und alle, die es jemals miterlebt haben, wissen, welch großes Wunder sich dabei offenbart, für das Worte nicht ausreichen, um es zu beschreiben. Das Leben gebiert sich aus sich selbst, und wir Frauen sind es, die dieses Wunder zu vollbringen vermögen. Diese Potenz ist die größte Stärke, über die Lebewesen verfügen, und für diese unvergleichliche Potenz gebührte uns Frauen das höchste Ansehen, die größte Anerkennung, Achtung und Bewunderung.

Doch auch an diesem Punkt finden wir noch immer nicht aus der Denkfalle heraus. Statt dessen erhebt sich bei diesen Gedanken gewaltiger Protest. Die Erhöhung (!) der Mutterschaft sei wesentliches Merkmal faschistischer Systeme.

Heißt das, daß wir die Herabsetzung und Verachtung, mit der Frauen, vor allem aber Müttern begegnet wird, als einen Versuch deuten sollten, Faschismus zu verhindern?

Dies ist die schlimmste aller Denkfallen. Der Faschismus verehrt nicht das Leben, sondern haßt es, und so hat der Nationalsozialismus auch nicht die Mütter als Lebensspenderinnen verehrt, sondern sie benutzt wie alle anderen patriarchalen Systeme auch. Jedes auf seine Weise.

Die Fähigkeit, Leben zu schenken sowie das eigenmächtige Recht, aus freiem Willen darauf verzichten zu können, macht die Frauen nicht den Männern gleich, sondern ihnen überlegen. Das sind übermännliche Kräfte, und daher sind Frauen nicht einfach bloß das passende Gegenstück zum Mann, sondern übermännlich. Das mag irritieren, verunsichern, möglicherweise sogar erschrekken und schmerzen. Aber es ist eine Tatsache.

Jedoch nicht nur deshalb kann es nicht darum gehen, Gerechtigkeit durch Gleichstellung zu suchen. Der Ausweg aus dem Patriarchat und seinen destruktiven, lebensfeindlichen Strukturen kann nur in einem totalen Wandel gefunden werden. Das Patriarchat ein wenig netter, ein bißchen menschenfreundlicher, femininer und fröhlicher zu machen, ist eine böse Illusion. Bei geteilter Macht werden wir nichts anderes erwarten können als mehr weibliche Gesichter und bunte Kleider, wo bisher Herr Wichtig und Herr Langweilig in Dunkelblau und Mausgrau an den Hebeln der Macht herumspielten. Die Gleichstellung der Frau als Hauptziel feministischen Bestrebens ist eine Sackgasse, die zu Sub-Männern wie der legendären Margaret Thatcher oder männerergebenen Funktionspuppen führt, aber nicht in eine lebendige Welt, wie wir sie unseren Kindern zu hinterlassen wünschen.

Ich wünsche mir eine Zukunft, in der Männer keine Gewalt mehr über Frauen haben und Frauen endlich das Leben selbst in die Hand nehmen. Ich wünsche es mir nicht, damit wir endlich als gleich angesehen und behandelt werden, denn ich brauche die Anerkennung als menschliches Wesen durch Männer nicht, um mich als ein solches zu fühlen, sondern um zu erreichen, daß kein Lebewesen, ganz gleich, ob es zwei oder vier Beine, Flossen oder Wurzeln hat, mehr herabgesetzt und ausgebeutet werden kann. Die seelische und körperliche Vergewaltigung von Frauen als selbstverständlicher Gewaltausdruck des Alltags steht in enger Verbindung mit der Vergewaltigung der Erde, wie die französischen Atombombenzündungen auf der Pazifik-Insel Mururoa.

Ich spreche in diesem Buch von Matriarchaten und matriarchalen Lebensformen. Ich meine nicht die vergangenen, lange versunkenen Zeiten, als wir noch nach den Gesetzen der Mütter lebten.

Ich spreche von der Zukunft, davon, wie wir heute dafür sorgen können, daß es einen Paradigmenwechsel gibt. Es ist nicht ein Paradigmenwechsel, es ist *der* Paradigmenwechsel. Auch zu meiner Überraschung ist die Zeit offenbar nun wirklich reif dafür. Veränderungen sind zwar nur ausgesprochen schwer zu erreichen. Dies gilt bereits für so vergleichsweise überschaubare Situationen wie ein einzelnes Leben. Wieviel mehr für ganze Gesellschaftsformen.

Angesichts der verwirrenden Komplexität der patriarchalen Welt mag es mancher unmöglich erscheinen, daß sich eine Veränderung in Richtung einer gewaltlosen, lebendigen, lebenswerten Welt erreichen ließe. Aber man muß sich Veränderungen nicht mehr wie Revolutionen vorstellen, die mit Gewalt und Blutvergießen die alte Entwicklung aufhalten, um damit bereits die Destruktion fortzusetzen. Wahre Veränderungen finden immer zuerst im Kopf statt, als Wunsch, Traum und Vision, und dann mit kleinen Schritten im Leben einzelner Menschen. Das ist die große Kraft der Gedanken.

Die Sehnsucht nach einem sinnvollen, erfüllten und in Liebe gelebten Leben steckt ungebrochen in jeder von uns. Die Erfüllung dieses Wunsches liegt jenseits der Beschränkungen, die uns die zahllosen Denkfallen auferlegen.

Wagen wir es, uns in die Freiheit klaren Denkens zu begeben, und wagen wir es, die Welt für uns zu beanspruchen.

KLEINE EINFÜHRUNG
IN EIN FEMINISTISCHES ENDZEITGEFÜHL

Das Timing, mit dem die patriarchale Zivilisation zusammenzubrechen beginnt, ist so perfekt, daß es sich kein Science-fiction-Autor besser hätte ausdenken können. Eigentlich haben es schon immer alle geahnt, von den Zeugen Jehovas über Althippies und Esoteriker bis zu den hartgesottenen Nihilisten. Von Nostradamus, Paracelsus und der heiligen Fatima ganz abgesehen. Diese Zivilisation wird nicht mehr sein, wenn das nächste Jahrtausend beginnt.

Für die einen beginnt die große Abrechnung, das Weltengericht Gottes, das über uns hereinbricht. Für die anderen beginnt das Zeitalter des Wassermanns. Sie wünschen sich „Let the sunshine in", was angesichts des Ozonlochs vielleicht auch nicht mehr so paßt. Die dritten sehen einfach nur, wie wir einer globalen ökologischen und ökonomischen Katastrophe entgegentrudeln, denn der Wahnsinn, der in dem Gedanken endlosen Wirtschaftswachstums liegt, beginnt uns aufzufressen. Haben wir vergessen, daß wir nicht von der Erde nehmen können, ohne auch zurückgeben zu müssen? Wir können den Zeitpunkt der Rückgabe wohl für eine Weile aufschieben, aber wir können dieses Gesetz nicht aufheben.

Alle haben gewarnt. Niemand wollte es wissen.

Nun ist es soweit, das nächste Jahrtausend beginnt demnächst, und siehe da, alles deutet darauf hin, daß wir uns mit unserem Endzeitgefühl nicht getäuscht haben. Das Bruttosozialprodukt der meisten Nationen will und will nicht mehr wachsen. Man spricht von strukturellen Umstellungen auf dem Arbeitsmarkt. Das bedeutet, wenn auch kräftig weiterproduziert wird, benötigt man dazu praktisch keine Arbeitskräfte mehr. Damit kracht das System auch dann zusammen, wenn neue Technologien die Ausbeutung der

Erde länger möglich machen. Die Folge: Die Zahl der Armen in den reichen Ländern wächst ganz ungemein. Immer mehr Arme in den armen Ländern stürzen in noch größeres Elend. Niemand wird sich mehr die produzierten Waren und die sozialen und sonstigen Dienstleistungen leisten können. Ebenso steigt die Zahl der chronischen, auf Verdreckung der Erde zurückzuführenden Erkrankungen. Täglich sterben unzählige Arten Lebewesen aus demselben Grund aus. Dagegen hat sich die Zahl der großen, verheerenden Naturkatastrophen weltweit dramatisch erhöht. Bemerkenswert zugenommen hat auch die Unfruchtbarkeit bei Mann und Frau vor allem in den reichen Ländern des weißen Mannes in Europa und Amerika. Dies ist nur eine kleine, eine sehr kleine Auswahl der immensen Anzeichen eines nunmehrigen Untergangs. Wohin ich schaue, entdecke ich große Angst vor der Zukunft und verzweifelte Versuche, so zu tun, als wäre alles in bester Ordnung.

Besonders schwerwiegend ist ein Untergangssymptom, das sich augenblicklich noch eher subtil als privates Familienproblem zeigt, aber schon in ein paar Jahren Teil des unaufhaltsamen Niedergangs unserer Welt sein wird: die emotionale Verdummung der nachwachsenden jüngeren Generationen als Spätfolge einer analytisch-rationalen Verwertungszivilisation. Die soziale Isolation der heute früh an den Konsum künstlicher und fremder Emotionen gewöhnten Jugendlichen führt zu einem allgemeinen „Kaspar-Hauser"-Syndrom. Dieser Mangel an emotionalen und sozialen Fähigkeiten wird den Zusammenhalt der Menschen untereinander verhindern. Ohne diesen Zusammenhalt aber gibt es kein Zusammenleben mehr. Ohne ein funktionierendes Zusammenleben der Menschen kann keine Gesellschaft existieren.

Endzeitstimmungen sind nichts Neues und daher eigentlich auch nichts Besonderes. Kurz vor der Jahrtausendwende drängen sie sich geradezu auf als beinahe unvermeidbares, wenn auch triviales Spiel mit Zahlen und Gefühlen. Doch jetzt, so scheint alles darauf hinzudeuten, ist tatsächlich Schluß mit Lustig.

Weltuntergangsstimmung führt leicht zu Panik und anderen nervösen Angstreaktionen. Ich frage mich, ob das nicht daher rührt, daß wir uns selbst viel zu wichtig nehmen. Es ist nicht die Welt, die untergeht. Es ist diese bestimmte Zivilisation, die sich durch männliche Usurpation der Gebärpotenz und Erziehung zur

Zerstörungsfähigkeit auszeichnet, das Patriarchat, das nun seine Abschiedsvorstellung gibt. Der Untergang einer solchen Zivilisation zieht allerdings einen Rattenschwanz an Vernichtung und Chaos nach sich, der apokalyptisch ist. Da ist eine nervöse Angstreaktion eine durchaus angemessene Reaktion. Vorbei die Zeit, als wir so etwas noch im sicheren Abstand via Satellit auf dem Fernsehschirm verfolgen konnten. Diesmal sitzen wir nicht in der ersten Reihe, wir werden mittendrin stecken. Was wird dann aus uns? Das ist die Frage, die wir uns jetzt schon stellen müssen.

Es wird Kriege, gewalttätige und blutige Kleinkriege beispielsweise um uns so billig erscheinende Dinge wie Wasser geben. Es scheint in Vergessenheit geraten zu sein, daß der Mensch keine Woche überlebt, wenn er nicht trinkbares Wasser in greifbarer Nähe hat. Schon heute wissen wir, daß das Trinkwasser der Erde im Jahre 2026 nur noch für ein Drittel der Menschheit reicht, wenn wir weiterhin mit dem Wasser so umgehen, wie wir es tun. Und wir werden es weiter tun. Kämen wir nunmehr zur Einsicht, so nützte es uns gar nichts mehr, denn keine rettende Sparmaßnahme der Welt kann uns vor dem bewahren, was da auf uns zukommt.

Nicht erst in dreißig Jahren werden unsere Nachkommen im Schlamassel sitzen, denn in den Städten beginnt der Krieg schon früher. Noch vor der ökologischen Katastrophe kommt die wirtschaftliche auf uns zu. Das Kartenhaus städtischen Lebens, das mühsam auf das kurze Überleben von Monat zu Monat konzentriert ist, getragen von Monatseinkommen, Supermärkten und der Selbstverständlichkeit eines umfassenden Warenangebots, täglich gefährdet durch Monatsraten für Kredite, Monatsmieten für geliehene Behausungen und schwerfällige Transportsysteme, wird millionenfach zusammenfallen.

Erst seit ich vor einigen Jahren aufs Land gezogen bin, um mich selbst mit Nahrung versorgen zu können, weiß ich, wie lebensunfähig Stadtmenschen sind. Ich gehe nun in den fünften Sommer meiner bäuerlichen Tätigkeit und wäre noch immer im Ernstfall, d.h. ohne den Supermarkt in der Bezirkshauptstadt nicht in der Lage, zu überleben. Es braucht viele Jahre, bis aus einem städtischen Zoo-Menschen eine freie Frau geworden ist. Echtes Leben bedeutet viel Arbeit, aber das allein ist noch nicht so ausschlaggebend, denn irgendwann haben sich Muskeln und Knochen daran gewöhnt. Es bedeutet eine Fülle von Fähigkeiten, Fertigkeiten und Kenntnissen. Viel Arbeit kann man sich teilen, damit sie leichter wird. Manchmal haben wir Glück, und es taucht eine Mutter mit zwei mißratenen Söhnen für eine Weile bei uns auf. Dann dauert es nicht lange, und es findet sich ein Anlaß, für den ich die lieben Kleinen strafweise dazu verdonnern kann, Kartoffelkäfer zu klauben. Immer wieder ist eine da, die beim Unkrautrupfen, bei der Dinkelernte, beim Heuen oder beim Pflücken der Äpfel hilft. Aber aller Fleiß ist sinnlos, wenn eine nicht weiß, was sie tun muß, um essen zu können, ein Dach über dem Kopf zu haben und Holz für ein warmes Feuer.

An diesem Wissensmangel werden Städter in dem kommenden Zusammenbruch zugrunde gehen. Auch die Landbevölkerung wird überrascht zur Kenntnis nehmen müssen, daß es ein Fehler war, den Alten nicht zuzuhören, wenn sie erzählten, wie es früher gemacht wurde. Wenn Diesel und Benzin nicht mehr zu bekommen sind, kann man Traktoren und Mähdrescher nur noch zu Riesenblumenkübeln umfunktionieren. Der Staat, die EU, all diese sonderbaren und ungreifbaren Gebilde werden nichts mehr zu verteilen haben. Der Traum vom staatlich finanzierten Landschaftspfleger wird ausgeträumt sein. Das Abwandern in die Stadt oder Pendeln für Jobs werden als Alternative nicht mehr existieren. Das wird zu einer Vielzahl schmerzlicher Einzelschicksale führen. Die wahre Gefahr jedoch kommt aus den Städten.

Armut in der Stadt hat stets den kompletten Verlust der Existenzgrundlage zur Folge. Massenarmut in der Stadt ist die Brutstätte für unkontrollierbaren Haß und Gewalt. Es wird ein Kampf jeder gegen jeden sein, wie wir ihn ansatzweise ja bereits aus den Ballungszentren der USA kennen, nur müssen wir uns das Ganze noch flächendeckender und verzweifelter vorstellen.

Mancher mag das ein zu furchterregendes Szenario sein, das ich da schildere, eine theatralische Gesellschaftskritik, bitter, zynisch und vor allem übertrieben.

Im Umgang mit diesen Gedanken teilen sich auch Frauen in zwei Lager. Die einen sehen sich mit den daraus resultierenden Erkenntnissen überfordert und steigen an einem beliebigen Punkt ein in das Hoffnungsspiel der Politiker, die glauben machen wollen, es handele sich um eine vorübergehende Krise, eine immer mal wieder vorkommende konjunkturelle Schwankung, die man entweder durchstehen muß oder für die nur die entsprechenden Lösungen gefunden werden müssen, damit es wieder aufwärtsgehen kann. Alles eine Frage neuer Technologien. Innovation wird es bringen, vielleicht auch mehr Export oder noch besser: Alle Arbeitslosen arbeiten im sozialen Dienstleistungsbereich, für den wir allerdings jetzt schon kein Geld mehr haben. Handelt es sich um Feministinnen, so setzen sie auf die Hoffnung, mehr Frauen brächten mehr Menschlichkeit in Wirtschaft und Politik. Ihr Feminismus hält das Motto „Holt den Gockel von dem Sockel" bereits für die Lösung des Problems Patriarchat.

Das kann so wenig funktionieren, wie ein Schnapsladenbesitzer Vorsitzender der Anonymen Alkoholiker sein kann. Es leuchtet ein, daß das Patriarchat als Ursache seine eigenen Folgen weder in den Griff bekommen noch für die Zukunft verhindern kann, ohne immer wieder dieselben Probleme zu erzeugen. Um das zu schaffen, müßte es sich schon selbst entsorgen. Für jede denkende Frau ist Alarmstufe 1 angebracht, wenn rechte Politiker mittlerweile öffentlich verkünden, einen Krieg wie in Bosnien hätte es nicht gegeben, wären die Frauen an der Macht. Natürlich hat er damit recht. Aber warum sagt ausgerechnet so einer das? Von Schnapshändlern nehmen wir keine Aufforderung zur Abstinenz entgegen. So einer kann leicht von Frauen an der Macht reden, denn er weiß am besten, wie er das zu verhindern weiß. Nicht jeder ist es gegeben, zu erkennen, wann der Wolf Kreide gefressen hat.

Auch die Frauen, die auf ihnen fortschrittlich erscheinende Männer hereinfallen, wissen im Grunde, daß nichts mehr in Ordnung ist. Aber sie wollen es nicht wissen. Der Gedanke, daß es auch nie wieder in Ordnung kommen wird, ist diesen Denkfallen-Geschädigten so unerträglich, daß sie im glühendsten Wunsch, es möge nicht wahr sein, so tun, als gäbe es allerorten Anzeichen für Besserung und Fortschritt. Genau davon leben die politischen Schnapshändler des Patriarchats.

Ebenfalls in diesem Lager der ewig und unverdrossen Hoffenden befinden sich die Kurzsichtigen, die geistig und materiell Korrumpierten, deren historisches Denkvermögen gerade mal dazu ausreicht, den Überblick über die Zahl ihrer verflossenen Lebensabschnittsgefährten nicht zu verlieren. Sie verstehen unter Feminismus den offensiven Kampf um die besseren Jobs und tollen Karrieren. Ihrer Wahrnehmung verbietet sich jeder Gedanke, der darüber hinausgeht. Daher ist für sie in der Frauenfrage bereits alles erreicht. Sie fühlen sich sicher, solange sie in einer Demokratie leben. Am liebsten mit einem Mann an der Spitze, außer sie selbst kriegen den Job. Vorstellungen von zivilisatorischen Zusammenbrüchen sind undenkbar in des Wortes direkter Bedeutung. Kapitalismus halten sie für ein Schlagwort der ewig gestrigen Linken. Leistung ist es, die für sie zählt.

Im zweiten Lager hocken die Ausheckerinnen, zu denen auch ich mich zähle. Wir wollen es nicht nur wissen, wir suchen nach echten Auswegen und sind bereit, dafür einiges auf uns zu nehmen und auszuprobieren. Von diesen Auswegen wird in diesem Buch eine Menge die Rede sein. Sie basieren auf der Arbeit vieler Frauen im Bereich der Matriarchats- und Frauenforschung. Und sie gehen davon aus, daß das Patriarchat eine Gesellschaftsform ist, die auf Unterwerfung, Unterdrückung, Hierarchie und Abhängigkeit beruht und daher gar nicht anders kann als nur das Schlechteste im Menschen hervorzubringen, so sehr diese Zivilisation auch darum bemüht ist, die destruktiven und bösartigen Abgründe in den Griff und unter Kontrolle zu bekommen.

Hinführen sollen diese Auswege zu einer Gesellschaft, die sich durch gegenseitige Achtung und Solidarität definiert und in der die Liebe zum Leben alle Geschöpfe dieses Planeten als gleichwertige und gleichberechtigte Geschwister anerkennt und mit einschließt. Das ist ein großes Ziel, das zu erreichen sich viele Menschen ersehnen. Wir haben niemals aufgehört, daran zu glauben, daß der Mensch grundsätzlich gut ist und sich in Wahrheit nicht aus der Schöpfung entfernen möchte. Die Frage, warum es bisher nicht möglich war, eine solche Gesellschaftsform zu etablieren, ist zwingend. Die eine Antwort ist: Gut hunderttausend Jahre lang haben wir in Harmonie mit dem Leben gelebt und dabei so manche Hochkultur zur Blüte gebracht, ehe sich patriarchale Ordnung mit Gewalt vor ein paar tausend Jahren durchsetzte. Die zweite Antwort ist, daß jeder Versuch der Veränderung zurück zum Leben bisher nur das Mittel der Gewalt zu seiner Durchsetzung kannte. Zwangsbeglückung durch ideologische Heilslehren mit den Mitteln der Unterdrückung und Kontrolle. Oder blutige Aufstände gegen alte Unterdrücker und ihre Herrschaft, so daß jeder neue Anfang bereits die alte Destruktion in sich trug.

Darüber hinaus waren alle Vorstellungen von einer lebenswerten Welt gefangen in den Grenzen einer männerdominierten Welt, ob es sich nun um Rousseaus „Zurück zur Natur" handelte oder um die kommunistische Idee von Marx und Engels. Stets lief es darauf hinaus, daß wir die Wahl hatten zwischen Stalin und Trotzki – und schon glaubten, das Licht zu sehen, wenn wir uns für Trotzki entschieden, dessen Vorzug darin bestand, nicht Stalin zu sein.

Die Zeit der großen Lösungen und revolutionären Gefühle von Auserwähltsein ist natürlich und erfreulicherweise endlich vorüber. Auswege zeigen sich im Kleinen, und wer nicht zuvor und zuallererst seine innerpsychischen und sozialen Umstände erkundet und geheilt hat, wird nie hinausfinden.

Es geht nicht mehr darum, in einem „grünen" Sinn mehr Ökologie zu erreichen. Es ist nicht mehr die Frage, wie wir politisch durchsetzen, daß das kleinere Übel gewählt oder das Schlimmste verhütet wird, worin auch immer es bestehen mag. Ganz zu schweigen davon, darüber end- und fruchtlos zu streiten, welches das kleinere Übel sei. Die kleineren Übel und das verhütete Schlimmste sind vollkommen unakzeptabel für eine Frau, wenn sie nicht will, daß sie mitschuldig am Irrsinn wird.

Eine Parlamentsabgeordnete der Grünen hat einmal ihre Kompromißpolitik damit rechtfertigen wollen, daß, wenn es ihr gelänge, auch nur ein Kind vor dem Tod durch Pseudokrupp zu retten, der Kompromiß sich gelohnt habe. Wie Hans Pestalozzi in seinem wunderbaren Endzeit-Buch „Auf die Bäume, ihr Affen" schreibt, legitimiert sie damit eine Wirtschaft, die Tausende Kinder umbringt. Weniger Schlechtes und mehr vom Guten zu erreichen, reicht nicht mehr.

Es ist nicht mehr von Bedeutung, beweisen zu wollen, daß Reaktorkatastrophen passieren können. Tschernobyl ist passiert, und selbst das hat nichts genutzt. Der Reaktor in Mochovze wird gebaut. Es ist sinnlos, Politiker, Konzernherren, Top-Manager und andere Machtinhaber davon zu überzeugen, daß ihre eigenen seelischen Probleme und emotionalen Verkümmerungen sie daran hindern, sogenannte Menschlichkeit zu praktizieren. Sie sind daran so wenig interessiert wie die Wissenschaftler, die sich nicht mit dem Sinn ihres Tuns auseinandersetzen wollen. Diese Zustände nicht erkennen zu wollen, grenzt ebenso an Ignoranz wie der Versuch, den Zustand unserer Welt leugnen und die Schuldigen nicht benennen zu wollen.

Es geht darum, zu erkennen, daß Feminismus nur bedeuten kann, die Beschäftigung mit der sogenannten Frauenfrage aufzugeben und sich dem wirklichen Problem zuzuwenden, nämlich der Männerfrage. Diese Welt ist das Ergebnis einer rund dreitausendjährigen Männerzivilisation. Sie ist in sich selbst zerstörerisch und kann daher nicht reformiert werden. Sie ist nicht die beste aller Welten, wie uns gern entgegengehalten wird, wenn sich der Unmut bemerkbar macht, und die Demokratie ist keine heilige Kuh.

Die Demokratie, in der Form, auf die wir uns soviel zugute halten, ist keineswegs das beste aller Systeme. Das einzig Positive, das man über sie sagen kann, läßt sich nur durch eine negative Formulierung ausdrücken: Sie ist keine Diktatur. Das ist soviel wie keine Zahnschmerzen und sagt daher noch gar nichts über den Zustand der Zähne aus. Volkes Wille wird durch sie ganz und gar nicht durchgesetzt, und wäre es auch so, müßten wir uns trotzdem alle ernsthafte Sorgen machen. Gälte Volkes Wille im Sinn der Mehrheit, so hätten wir beispielsweise die Todesstrafe und Arbeitshäuser für Außenseiter, Andersdenkende und beliebige Minderheiten. Wir hätten sogar Lager, in denen Aids-Kranke konzentriert würden.

Vergessen wir bitte nicht, daß Goebbels' totaler Krieg einmal Volkes ganze Zustimmung fand. „Die da oben" sind schon zum Fürchten. „Die da unten" sind es nicht minder. Der Mythos, daß es größtmögliche Gerechtigkeit bedeutet, wenn Mehrheiten sich durchsetzen, gehört mittlerweile gründlich entlarvt. Gerechtigkeit befindet sich an einem Ort, zu dem die Organe patriarchaler Institutionen keinen Zutritt haben, auch dann nicht, wenn wir uns in einer parlamentarischen Demokratie befinden.

Nicht immer ist es schlecht, wofür sich die große Masse entscheidet. In Österreich hat die Mehrheit des Volkes sich per Volksentscheid gegen Atomenergie entschieden. In diesem Land werden keine Reaktoren gebaut, und allerorten treten die verantwortlichen Politiker aller Parteien vehement gegen Atomenergie ein. Das bedeutet jedoch nicht, daß unsere kleine Alpenrepublik zufällig vernünftigere Politiker hat als andere Länder, sondern lediglich, daß sie genauso opportunistisch sind wie anderswo. Es ist nicht die Einsicht in die Sinnlosigkeit und Gefährlichkeit atomarer Energie, die zur Ablehnung durch die Politiker führt. Genauso vehement träten diese Typen für atomare Energie ein, wenn damit Wählerstimmen zu fangen wären.

Schon lange mag ich dieses Spiel nicht mehr mittragen und bin dennoch darin gefangen. Der Weg hinaus führt über den Mut zur Dissidenz, ein Begriff, den die Innsbrucker Frauenforscherin Claudia von Werlhof geprägt hat. Sagen wir also tätig nein.

Für eine Frau ist die Frage, ob die Schwarzen oder die Roten, die Grünen oder die Blauen regieren, eine Wahl zwischen Cholera und Pest. Denn während wir glauben, die Demokratie garantiere unsere Freiheit, kann ich – eine Frau – mich nicht ungehindert in der Welt bewegen. Ich muß nachts Parks, einsame Straßen und Tiefgaragen meiden. Auch U-Bahnfahren ist ab einer gewissen Uhrzeit nicht ungefährlich für mich. Ich kann in kein fremdes Auto steigen. Ich darf einem Mann, der mir fremd ist, nicht trauen und den meisten mir bekannten vorsichtshalber auch nicht. Ich kann meinen Job verlieren, wenn ich mich gegen die Avancen meines Chefs wehre, und auch sonst lebe ich in diesen Friedenszeiten unter potentiellen Todfeinden. Ich muß damit rechnen, daß man mir die Schuld gibt, wenn mein Ex mich erschlägt oder es einem X-beliebigen einfällt, mich zu vergewaltigen und meine Kinder zu mißbrauchen. Kein Mann hat auch nur annähernd eine Ahnung, was es bedeutet, alltäglich von ganz banaler, aber jederzeit unverhohlen offen ausbrechen könnender Feindseligkeit umgeben zu sein.

„Die meisten sind doch nicht so", sagen diejenigen meiner Freundinnen, die zu Hause einen dieser Ausnahmemänner sitzen haben. Wirklich nicht? Die meisten dieser „tapferen" Kämpfer in Bosnien, die kleine Kinder aus dem Hinterhalt erschossen, Frauen zu Tode vergewaltigten, andere Männer in den Lagern unmenschlich quälten und folterten, waren bis dahin ganz normale Männer und werden es auch wieder werden, sobald der Krieg beendet ist.

Das war in der uns erinnerbaren Zeit ja schon einmal so. Auch unsere Väter tobten sich ganz legitim als Bestien aus, um danach wieder Gefallen an Familienausflügen, Heimatfilmen und Frühschoppen zu finden. Die Deutschen, so haben wir gelernt, waren zu dieser Unmenschlichkeit imstande. Einzigartig sei die Grausamkeit dieses Volkes. Ich muß widersprechen.

Es war nicht dieses Volk, es waren die Männer dieses Volks. Faschismus ist ein Phänomen des Patriarchats. Auch dieses Phänomen ist nicht so einzigartig, wie wir glauben. Wie wir in Bosnien sehen konnten, können das auch die Männer anderer Völker. Und in Friedenszeiten, wenn es keine Diktatur, sondern eine Demokratie gibt, geschieht es durch den „low intensitiy war", wie in den USA der Alltag von Vergewaltigung, Ehefrauen Schlagen, Mord, Raubüberfällen, Bandenkriegen usw. genannt wird. Von der Schattenwelt, in der Politik, Wirtschaft und organisiertes Verbrechen ungestört zusammenkommen, um ihre Abkommen zu treffen, ganz abgesehen.

Diese Welt retten zu wollen, sie besser zu machen, scheint mir falsch. Die Zivilisation des weißen Mannes soll untergehen.

Natürlich ist mir angst und bange. Ich bin ausreichend geprägt von dieser Fernsehgesellschaft, daß ich nicht die Bequemlichkeit meines alltäglichen Lebens gern noch wenigstens für eine Weile genießen möchte. Die Perspektive privater Prosperität aufzugeben, ist schmerzlich. Das Wühlen im Dreck patriarchaler Abgründe ist keine angenehme Sache. Leider ist dies unvermeidbar. Für ein paar Jahre hatte ich gehofft, es bliebe mir erspart, indem ich mich einfach nicht mehr beteiligte.

Als ich vor einigen Jahren den Rückzug wählte, glaubte ich, daß ausreichend unbewohnter Raum zwischen mir und dieser hier von mir beschriebenen Welt ausreiche, um es für die paar Jahrzehnte, die mir noch blieben, auszuhalten. Hier sollte mich die Widerwärtigkeit der Welt nicht erreichen. Ich hatte kein Interesse, gegen das alles zu kämpfen, um nicht in genau das verwickelt zu werden, das mir so *ungustiös* ist. Es ist eine altbekannte Sache: Was man bekämpft, mit dem muß man sich befassen. Wer im Dreck wühlt, bekommt schmutzige Hände. Davon hatte ich genug.

Ich wollte mit den Meinen dem, was in den kommenden Jahren passieren wird, entkommen. Es war mir wohl klar, daß das Aussteigen seine Grenzen hat. Den vom patriarchalen Menschen verursachten ökologischen Katastrophen entkommt man an keinem Ort der Welt. Und auch bei größtem Talent zur Natur bleiben gewisse

Abhängigkeiten von der Zivilisation bestehen, kann ich doch nicht einmal eine windschiefe Hundehütte irgendwo hinstellen, ohne daß ich nicht Schrauben und Werkzeug kaufen muß und nicht irgendein Amt den Bretterhaufen zuvor genehmigen und danach kassieren möchte, ich darf mich nicht einmal mit Regenwasser waschen, wenn die staatlichen Wasserwerke dadurch weniger Wasser verkaufen.

Auch Elektrizitätswerke, Banken und in der patriarchalen Tradition verwurzelte bäuerliche Nachbarn bilden unentrinnbare Berührungspunkte mit der Zivilisation, die ich hinter mir zu lassen wünschte.

Das alles ginge ja noch an, ohne mein Bemühen um Loslassen und Ausklinken allzu sehr zu stören. Jedoch sind es ganz andere Dinge, die die Allgegenwärtigkeit des patriarchalen Spiels um Macht und Unterwerfung auch in meine zur patriarchatsfreien Zone erklärte Eremitage trugen und mir zeigten, daß der Rückzug zwar vornehm, aber keine Lösung ist.

Die Geschichte, die das erläutern soll, ist simpel und ziemlich schnell erzählt, denn die Ingredienzen sind jedem Landei vertraut. Es geht um eine Sorte Mensch, die durch ihr paramilitärisches Gehabe und ihre zwar legale, aber bedrohliche Bewaffnung unangenehm auffällt, die sich hauptsächlich mit Feindbildern beschäftigt und am liebsten das abknallt, was sie am meisten zu lieben vorgibt. Die Rede ist vom ältesten Gewerbe des Mannes, der Jägerschaft, die vielerorts in Verruf geraten ist, aber ungehindert weiter schwerbewaffnet ihren dubiosen Passionen nachgeht. Es dauerte nicht lange, nachdem ich mich in meine Wildnis zurückgezogen hatte, und die patriarchale Wirklichkeit drang mit Halali im grünen Kostüm dreist und erfolgsgewohnt ein.

Die Situationen, in die ich gebracht wurde, waren mir Stadtfrau zwar neu; aber in ihrer Bedeutung so vertraut wie jeder anderen Frau auch. Es handelte sich um eine endlose Reihe ganz selbstverständlicher Übergriffe, die ihren ersten Höhepunkt erlebten, als anläßlich einer Treibjagd vier Jäger mich an meinem Haus bedrohten und nur wenige Meter entfernt lachend immer wieder in die Luft schossen. Einer meinte, daß es am besten wäre, direkt in meine Richtung zu schießen, bevor sie verschwanden, um weiter wahllos auf alles zu ballern, was sich vor ihren Augen bewegte.

Das Ungewöhnliche war, daß ich mich vehement und mit allen mir zur Verfügung stehenden Mitteln zu wehren begann. Wie groß die Macht dieser Paramilitaristen ist, wurde mir klar, als Nachbarn mich davor warnten. Sich gegen die Jäger zu wehren, hieße, daß diese als Antwort meine Hunde und Katzen erschießen würden.

Nun liebe ich meine Tiere zwar sehr, aber die Unerträglichkeit einer geduldeten Demütigung wog schwerer als die Gefahr ihres Todes. So zog ich vor Gericht. Das schreckte die Jäger des benachbarten Reviers wenig. Auch sie legten los und schreckten nicht vor falschen Anzeigen und ähnlichen Pressionen zurück. Am Ende ließ sich sogar die mit den Jägern durch gemeinsames illegales Zielscheibenschießen verbundene örtliche Gendarmerie zu Pressalien verleiten. So wurde ich beispielsweise wegen Tierquälerei angezeigt, weil meine freilebende Sau Lupita ein Schleppseil um die Brust trug.

Wie sicher sich die Herren waren, zeigte sich darin, daß die Dorf-Sheriffs in ziviler Freizeitkleidung mit umgeschnalltem Pistolengürtel auf meinem Hof auftauchten. Ich wehrte mich weiterhin und dank des Überraschungseffekts meiner Streitbarkeit auch erfolgreich. Zurück blieb eine sehr nachdenklich gewordene Feministin. Ich fragte mich, warum mir das alles geschehen war.

Die Antwort ist verblüffend blöd. Ein Nachbar brachte mich darauf. Er sagte: Das wäre euch alles nicht geschehen, wenn ihr einen Mann hättet.

Das war es also. Und nicht nur das. Wir haben nicht nur keinen Mann, wir wollen auch keinen. Letzteres ist die aggressionsauslösende Ungeheuerlichkeit. Es hätte auch anderes sein können und dennoch zu ähnlichen Übergriffen geführt. Wir hätten schwarz, behindert, Flüchtlinge sein können.

Das ist nicht nur auf dem Land so, wo die aus dem Nachbardorf schon als gefährliche Ausländer gelten, sondern überall, wo patriarchales Gesetz gilt. Ich begriff, daß so tief die Wildnis nicht sein kann, als daß nicht ihre Sicherheit durch die Zivilisation der Barbarei bedroht wird.

So melde ich mich also zurück und stelle mich der Auseinandersetzung, auch wenn ich mir die Hände schmutzig machen muß, wenn ich noch einmal hineingreife in die Fülle pervertierter Macht einer Gesellschaft, die an sich selbst zu ersticken droht, bevor ich mich den weiblichen Entwürfen von lebenswerten Gegenwelten zuwende. Für ausreichend Abwehrzauber ist gesorgt. Wir waren ja nicht untätig in den letzten Jahren des geordneten Rückzugs. Unser Zauber und unsere Magie werden uns nicht schützen vor dem, was wir selber zu verantworten haben, aber das, was uns unverdient treffen soll, wird sich umkehren zu denen, die, dem Leben feind, diesen Haß ausgesendet haben, und sie selber treffen.

ERSTER TEIL

Eine mühselige Reise der Erkenntnis
durch Vatis Fortschrittszoo
auf der Suche nach einer Antwort auf die Frage:
Was haben wir bloß falsch gemacht?

1. KAPITEL

WAHRHEIT TUT WEH

Dies sind keine beruhigenden Zeiten. Wir können uns nicht mehr so sicher fühlen wie in den letzten Jahren. Aber sie sind immerhin noch ruhig genug, daß wir uns der genauen Untersuchung der Umstände, in denen wir stecken, zuwenden können. In Verzweiflung zu versinken, wäre unsinnig. Unseren Zorn können wir uns ebenso sparen. Er ist vollkommen sinnlos. Wer seine Sinne also noch einigermaßen beisammen hat, schaue hin und versuche zu begreifen. Gegenwelten lassen sich nicht so einfach aufbauen, wenn nicht klar ist, wozu genau sie sich in Gegensatz stellen sollen. In unserem Fall geht es nicht nur darum, Männer zu entmachten, sondern darum, die erforderlichen Schritte zu unternehmen, um eine frauenzentrierte Gesellschaft, das heißt ein oder vielleicht sogar mehrere Matriarchate zu entwickeln.

Je weniger eine Gesellschaft eine kollektive Identität entwickelt hat, um so schwerer fällt es ihren einzelnen Mitgliedern, Erkenntnisse zu machen, die über das individuelle Erleben hinausgehen. So ist es gar nicht so einfach, die Frage, was *wir* falsch gemacht haben, zu stellen. Allzu gut haben wir die Lektion gelernt, daß persönliches Versagen, eigene Unfähigkeit die Ursache sein muß, wenn in unserem Leben etwas nicht so glatt läuft. Ganz falsch ist das ja auch nicht, wenn es auch nur die halbe Wahrheit ist.

Die ganze Wahrheit ist, daß es nur in einer Konkurrenzgesellschaft wie der unseren von so existenzieller Bedeutung ist, nicht zu versagen. In einer im Gegensatz dazu stehenden Solidargemeinschaft spielt das keine so große Rolle. Darüber hinaus wäre so manches persönliche Versagen auch ganz anders deutbar, z.B. als Ausdruck höchster Vernunft und emotionaler Weisheit. Wer hierzulande in der Psychiatrie entsorgt wird, gilt anderenorts durchaus als Heilige oder Schamane. Selbst Arbeitsscheue müssen nicht zwangsläufig Gesindel sein, sondern sind vielleicht voll verständlicher Abscheu gegen einen Job im Atomkraftwerk, im Chemiewerk oder an einem anderen Ort, wo Lebenszeit in sinnloser Tätigkeit verschwendet wird. Einmal ganz abgesehen davon, daß der größte Teil der sogenannten Arbeitsplätze dem Überleben dient, aber der Arbeitsinhalt einen vernünftigen Menschen wohl kaum zu interessieren vermag.

Wenn wir einmal über die eigene Situation oder die unserer sozialen Gruppe hinausschauen, werden wir feststellen, daß die Welt offenbar nur aus persönlichen Versagern zu bestehen scheint. Da ist kaum ein Leben, das glatt verläuft; kaum jemand ohne innere und äußere Probleme. Geben wir es zu: Wir haben versagt.

Ein richtiges, ein echtes Wir-Gefühl beruht auf der Gemeinschaft selbstsicherer und liebesfähiger Individuen und unterscheidet sich vollkommen von einem Nationalgefühl, das dem Begriff der Entfremdung eine gewisse Doppelbedeutung verleiht, weil es aus dem Reich patriarchaler Minderwertigkeitskomplexe stammt. Ein künstliches Gebilde wie die Nation lebt vom Ausschluß anderer, sonst machen sie und ihre Grenzen keinen Sinn. Die Feindseligkeit gegen „die anderen" bzw. das Fremde wird zwar überdeckt von dem patriotischen Getöse der Angehörigen einer Nation, das eine Art künstliches „Wir"-Gefühl erzeugt. Aber wie der Begriff Patriotismus schon deutlich macht, handelt es sich um eine Form vaterzentrischer Wirklichkeit, wie sie wirklichkeitsferner nicht sein kann. Das erklärt, warum Völker, die ein betontes Nationalgefühl pflegen wie die USA, oder Völker, die es sich ganz betont versagen müssen wie Deutschland, es so schwer haben, international zurechtzukommen. Man mag sie bewundern oder fürchten, aber so richtig lieben tut sie niemand. Ihre Entfremdung von sich selbst macht es ihnen unmöglich, anderen nahezukommen oder sie als Gleiche gelten zu lassen. „Die Deutschen" oder „die Touristen" und auch „das Patriarchat" und „die Gesellschaft" sind zwar immer die anderen, nur nicht wir selbst, aber in Wahrheit ist das nur eine gut eingeübte patriarchale Denkfalle.

Es ist noch ein weiter Weg, bis wir zu einem echten Wir-Gefühl imstande sind. Wir befinden uns nicht gerade in bester Gesellschaft, und wie wohltuend wäre es doch, wenn wir uns da distanzieren könnten. Aber das ist unmöglich und macht am Ende auch keinen Sinn. Auch wenn es schwerfällt und wir es kaum über uns bringen, uns zugehörig zu fühlen, müssen wir es tun. Wir sind Teil dieser Leute, die nicht Teil dieser Welt sein wollen, d.h. die sich als Individuen, als Familie, als Nation und sogar als Spezies für etwas so Besonderes halten, daß sie den Rest der Welt für wertlos erklären, es sei denn, er läßt sich zu Geld machen. Wir haben nichts unversucht gelassen, um das zu vermeiden und zu denen zu werden, vor denen uns unsere Eltern immer gewarnt haben. Immerhin ist es uns gelungen, einem wachen dissidenten Gefühl treu zu bleiben. Aber dennoch darf uns das nicht darüber hinwegtäuschen, daß alles, was wir gelernt haben, patriarchalen Ursprungs ist. Wollen wir das hinter uns lassen, müssen wir uns zuvor einlassen.

Das tut weh, und es ist nicht die einzige Wahrheit, die schmerzt. Auf der Suche danach, was wir falsch gemacht haben, zeigt sich, daß wir den Gefühlen zuwenig Bedeutung beigemessen haben. Während wir als Alternative zu einer revolutionären Form von Veränderung nur die vernunftbetonten Appelle an den Verstand benutzten und versuchten, andere davon zu überzeugen, daß eine lebenswerte Welt durch Liebe und Achtung entsteht, bemächtigte sich das Patriarchat stets ohne Umwege der Emotionen von Menschen und hielt damit alle vor allem durch die Erzeugung von Angst im Griff. Auf solche Weise ist es ein Leichtes, Menschen nicht nur irrational, sondern auch irreal werden und handeln zu lassen.

Gefühle sind in der rechten Hirnhälfte zu Hause, während die Ratio linkshirnig arbeitet. So konnte es kommen, daß alle Vernunftappelle immer danebenlagen und wichtige Erkenntnisse trotz guten Willens nicht begriffen wurden. Da können wir uns den Mund fusselig reden und die Finger wund schreiben; es erreicht nicht die Region, die entscheidet. Die wahren Machtmenschen waren da immer viel schlauer. Als Meister der Manipulation versuchen sie den eigenen Gefühlen, und vor allem dem Bewußtsein über ihren Mangel an Gefühl zu entkommen und gleichzeitig gezielt die Gefühle der übermännlichen Frauen zu kontrollieren.

So werden – und vielfach im wahrsten Sinn – Verstand und Gefühl voneinander getrennt. Aus der Kinesiologie ist bekannt, daß es möglich ist, Menschen dazu zu bringen, die 200 Millionen

Nervenverbindungen zwischen den Hirnhälften nicht mehr zu benutzen. Diese Verbindungen sorgen dafür, daß wir Verstand und Gefühl synchron einsetzen können. Je jünger das Kind und je lauter, liebloser, strafender etc. der Umgangston der Eltern, um so schneller hört es auf, synchron wahrzunehmen. Was in der Kindheit nicht im Hirn stimuliert wurde, wird im Erwachsenenalter nicht benutzt, auch wenn es als Grundintelligenz vorhanden ist.

Die Trennung von Verstand und Gefühl ist eine sonderbare doppeltverdrehte Sache. Während einerseits alles, was von Verstand und Vernunft gesteuert ist, sehr hoch bewertet und alles Emotionale dagegen eher abgewertet wird, wird Macht eben über die Emotionen abgesichert und der Verstand dagegen in diesem Zusammenhang negiert, wenn nicht gar bewußt verwirrt und damit ausgeschaltet. Entzwirbeln wir diese Verdrehung, so zeigt sich, von welch großer Bedeutung Gefühle sind.

Lebendigsein kann man nur fühlen, und darum sind Gefühle, Empfindungen, Emotionen bedeutsamer als alle linkshirnigen philosophischen Gedankenspielchen, die in dem Ergebnis gipfeln, wir wären also, weil wir denken. Gefühle sind die Verbindung zwischen dem Ich und der Welt. Der Begriff der emotionalen Intelligenz erfährt in den letzten Jahren mehr und mehr Beachtung, weil es auch schon so manchem Kopffüßler dämmert, daß er sonst mehr mit seinem PC als mit seiner Frau gemeinsam hat. Dennoch ist hier der Schlüssel zu der Frage, warum Männer so nach einer virtuellen Welt gieren und sogar Sex mit einem Computer ihnen akzeptabel erscheint, weil sie sich dann endlich in Sicherheit vor diesem beunruhigenden Wirbel an Emotionen wähnen, mit dem sie aufgrund ihrer Natur nicht umgehen können, auch wenn sie ständig von ihnen heimgesucht werden.

Gefühle sind eine große Macht, und deshalb liegt es nahe, daß sich ihrer bedient, wer Macht über andere haben will. Wenn wir genau hinschauen, werden wir feststellen, daß trotz analytisch-kognitiver Endphase des Patriarchats es bei dem Versuch, die Erde dem Mann untertan zu machen, immer um Gefühle gegangen ist. Am Anfang war der Haß.

Ich habe früher immer geglaubt, patriarchale Systeme wie das unsere seien vor allem auf Angst aufgebaut. Aber das war ein Irrtum. Angst ist ein Herrschaftsinstrument, aber nicht die treibende Kraft. Das vorherrschende Gefühl, das Form und Inhalt einer solchen Gesellschaft bestimmt, ist der Haß. Die Gewalt, mit der sich das Patriarchat überall vor ein paar tausend Jahren etabliert hat, legt diesen Schluß nahe. Der Haß ist seitdem das Grundproblem des menschlichen Lebens geblieben, und alle Aggressionsforschung unserer Zeit hat keine Antwort darauf geben können, warum der Mensch die hassende Spezies geworden ist.

Die Diskussion, warum das passieren konnte und wieso wir diese Entwicklung genommen haben, ist noch lange nicht beendet. In meinen Augen hat die Auseinandersetzung mit diesem Phänomen noch gar nicht richtig begonnen. Eine feministische Analyse bringt, meine ich, die Antworten, die wir dringend benötigen.

Warum also haßt der Mann und wen? Dieses Gefühl des Hasses, ein glühendes Gegenteil der Liebe als Grundlage eines Lebensgefühls, läßt sich nur dann verstehen, wenn wir in Betracht ziehen, daß die Gefühlswelt von Mann und Frau vollkommen unterschiedlich ist. Das mag auf den ersten Blick überraschend erscheinen, aber auch in diesem Sinn sind Männer und Frauen nicht gleich.

Unsere erste, ursprüngliche, direkte Wahrnehmung ist immer eine körperliche, d.h. aufgrund unseres Seins und unserer Beschaffenheit bestimmte. Mit Hilfe unserer Sinne und über die Relaisstation Hirn machen wir unsere Erfahrungen und sammeln unsere Eindrücke. So machen wir uns ein Bild von der Welt, mit der wir in Beziehung stehen. Eine Frau macht mit ihrer Art von Körper die Erfahrung, daß die Welt der Gefühle reich, vielfältig und rund ist. Sie ist imstande, die gesamte Skala möglicher Gefühle zu erfahren, und macht sich daher ein entsprechendes Bild von der Welt.

Ihr Zugang zur Lust ist so unbelastet von Leistungsdruck wie das ihr dafür geschenkte Organ, die Klitoris, das einzig zu diesem Zweck existiert. Sie ist fähig, Varianten der Lust zu erleben, die umfassend und tiefe Liebe erzeugend sind wie das Säugen eines Babys. Es ist ihr aufgrund ihrer Beschaffenheit möglich, Schmerzen zu erleben und durchzuhalten, wenn sie gebiert, sie macht damit die Erfahrung, daß Schmerzen etwas ganz Normales und keineswegs nur Negatives sind. Eine ähnliche Erfahrung macht sie während der monatlichen Blutungen. Außerdem erfährt sie beispielsweise, daß Blutverlust kein Grund zur Beunruhigung sein muß. Sie erlebt, daß die Dinge kommen und gehen, und sie spürt normalerweise die Verbundenheit mit allen anderen Wesen im Kosmos, seien es der zyklisch wiederkehrende Mond, seien es Tiere, Bäume und Blumen, die ja nichts anderes als schöne, duftende, verlockende Gebärmütter sind.

Geben und Nehmen sind in der weiblichen Erfahrung direkt im Wechsel der Generationen vorhanden. Hat das Mädchen einst von der Mutter Milch und Liebe bekommen, so kann sie ihrerseits zu gegebener Zeit geben und erfährt sich so als stark und autonom. Sie bleibt in den Zusammenhängen des Lebens und kann sich als Gleiche unter Gleichen erkennen.

Zu ganz anderen Wahrnehmungen und Weltbildern muß es führen, wenn man ein Mann ist. Von dem Augenblick an, wo der kleine Bub seine von der Mutter unterschiedene Andersartigkeit wahrnimmt, wird ihm seine mangelhafte Ausstattung bewußt. Er weiß nun, daß er niemals das können wird, was seine Mutter kann, und wird im Laufe seines Lebens die Erfahrung machen müssen, daß er mit seiner durch die dürftige körperliche Erfahrungsmöglichkeit bedingten Bedürftigkeit in ständiger Abhängigkeit von den emotional stabilen Frauen bleiben wird. Wenn er Schmerzen erlebt, heißt das, daß er krank oder verletzt ist. Blutet er, hat das ebenfalls nur eine negative Bedeutung. Wie bedeutsam dieser Unterschied zum weiblichen Umgang mit dem Leben ist, mag jede Frau nachvollziehen, die seinerzeit vollkommen unvorbereitet ihre erste Menstruation erlebte und in Todesangst glaubte, nun sterben zu müssen. Das war noch eine männliche Weise des Fühlens.

Die einzige Möglichkeit eines Mannes, auf direkte körperliche Weise zu fühlen, ist die sexuelle Lust, aber die ist nur konzentriert auf sein Zentralorgan. Alles, was er hat, ist sein Penis, und der trägt auch nicht besonders zu einem gesunden Selbstbewußtsein bei, denn jede Frau kann Macht über dieses unzuverlässige Organ haben, das sich Zeit seines Lebens nicht dem Willen seines Besitzers fügt. Das alles ist nicht besonders dazu geeignet, so etwas wie emotionale Intelligenz zu entwickeln. Mit dieser aber gehen so entscheidende Fähigkeiten wie Verantwortungsgefühl einher.

Die übermännlichen Kräfte der Frau erlebt der Mann als Bedrohung, und das ist interessant. Als einzige Gattung auf dieser Welt verhält sich der männliche Teil als Folge dem weiblichen gegenüber feindselig und entwickelt innerartliche Aggressionen. Es grenzt an ein Wunder, daß es die Gattung *homo sapiens* angesichts eines solchen Verhaltens überhaupt noch gibt und sie nicht schon längst ausgestorben ist. Die Einstellung der durchschnittlich frauenfeindlichen Männer ist so etwas Ähnliches wie eine innerartliche Autoimmun-Erkrankung und eigentlich unfaßbar.

Sich selbst erlebt er als inferior, und diese Inferiorität trachtet er seltsamerweise zu verbergen. Die Mittel, mit denen er das zu erreichen versucht, sind zwar leicht zu durchschauen, aber leider durchaus erfolgreich, wie wir wissen. Er erklärt zur Stärke, was doch Unterlegenheit ist, und er bekämpft durch Unterdrückung gewaltsam alles, was ihm Angst macht und was er nicht versteht, und das ist viel. Es ist alles, was wild, weiblich, lebendig und voller Gefühl ist, eigentlich die gesamte Schöpfung. Er aber glaubt, wenn er das alles beherrscht, dann werde er zu dem, was er nicht ist.

So hat er einen zivilisatorischen Zoo geschaffen, in dem er erzwingen will, daß Vatikan, was nun einmal nur die Mutti kann. Er gebiert künstliche, geistige Kinder in seinen Fabriken. All dieses Zeug, für das dann künstlich Begehrlichkeit erzeugt werden muß und dessen Besitz keine Zufriedenheit schafft, sondern nur die Begehrlichkeit nach anderen, neuen Dingen. Fortschritt nennt er das, und er hofft, auf diese Weise vor der Natur davonlaufen zu können. Seit es seine Zivilisation gibt, gibt es so etwas wie Innen und Außen, das Ich und das Fremde, Gut und Böse, Richtig und Falsch, Sauber und Schmutzig. Was es nicht gibt, ist Ruhe vor der Welt der Gefühle. Was sich trotz allem immer wieder über alle technologischen Triumphe seines Geistes hinweg aus der Tiefe meldet, ist dieses alte, bohrende, häßliche Gefühl des Neids und der Unterlegenheit.

Selbst die fortschrittlichsten Vatis, die längst uns Frauen auf dem feministischen Weg in eine bessere Welt voranschreiten möchten, werden Opfer dieses männlichen Minderwertigkeitskomplexes. Der in London ansässige Publizist Branko Bokun, der für uns „Das neue Matriarchat" geschrieben hat, vertritt darin die Ansicht, daß Frauen vor allem mit dem limbischen System denken, das so spezifische Funktionen wie Dankbarkeit, Humor und Lachen hat, während Männer sich des stammesgeschichtlich jüngsten Teil des Hirns, der Großhirnrinde bedienen, deren wesentlichste Funktion die Produktion geistiger Leistung sei, mit denen sich die Abwehr

von angstmachenden Gefühlen aus dem limbischen System erreichen ließe.

Seinen Thesen zufolge ist Bokun eine Frau oder ein ziemlich
dummer Mann, denn besonders rege scheint er seine Großhirnrinde nicht strapaziert zu haben. So ist ihm ganz offensichtlich ent-
gangen, daß er Unterschiede macht, wo keine sind, um andere
Unterschiede zu verbergen, weil sie ihn offenbar allzu schmerzlich
an die männliche Inferiorität erinnern. Im Kopf sind Mann und
Frau nun wirklich gleich. Auch Frauen haben eine Großhirnrinde
und benutzen diese deshalb auch. Auch Männer haben ein limbi-
sches System, das dieselben Funktionen hat wie bei den Frauen.
Niemals entwickelt irgendeine Spezies auf dieser Welt ein Organ,
das sie nicht benutzt oder das nur eines der beiden Geschlechter
benutzt, obwohl es beide haben. Der Unterschied zwischen den
Geschlechtern besteht darin, was an Input in beides hineinkom-
men kann und was deshalb über den Weg der Nervenbahnen an
Gefühlen wieder herauskommt. Und in diesem Zusammenhang
sind Männer leider in vielen, ja in den entscheidenden Bereichen
des Lebens auf Sekundärerfahrungen angewiesen.

Es wird uns nichts anderes übrigbleiben, als entsprechende För-
derprogramme für männliche Kinder zu entwickeln, in denen sie
Sozialverhalten, Liebesfähigkeit und Verantwortung lernen können
und somit eine Chance bekommen, ihre Defizite auszugleichen,
um zu starken und autonomen Menschen zu werden, die nicht
hassen müssen.

Mittlerweile gibt es genügend Beweise dafür, daß Frauen nicht
nur zu denselben intellektuellen Leistungen imstande sind wie
Männer, sondern offenbar sogar zu besseren. Studien an deutschen
Schulen haben ergeben, daß die schulischen, d.h. geistigen Lei-
stungen von Mädchen im Durchschnitt weit besser sind als die von
Jungen. Dennoch verhalten sich Jungen so, als seien sie diejenigen
mit der besseren Leistung. Sie benehmen sich, als gehöre ihnen die
Schule und Mädchen seien nur Geduldete mit Aufenthaltsrecht.
Das Lehrpersonal reagiert darauf wie mit Blindheit geschlagen.
Wie die Soziologin Uta Enders-Dragässer und die Linguistin
Claudia Fuchs mit Hilfe von Videoaufzeichnungen und Tonband-
protokollen in ihrer langjährigen Studie an deutschen Schulen fest-
stellten, erhalten Jungen etwa zwei Drittel der Aufmerksamkeit des

Lehrpersonals im Unterricht und die größere Motivierung auch bei schlechtesten Leistungen („War ja gar nicht so schlecht...“), während Mädchen eher demotiviert werden („Naja, so berühmt war das ja nicht...“). Wie aus der Studie hervorgeht, fiel den LehrerInnen nicht auf, wie ungleich sie ihre Aufmerksamkeiten verteilten. Ebensowenig war ihnen der Mechanismus bewußt, der sie akzeptieren ließ, wenn Jungen heftig protestierten, sobald ihnen weniger Aufmerksamkeit gegeben wurde. Die Jungen beschwerten sich dann wegen der Bevorzugung der Mädchen.

Wie sich zeigt, liegt das Problem sowohl in der männlichen emotionalen Limitiertheit wie auch in der gleichzeitigen Selbstverständlichkeit männlichen Dominanzstrebens, das als Versuch der Kompensierung betrachtet werden muß. Der Mythos von der geschlechtsbezogenen Bevorzugung der beiden Hirnhemisphären – links die von Männern bevorzugte analytische Logik, Mathematik, Sprachzentrum, räumliches Denken; rechts die von Frauen bevorzugte Intuition, Mystik, Bilder, Bewegungen – bewahrheitet sich am Ende nicht und gehört in den Bereich männlichen Wunschdenkens aufgrund der erwähnten Minderwertigkeitsgefühle.

Verschiedene Untersuchungen haben gezeigt, daß Mädchen nicht nur bei gemeinsamem Unterricht in den sogenannten männlichen Fächern wie Naturwissenschaften und Informatik auf gleichem Lernniveau wie die Jungen sind; in Nordrhein-Westfalen hat man festgestellt, daß die meisten Studentinnen, die naturwissenschaftliche Fächer belegten, aus reinen Mädchenschulen kamen. Daraus läßt sich schließen, daß der Faktor der männlichen Dominanz offensichtlich der entscheidende Punkt ist, der weibliche Menschen daran hindert, sich den angeblich männlichen Domänen zuzuwenden.

Was sich hinter diesem Bedürfnis nach Dominanz in Wahrheit verbirgt, will ich mit einem eindrücklichen Beispiel schildern. Als im Jahr 1977 die *Landshut*, ein Flugzeug der Deutschen Lufthansa, von vier palästinensischen Terroristen entführt wurde, kam es während der fünf Tage dauernden Geiselnahme der 82 Passagiere und fünf Besatzungsmitglieder zu entsetzlichen Szenen. Andauernder Psychoterror und sadistische Gewalttätigkeiten brachten alle Gefangenen bis an die Grenze menschlichen Ertragens. Das Verhalten der männlichen Geiseln finde ich ausgesprochen aufschlußreich, es steht in krassem, wenn nicht entlarvendem Gegensatz zu dem, wie Männer sich selbst gern sehen, aber leider nicht sind. Wie der Journalist Bruno Schrep im Nachrichtenmagazin DER SPIEGEL Anfang 1996 berichtete, saß der größte Teil der männlichen Geiseln da und heulte. „Einige klammern sich an ihre Partnerinnen wie Kinder an ihre Mütter, suchen Halt, statt Halt zu geben. Die Frauen sind die Stärkeren. Neben Iris R. sitzt zeitweise ein spanischer Pilot, der tagelang nur ein Wort herausbringt: ‚Wasser.‘ Die Studentin gibt ihm immer wieder von ihrem Vorrat ab, damit er sich beruhigt. Zwei Reihen weiter hinten schubst ein junger Ehemann seine Frau beiseite, schnappt ihr ein Glas Saft weg, trinkt das Glas in einem Zug aus. Als sich die Frau später in einem Weinkrampf windet, weil Entführer Mahmud ihr mit Hinrichtung droht, guckt der Ehemann vor Angst beiseite, als gehöre er nicht dazu, läßt die Lebensgefährtin von fremden Passagieren trösten." Von einem Passagier wird berichtet, daß es noch heute an seinem Selbstbild nagt, daß er damals nur untätig heulend den Terror über sich ergehen ließ, anstatt sich zu wehren.

Der Unterschied zwischen Selbstbild und Realität ist, so meine ich, das Problem. Die Folgen, die uns verfolgen, sind global und absurd. Die Welt, die der patriarchale Mann sich geschaffen hat, soll erreichen, daß er sich selbst nicht mehr spürt. Sie soll ermöglichen, daß er schöpferisch tätig wird, damit er dem weiblichen Gefühlsspektrum vergleichbare Ersatzgefühle empfinden kann. Sie soll ihm Ventile für seinen Ärger und seinen Neid bieten. Dabei herausgekommen ist eine gewaltverliebte Sucht- und Amüsiergesellschaft, die die Zeit in Arbeitszeit und Freizeit einteilt.

Der patriarchale Mensch will vor allem viel Geld und viel Freizeit haben. Freisein und Dabeisein ist seine Devise. Er hängt dem Glauben an, daß wirklich frei nur die Reichen sind. Das Geld braucht er, um sich über den Umweg von Waren und Gütern Freiheitsgefühle zu kaufen. Die Freizeit ist so wichtig, um den Verdruß aus der Arbeitszeit nicht mehr zu spüren. Das ist dann die Zeit, in der er ganz er selbst sein darf. Allerdings muß diese Freizeit „gestaltet" werden, d.h. sie muß über die Erholung zur Arbeitsfähigkeit hinaus den patriarchalen Menschen so beschäftigt halten, daß er nicht zum Nachdenken kommt und seine wahren Gefühle sich nicht wahrnehmen lassen.

Brot und Spiele, daran hat sich seit den Anfängen des Patriarchats nicht viel geändert, auch wenn manche meinen, sie hätten mit dem Begriff der Erlebnisgesellschaft ganz etwas Neues erfunden. Am begehrtesten ist der Konsum fremder oder künstlich hergestellter Emotionen als unerschöpfliche, erregende Stimuli bei gleichzeitig garantierter Passivität der Konsumenten. Das läßt sich nur in einer Mißbrauchsgesellschaft erreichen. Zu dieser sind wir geworden, weil uns das faule Geschlecht, wie die Männer von der Autorin Claudia Pinl bezeichnet werden, dominiert.

Das Ideal der patriarchalen Sucht- und Amüsiergesellschaft ist die Leichtigkeit, das Nichtstun. Der Glaube des patriarchalen Arbeitssklaven sagt, die Reichen arbeiten nicht, daher sind sie die einzig Glücklichen auf dieser Welt. Je weniger mühselig ein Leben ist, um so erstrebenswerter. Wer viel arbeiten muß, ist entweder auf dem untersten Rand der Skala sozialen Ansehens angesiedelt oder krank, weil arbeitssüchtig. Am geringsten geachtet sind dabei die, die schwer körperlich arbeiten müssen. In der Freizeit und im Urlaub ist es dann umgekehrt. Die Malocher wollen endlich das süße Nichtstun genießen, die Sesselhocker zahlen viel Geld dafür, einmal so richtig gefordert zu werden und sich bis an die Grenzen körperlicher Belastbarkeit zu schinden. Ob langsam, aber sicher auf dem Sofa verfettend oder schweißgebadet an und auf teurem Sport- und Fitneßgerät, das Vergnügen ist in jedem Fall sinnlos.

Es ist deshalb sinnlos, weil es für das Leben jedes Einzelnen vollkommen bedeutungslos ist. All diese Dinge und Situationen stimulieren die Sinne für eine kurze Weile, um das Bewußtsein dann wieder vollkommen spurlos zu verlassen. Manchmal denke ich, die seltsame Angewohnheit, die „schönsten Wochen des Jahres" auf Foto und mit Camcorder festzuhalten, ist nichts anderes, als diesen Dingen dadurch wenigstens die Illusion einer Bedeutung und einen Hauch von echtem Leben zu geben.

Wirklich von Bedeutung für das Leben jedes Einzelnen sind ganz andere Dinge. Es ist nichts aus dem Bereich der Wunscherfüllung und unerreichbar durch künstlich animierte „Erlebnisse" einer Amüsierindustrie. Auch im Bereich „Bescheidenheit" (Hauptsache, man ist gesund und zufrieden) ist es nicht zu finden. So unterschiedlich Menschen auch sein mögen, von tatsächlicher Bedeutung ist für ein Leben das, was eine Person sinnvoll, d.h. unter

Beteiligung aller ihrer Sinne in Verbindung hält mit den Regungen ihrer Seele und gleichzeitig geerdet, d.h. in Verbindung mit allen anderen Lebewesen, die die Erde bevölkern.

Danach suchen alle, und so manche Suche endet in der Sucht, was in einer Mißbrauchsgesellschaft ja gar nicht so unwillkommen ist, wie allgemein angenommen wird. Süchte – und damit meine ich alle Süchte vom Heroinmißbrauch über Alkoholismus, Tablettensucht, Freß- und Kotzsucht, Einkaufssucht, Liebessucht oder Tabakmißbrauch – sind der Versuch, zu fühlen, ohne etwas dazu beitragen zu müssen, daß das Leben gelingt. Süchte sind das Beste im Zusammenhang von „Brot und Spiele", das eine Gesellschaft zur Aufrechterhaltung patriarchaler Machtstrukturen hervorbringen kann. Es liefert den gefühlsimpotenten Männern leicht erreichbare Ersatzgefühle. Es hält die Aufmerksamkeit der Süchtigen auf den Stoff konzentriert, ob das nun Kokain oder die nicht funktionierende Liebesbeziehung ist, und die an der Sucht Zerbrochenen können immer noch als schlechtes Beispiel zur Disziplinierung der anderen dienen und einem Heer von berufsmäßigen Helfern Auskommen und einen Schein-Sinn im Leben bieten. So können alle Betroffenen leicht vergessen, wonach sie einst gesucht haben.

Suchtverhalten ist nichts Besonderes in einer Welt, die auf Mißbrauch aufgebaut ist. Lassen wir uns von dem Scheinkampf gegen Drogen nicht täuschen. Drogen werden dringend gebraucht, und ihr Mißbrauch ist darüber hinaus für alle patriarchalen Länder ein unersetzlicher wirtschaftlicher Faktor. Die schweizerischen und österreichischen Banken beispielsweise können nur schwer auf die bei ihnen in die Wäsche gegebenen Drogengelder verzichten. Ein weiteres Beispiel liefern die Serben, die mit Hilfe von Drogenproduktion und -verkauf, vor allem mit den leicht produzierbaren Designer-Drogen ihren Krieg in Bosnien finanzierten und damit so manchem Raver, der doch nur mit ein wenig Ecstasy so richtig unpolitisch Spaß haben wollte, durch den Kauf der Droge zu einer politischen Haltung verhalfen. Aber der Mißbrauch kennt noch mehr Abgründe als die unfreiwillige Verwicklung harmloser Clubbing-Trottel in den bosnischen Holocaust. Die Staaten verdienen an jeder Alkohol- und Nikotinsucht kräftig mit. Ohne Tablettensüchtige sähe es bei allen Pharmakonzernen und in vielen Arztpraxen finanziell gar nicht so gut aus.

Wir sind daran gewöhnt, den Begriff „Mißbrauch" vor allem im Zusammenhang des Konsums gesetzlich verbotener Drogen und sexueller Übergriffe auf Kinder zu benutzen. Tatsächlich besteht nicht nur zwischen beiden ein enger Zusammenhang; wir müssen außerdem den Begriff des Mißbrauchs viel weiter fassen als bisher. Auch das Phänomen des emotionalen Mißbrauchs bzw. emotionalen Inzests ist nur eine weitere Ausdrucksform patriarchaler Mißbrauchsvarianten und beileibe noch nicht alles.

Ein Zusammenhang, der inzwischen bekannt ist, besteht darin, daß ehemals in der Kindheit sexuell mißbrauchte Menschen mit Sicherheit als Erwachsene Suchtverhalten entwickeln. Keine in der Kindheit sexuell mißbrauchte Frau, die später nicht mindestens raucht oder säuft, wenn nicht gar zu härteren Drogen greift. Umgekehrt sind aber nicht alle Erwachsenen mit Suchtverhalten sexuelle Mißbrauchsopfer gewesen. Ein Teil entwickelt als ehemalige emotionale Inzestopfer Suchtverhalten.

Den oft beschriebenen und weit verbreiteten emotionalen Inzest will ich an dieser Stelle nur kurz mit einem Beispiel erläutern, um anschließend wieder zum Kern des Themas zu kommen. Emotionaler Inzest liegt vor, wenn beispielsweise ein Vater zu seiner Tochter sagt, immer wenn sie lächele, erinnere ihn das daran, wie er sich gefühlt habe, als er mit ihrer Mutter in den Flitterwochen gewesen sei. Ohne es vielleicht zu wollen, hat dieser Vater aus einer Tochter zumindest verbal ein sexuelles Gegenüber gemacht. Emotionaler Inzest wird im Gegensatz zum sexuellen Mißbrauch auch sehr häufig von Frauen begangen.

Mißbrauch muß nicht immer in Zusammenhang mit Sexualität entstehen. Mißbrauch liegt dann vor, wenn die Schwäche, Unterlegenheit oder Bedürftigkeit eines Lebewesens ausgenutzt wird, um sich selbst mit diesem nicht ebenbürtigen Gegenüber Bedürfnisse zu befriedigen, für die man sich besser an Ebenbürtige wendet.

Mißbrauch betreiben nach dieser Definition patriarchal denkende und handelnde Männer (und nicht wenige Frauen) auch mit Tieren, Pflanzen, Bäumen und der gesamten Erde und dem Himmel. Es ist Mißbrauch, Tiere gefangenzuhalten; sei es, um sie später aufzufressen oder um sie als lebendes Museum zur Schau zu stellen. Es ist Mißbrauch, Tiere zu „wissenschaftlichen" Zwecken in qualvollen Versuchen zu foltern und, wie der Fachausdruck heißt, zu „verbrauchen", worunter man versteht, daß am Ende alle überlebenden Versuchstiere umgebracht werden. Mißbrauch ist es auch, Tiere in Lastwagen zusammengepfercht kreuz und quer durch die Kontinente zu fahren ohne Wasser, ohne Futter, bei jedem Wetter und stunden- und tagelang, um anschließend beispielsweise junge Pferde aus Hessen zu Mailänder Salami zu verarbeiten oder Kölner Hausfrauen mit dem Fleisch von Kühen aus Schleswig-Holstein zu beglücken, als wenn die im Rheinland keine Kühe hätten. Wie ein Großteil der Mütter wegschaut, wenn Kinder mißbraucht werden, schauen auch wir lieber nicht hin, wenn alle diese Dinge geschehen, von denen wir wissen.

Wer nicht den Geist des Waldes und die Seele des einzelnen Baums erkennen will und achtet und statt dessen nur zukünftige Festmeter Holz darin sieht, betreibt Mißbrauch. Wir verbrauchen Rohstoffe, als ob sie uns gehörten, und weiden die Erde aus wie ein altes Huhn, weil wir keine Ehrfurcht vor der Schöpfung kennen. Dieser Mißbrauch unterscheidet sich nicht von der Vergewaltigung eines hilflosen Kindes. Wir werfen unseren Dreck in die Lebensräume anderer Lebewesen. Wir zertrampeln als Touristen die sozialen Gefüge anderer Kulturen und zahlen dafür, daß sie uns auf bunten Abenden und in karibischen Nächten die Reste ihres Brauchtums vorführen. Das alles ist nicht nur Mißbrauch aufgrund einer massenhaften Gefühlsstörung, sondern kommt dabei heraus, wenn das faule Geschlecht über Macht und Besitz verfügt.

Warum rufe ich all das in Erinnerung? Nicht nur, um noch einmal deutlich zu machen, daß es sich lohnt, Veränderung, Erneuerung herbeizuführen. Sondern um darauf hinzuweisen, daß wir die Strukturen einer Gesellschaft nicht verändern können, ohne auf das Wichtigste zu schauen: Die Heilung der Gefühlswelt des/der Einzelnen ist unverzichtbare Voraussetzung für künftige matriarchal strukturierte Welten, sonst werden diese niemals gelingen. Erst müssen wir die Machtverhältnisse bei uns und vor allem in uns verändern, bevor daran gedacht werden kann, die Macht im Äußeren zu brechen.

Das ist gar nicht so leicht. Die Mechanismen, die wir als einzelne Individuen und als Gesellschaft verinnerlicht haben, entziehen sich naturgemäß dem Bewußtsein. Das garantiert normalerweise ihr Funktionieren. Um dem wieder zu entkommen, ist es notwendig, schwer daran zu arbeiten, sie ins Bewußtsein zu holen. Wie alle aus patriarchalen Wohlstandsstaaten stammenden Menschen daran gewöhnt, es sich leicht zu machen, glauben auch feministische Frauen oft, diesen Schritt nicht machen zu müssen. Ich finde es ebenso erschütternd wie bemerkenswert, daß in öffentlichen Diskussionen über die Frage, wie eine Welt wohl aussähe, in der Frauen das Sagen haben, immer wieder Frauen zuallererst die zweifelnde Frage stellen, ob das nicht eine Welt ohne Liebe sei, wenn es dann gar keine Ehen mehr geben werde, und auf welche Weise eine Frau dann zur Liebe käme. Die zweite Frage gilt meist der Besorgnis, ob ich plane, alle Männer einschläfern oder wenigstens kastrieren zu lassen.

Diese Fragen zeigen, wie wenig auch Frauen mit den eigenen Gefühlen in Verbindung sind und noch viel weniger der eigenen Gefühlspotenz und emotionalen Intelligenz trauen können oder mögen. Patriarchal organisierte Gesellschaftsformen zerstören das Gefühlspotential aller Menschen. Deshalb bedarf es über den Verweis der Männer in ihre ihnen von der Natur auferlegten Schranken hinaus einer gründlichen Resozialisierung der Frauen, um in Matriarchaten leben zu können.

Ich wage die Behauptung, daß die meisten dieser Fragerinnen in ihrem Leben keine wirkliche Liebe bekommen haben, ganz abgesehen davon, daß die Institution der Ehe bestens dazu geeignet ist, aus einem Liebespaar zwei feindselige Gegner zu machen. Das heißt nicht nur, daß auch Frauen emotional taub und impotent geworden sind. Daraus ergibt sich, daß auf die bisherige Weise ein Leben in Liebe am wenigsten zu erreichen ist. Jede weiß es, alle fühlen es, aber nur wenige stellen sich der schmerzlichen Wahrheit. Ein Leben in Liebe führt, wer selbst liebesfähig ist und die Gesellschaft anderer liebesfähiger Menschen sucht. Das halte ich für eine entscheidende Voraussetzung für neue matriarchal organisierte Lebensgemeinschaften.

Was die zweite Frage, wohin mit den Männern, angeht, so werden wir im Verlauf dieses Buches eine Antwort darauf finden.

In meiner patriarchatsfreien Zone zeigt sich in der Begegnung mit den zumeist weiblichen Besucherinnen immer wieder, daß die meisten sich erst in der Konfrontation mit der praktizierten Achtsamkeit und emotionalen Geborgenheit, die in diesem von Frauengesetzen bestimmten Bereich zu finden ist, über das Ausmaß der emotionalen Beschädigung, die eine patriarchale Welt mit sich bringt, klarwerden. Die wenigsten können auf Anhieb damit umgehen. Manche halten Achtsamkeit für Dummheit. Andere deuten Geborgenheit als Grenzenlosigkeit oder Großzügigkeit als grenzenlose Dummheit. Eine Welt ohne Hierarchie, die dennoch keine Übergriffe, keinen Mißbrauch kennt, ist den meisten zutiefst fremd.

Nur Frauen, die die Mühsal und lebenslange Arbeit akzeptieren, die das alte delphische Wort *Erkenne dich selbst* bedeutet, können damit umgehen. Das heißt, nur sie finden die Kraft, aus den alten destruktiven Mechanismen patriarchalen Lebens herauszufinden und in die neuen ungiftigen Sozialformen hineinzuwachsen. Die anderen reagieren im günstigsten Fall mit höchst anstrengenden Regressionen in frühkindliche Anspruchshaltungen oder verlangen, auf andere Weise emotional getragen und versorgt zu werden, ohne jemals selbst eine Gegenleistung zu erbringen, geschweige denn für sich selbst etwas zu tun. Wenn ich auch weiß, daß das Defizit aller Frauen an emotionaler Zuwendung und Anerkennung immens groß ist, so können wir auf der Reise in die Erkenntnis darüber, was wir falsch gemacht haben, in dieser Haltung nicht verharren. Ebensowenig wie wir darauf hoffen können, daß neue Formen uns zu neuen Inhalten führen. Matriarchale Lebensgemeinschaften, d.h. hierarchiefreie, destruktionslose, pflichtvergessene, aber verantwortungsvolle Organisationsformen – ich könnte auch sagen, ein herrenloses Leben – brauchen vor allem emotionale Intelligenz, ohne die wir wieder da landen, wo alle Ausstiegsversuche in den letzten dreitausend Jahren gelandet sind: in der Vergeblichkeit.

Alle nicht funktionierenden Aussteigergemeinschaften der letzten Jahrzehnte, die ich kennengelernt habe, sind an ihren emotionalen Problemen gescheitert. Alle Versuche, die emotionalen Probleme zu lösen, scheiterten an der nicht unerheblichen Auswirkung, die autoritäre, hierarchische Strukturen einer Konkurrenzgesellschaft auf ihre einzelnen Mitglieder haben. Deshalb macht es einen Sinn, das oberste Prinzip dieser Gesellschaft, den sogenannten Gewinn, und dessen Steigerung, die Gewinnmaximierung, genauer anzuschauen.

2. KAPITEL

DAS FAULE GESCHLECHT
UND SEINE GEWINNMAXIMIERUNG

Ich bin die letzte, die Fleiß für eine erstrebenswerte Tugend hält. Ich bin sogar überzeugt davon, daß es der Erde und allen ihren Kindern sehr viel besser ginge, wenn die Menschheit wesentlich fauler wäre und nicht soviel arbeiten würde. Ich sehne die Zeit herbei, in der die Natur alle Zeichen menschlichen Fleißes und patriarchaler Zielstrebigkeit wieder überwuchert und endlich irdische und himmlische Ruhe ist.

Um das zu erreichen, müssen wir uns mit einem Phänomen befassen, bei dem es gerade um Faulheit geht, und diese Faulheit ist alles andere als positiv, ist sie doch die Ursache dafür, daß Frauen, aber nicht nur sie, ausgebeutet werden und es so etwas wie die Zerstörung der sogenannten Umwelt gibt. Es ist die Faulheit der Männer. Lassen wir es dahingestellt, ob es sich um eine angeborene Abneigung gegen Arbeit handelt oder um eine sozial entwickelte, von uns Frauen geförderte Scheu davor. Jedenfalls steht fest, daß, wenn es tatsächlich so etwas wie ein Recht auf Arbeit gibt, Männer ausnahmsweise einmal nicht rechthaberisch sind.

Ich will belegen, was ich mit dieser Behauptung meine. Nach Zahlen, die von den Vereinten Nationen ermittelt wurden, wird *drei Viertel aller Arbeit auf der Welt von Frauen verrichtet.* Sie produzieren 45 Prozent der Nahrungsmittel auf der Erde. Trotzdem verfügen Frauen nur über 10 Prozent aller Einkommen und nur über 1 Prozent des Privateigentums, wobei in diesem schäbigen einen Prozent viel Scheinbesitz enthalten ist, den Männer ihren Frauen aus steuerlichen Gründen auf dem Papier überschreiben.

Ich halte diese Zahlen nicht nur für erschütternd, sondern sogar für nicht ausreichend, denn sie drücken nicht aus, daß manche

Arbeit des letzten Viertels, die von Männern getan wird, gar nicht geleistet werden könnte, wenn nicht Frauenarbeit stützend zur Verfügung stünde – angefangen von der zu sauberer Kleidung und warmen Mahlzeiten führenden Hausarbeit daheim bis hin zur Sekretariatsassistenz im Job. Wenn diese Männer unter normalen Bedingungen wie Frauen arbeiten würden, d.h. sich ihren ganzen Kramuri selbst richten müßten, würden sie höchstwahrscheinlich gar nichts zustande bringen. Den zynischen Begriff „Doppelbelastung" hat man für Frauen erfunden. Eine doppelt belastete Frau arbeitet dreimal soviel wie ein Mann. Sie ist berufstätig, kümmert sich um die Kinder und ist zuständig für die eigene Reproduktion und die ihres Mannes, also Abteilung saubere Kleidung und warme Mahlzeiten. Dabei ist ihr Aufwand an seelischer Stütze für seine emotionale Stabilität noch gar nicht mit eingerechnet.

Das faule Geschlecht erfährt aber noch eine andere Definition. Sämtliche seit Tausenden von Jahren gemachten Erfindungen, die gesamte Technologie der patriarchalen Zivilisation kennen nur einen einzigen Zweck für den Mann: nicht zu arbeiten. Vati will den Fortschritt, aber bewegen will er sich dabei nicht.

Die Erfindungen der Zivilisation stehen im Gegensatz zu kulturellen Errungenschaften. Ich rechne sie der männlichen Sphäre zu, während Kultur in den Lebenskreis der Frau gehört. Zur Zivilisation gehört beispielsweise die Erfindung des elektrischen Dosenöffners. Die Erfindung des Trinkbechers ist Kultur. Ebenso ist die Entwicklung des Ackerbaus Kultur, während der Traktor zivilisatorisches Ergebnis ist. Kultur ist, wenn jemand daran arbeitet, die Herstellung eines Trinkbechers zur vollendeten Kunst zu bringen. Zivilisation ist, wenn möglichst viele Becher möglichst billig hergestellt werden. Die teurere Variante heißt dann Design.

Herumsitzen und nichts tun, darauf läuft alles hinaus. Von der Erfindung des Rades bis zum computergesteuerten Garagentor will er sich das Leben leichter machen. Jedes einzelne Gerät, das jemals irgendwo auf dieser Welt hergestellt wurde, sollte Kraft, Zeit und Arbeit ersparen. Was immer sich der Mann ausgedacht hat, es sollte erreichen, daß er mit Hilfe seiner Erfindungen und deren Produktion ohne Anstrengung satt, warm und wichtig ist. Was immer er auch tut, es war und ist stets nur Mittel zum Zweck trotz allen testosterongesteuerten Getöses, das uns vormachen soll, daß ihm die Arbeit das Wichtigste sei. Der Zweck und das Ziel aller männlichen Arbeit heißt: Nichtstun. Spielen gehen. Eine gewaltige globale Maschinerie läuft seit einigen tausend Jahren, um ihm auf diese Weise ein extra-uterines Paradies zu schaffen, in dem er sich nicht mehr darum bemühen muß, daß das Leben gelingt. Daher besteht für ihn auch gar keine Notwendigkeit, geistig-seelische Voraussetzungen zu entwickeln wie soziale und emotionale Intelligenz, ohne die Leben weder gelingt noch verstanden wird. Dazu hat er alle Muttis dieser Welt, wobei ihm eben die Mutti die liebste ist, die die Tür zumacht, weil er einfach nicht mit ansehen kann, wie sie sich abarbeitet.

Das Denkmal des patriarchalen Mannes, das am ehrlichsten symbolisiert, worum es ihm geht, wohin es ihn zieht, ist Vati in seinen Hauspuschen mit dem Bier in der Hand, wie er vor dem Fernseher sitzt und sich ein Fußballspiel ansieht. Vielleicht noch die Variante, die vor dem Computer sitzt und so tut, als sei dessen Benutzung eine Art Sport, deshalb nennt er es „surfen".

Seiner Natur zufolge wird das maskuline Weltbild vom Gesetz der Spermie bestimmt. Wie in meinem Buch „Der weise Leichtsinn" ausgeführt, geht dieses Gesetz darauf zurück, daß das Weltbild des Mannes von seiner körperlichen Ausstattung herrührend nur die Wahrnehmung des maskulinen, linearen, konkurrenzdominierten „Start-Lauf-Ziel" kennt. Sein ganzes Leben rennt der Mann hinter irgendeinem Ziel her und trachtet danach, alle Mitläufer auszuschalten und den Treffer zu landen. Das sollten wir ihm nicht nachtragen, das ist nun mal seine Natur.

Das Problem beginnt für die Menschheit, wenn die Welt spermienzentrisch gesehen wird, und findet seinen bedrohlichsten Höhepunkt in dem männlichen Versuch, den Weg zwischen Start und Ziel auch noch abzukürzen. Dem Gesetz der Spermie folgend ist für das faule Geschlecht derjenige der Größte, der am wenigsten arbeiten muß und am meisten Geld hat, um sich alles leisten zu können, was von Arbeit und Anstrengung entbindet und ein Leben im komfortablen Mega-Uterus ermöglicht.

Was Arbeit ist, wie sie also definiert wird, was sie für die Einzelnen und die Allgemeinheit bedeutet, will ich später erklären. Hier geht es zunächst einmal um den Schauplatz des Geschehens, der uns als Welt der Arbeit vertraut ist, der aber in Wahrheit ganz im Gegenteil das Spielfeld aller Faulpelze ist: die Ökonomie. Wirtschaft, ob es sich nun um die kapitalistische Marktwirtschaft oder die sozialistische Planwirtschaft, um Weltwirtschaft oder Betriebswirtschaft handelt, ist angeblich eine Wissenschaft. Wirtschaftswissenschaftler lehren die Strategien, wie die Produktion von Waren und Dienstleistungen sowie ihre Verteilung und Verwaltung optimal ablaufen. Optimal bedeutet: mit möglichst wenig Aufwand möglichst viel und möglichst schnell Gewinn erwirtschaften. Die Erfüllung aller wirtschaftswissenschaftlichen Träume ist die Gewinnmaximierung. Die ist erreicht, wenn die Differenz zwischen Kosten und Erlös so groß wie möglich ist.

Der Schweizer Wirtschaftswissenschaftler Hans Pestalozzi ist nicht der einzige Fachmann, der bezweifelt, daß die Bezeichnung „Wissenschaft" auf die theoretische Ökonomie zutrifft. Allerdings handelt es sich bei dem Wissen über Ökonomie um reinstes Herrschaftswissen in einem politischen Sinn.

Ökonomie, wie wir sie kennen, bedeutet nicht, allen Menschen zu ihrem Anteil an Bedürfnisbefriedigung zu verhelfen. Auch die Planwirtschaft sozialistischer Systeme diente zu keinem Zeitpunkt diesem Ziel. Auch um Geld geht es nicht. Geld gibt es eigentlich gar nicht. Das heißt, wann immer von Geld die Rede ist, wird von etwas gesprochen, das dem Geld erst seine Bedeutung gibt. Macht, Lust, Freiheit, Sicherheit und wofür auch immer diese allseits so begehrten bedruckten Zettel ein Äquivalent sind. Geld kann uns aber dahinführen, daß wir herausbekommen, wofür vor allem es in der kapitalistischen Ökonomie steht.

Während der größte Teil der Bevölkerung hinter dem Geld herjagt, um zu überleben, und niemals genug von diesem Stoff bekommt, dient dieses Mittel im Patriarchat den wahren Interessen gewisser Leute und Gruppierungen. Das zeigt sich schlagartig, wenn wir Geld als auf Papier gedruckte Energie definieren. Mit Hilfe von Geld läßt sich die körperliche und geistige Kraft und Energie anderer Menschen aneignen. Zu Geld gemacht kann man sie lagern und horten, stehlen und hehlen, und so ist es möglich, daß sich ein einzelner Mann ungeachtet körperlicher Mängel, sozialer Unfähigkeit und geringer geistiger Gaben so aufblähen kann, daß er über alle anderen, die wenig Geld haben, herrscht, auch wenn sie klüger, schöner und netter sind als er. Armut ist kein materielles Problem, sondern ein geistiges. Armut ist ein Gefühl. Es ist das Gefühl der Machtlosigkeit.

Früher wurde König, wer der Schönste, Klügste und Gesündeste war. Er hatte sich seinen Königstitel wirklich verdient. Ihn für männliche Dominanz und Unterdrückung zu mißbrauchen, wäre der Beweis für Dummheit gewesen, und so hätten die Frauen ihn leicht durch einen Klügeren ersetzt. Geld erst macht es möglich, daß dieses Gesetz der Evolution gebrochen werden kann. Tauschhandel dagegen schüfe die Möglichkeit klarer Geschäfte, indem sofort ersichtlich ist, was jemand für welche Gegenleistung bietet. Geldwirtschaft verschafft im Gegensatz dazu denen die Macht, die in Wahrheit gar nichts zu bieten haben, und zwingt die anderen, immer etwas bieten zu müssen, um mit dem armseligen Gefühl belohnt zu werden, sie wären ihr Geld wert, das sie verdienen.

Ökonomie, wie wir sie kennen, ist also in Wahrheit der Schauplatz für das ur-patriarchale Spiel um Macht und Herrschaft. Krieg und Politik sind dazugehörige Teile und stehen keineswegs in dem Gegensatz dazu, in dem sie immer dargestellt werden. Daß es sich bei der Ökonomie mit allen ihren Ausdrucksformen von Warenproduktion, Handel, Krieg und Politik um das Herz des Patriarchats handelt, ist der Grund, warum wir in diesem Bereich vor allem Männer finden, und wenn es einmal eine Frau geschafft hat, an diesem Spiel maßgeblich teilzunehmen, handelt es sich höchstwahrscheinlich um einen thatcherischen Sub-Mann.

Selbstverständlich ist patriarchale Ökonomie kapitalistisch. Auch ihr sozialistisches Gegenstück war es, man kann es zur Unterscheidung staatskapitalistisch nennen. Die Verbindung von Patriarchat und Kapitalismus ist so klar, wie der Papst katholisch ist. Kapitalismus bedeutet ja nicht nur das Privateigentum an Produktionsmitteln, sondern vor allem Akkumulation des Kapitals. Also das Aneignen und Ansammeln menschlicher Kraft und Energie. Im Sozialismus hatte diese Funktion der Staat übernommen. Das Ganze bekam eine andere Farbe und brachte fragwürdige Ergebnisse, weil Politfunktionäre dilettierten, wo Profis bessere Geschäftemacher gewesen wären, aber das Prinzip wurde beibehalten.

Die wichtigste Art und Weise, sich fremde menschliche Kraft und Energie anzueignen, ist die Schaffung von Lohnarbeit. Lohnarbeiter, und das ist der größte Teil der Bevölkerung, besitzen keine Produktionsmittel und auch sonst nichts Wesentliches und müssen daher ihre Arbeitskraft und Lebenszeit verkaufen, um zu überleben. In den fetten Ländern kann ein solches Überleben mit Designer-Kleidung, Urlaubsreisen und Auto recht luxuriös aussehen im Vergleich zum Leben von Lohnarbeitern in ärmeren Nationen. Jedoch darf der relative Wohlstand der Lohnabhängigen nicht darüber hinwegtäuschen, daß diese Existenzen sehr wackelig sind und blitzschnell ins Elend abrutschen können. Je weiter der „Abbau" von Arbeitsplätzen in den kommenden Jahren voranschreiten wird, um so mehr Bürger werden in diesem Sinne „ent-täuscht" werden. Je mehr von ihnen durch die immer weiter werdenden Maschen des sozialen Netzes fallen, um so mehr werden die Erfahrung machen, daß es die angebliche soziale Sicherung gar nicht gibt und sie vogelfreie Habenichtse sind.

Der Kapitalismus tritt derzeit in eine neue Phase ein, die dieses bisher sehr wesentliche Merkmal abschafft: Die Lohnarbeit ist nicht mehr notwendig und wird geopfert, um die Differenz zwischen Kosten und Erlös einer Ware zu vergrößern. Es werden also in Zukunft unvorstellbare Massen aus der Herrschaft des Kapitals entlassen und als herrenlose Menschen darüber nachdenken müssen, wie sie etwas zu essen bekommen und ihr Dach über dem Kopf behalten. Das ist die drohende Katastrophe der nächsten Jahre und Jahrzehnte.

Es werden allerdings auch die paar Kapitalisten darüber nachdenken müssen, wer denn ihren Plunder kaufen soll, wenn die früheren Arbeitnehmer jetzt andere Sorgen haben werden. Rechnen wir damit, daß die wirklich Reichen einen langen Atem haben, gehen wir davon aus, daß sie Wege kennen, das Spiel um Macht weiterlaufen zu lassen, aber freuen wir uns dennoch darüber, daß die Warenproduktion ohne Abnehmer nicht funktioniert, denn das ist eine große Chance für Veränderung, aus der, wenn wir es gescheit anstellen, Erneuerung werden kann.

Den Kapitalismus zu bekämpfen, nach humanen Alternativen zu suchen, ohne das Patriarchat zu entsorgen, ist unmöglich. Der Kommunismus war zu keiner Zeit eine tatsächliche Alternative. Nicht nur behielt er alle patriarchalen Herrschaftsstrukturen bei; er lebte von der negativen Fixierung auf den Kapitalismus wie heutzutage die Grünen von der Fixierung auf die Industrie. Der Kommunismus der ehemaligen sozialistischen Länder rieb sich auf im Kampf um Anerkennung durch das Kapital, genauso wie heute die grüne Bewegung nach Anerkennung durch die traditionelle patriarchale Industriewelt lechzt. Die einen erklärten aus diesem Bedürfnis heraus den Marxismus zur Wissenschaft, und die anderen hoffen, mit der Schaffung ökologischer Arbeitsplätze zu überzeugen. Den einen ging der größte Feldversuch aller Zeiten hinter dem eisernen Vorhang den Bach hinunter, die anderen helfen mit sogenannter „Realpolitik" nach, damit sie endlich bei den Großen mit am Tisch sitzen und grüne Gewinnmaximierung betreiben dürfen. Echte Alternativen können die Grünen genausowenig bieten, wie es eine Frauenpartei täte, die in das Spiel des patriarchalen Parlamentarismus einstiege.

Echte Alternativen für herrenlos gewordene Menschen müssen nicht nur außerhalb des Patriarchats und damit herrschaftsfrei sein, sie werden nicht einmal mehr anthropozentrisch sein dürfen. Das setzt allerdings ein tiefgreifendes Umdenken voraus.

Wie sehr sich patriarchal-ökonomisches Denken von einer matriarchalen Auffassung von Ökonomie unterscheidet, will ich mit einer Geschichte erläutern.

Als ich mein städtisches Leben beendete, um aufs Land zu ziehen, ließ ich mich in einer Region Österreichs nieder, die als arm gilt und beinahe ausschließlich von Kleinbauern bewohnt wird. Kleinbauern haben selten mehr als 10 Hektar Land zur Verfügung. Das sind hunderttausend Quadratmeter.

Mein kleiner Hof mit gerade mal eineinhalb Hektar galt schon vor den Zeiten der EU-Normen als nicht überlebensfähig. Auf meinen 15 000 Quadratmetern befindet sich ein kleiner Weingarten, ein wenig Mischwald, ein großer Gemüse- und Hauskräutergarten, ein Acker für Kartoffeln und Korn und viel Naturwiese mit etlichen seltenen Wildkräutern sowie eine Menge Obst-, Nuß- und Eßkastanienbäume. Wir haben das ganze Jahr über viel zu tun, um uns selbst zu versorgen, aber es gibt nichts, was wir nicht zu unserer Ernährung anbauen oder herstellen können. Korn, Kartoffeln, Gemüse, Obst, Eier und Milch. Wenn wir Wert darauf legten und es nicht vorzögen, Ziegen und Schwein als Freunde bei uns leben zu lassen, hätten wir auch Fleisch. Es ist uns sogar möglich, einen kleinen Überschuß zu erwirtschaften, der sich verkaufen ließe. Bis auf ein motorbetriebenes Gerät zum Mähen und Feldfräsen benutzen wir für alle Arbeiten manuelles Werkzeug. Auch das Korn wird noch mit der Sichel geschnitten und von Hand gedroschen; die Kartoffeln mit der Gabel ausgegraben; das Unkraut wird gerupft. Es ist nicht wenig Arbeit, aber eine sehr direkte Art von Leben. Das läßt sich nicht in einem Acht-Stunden-Tag bewältigen. Aber wozu denn auch? Ich lebe ja ganztägig, d.h. ich kann über meine ganzen 24 Stunden täglich verfügen, weil sie mir ganz allein gehören.

Vor dem Hintergrund dieser Erfahrungen, die ich auf meinem kleinen Hof sammle, hörte ich immer wieder, daß Bauern mit 6 bis 10 Hektar eine zu kleine Landfläche zur Verfügung haben, um ohne staatliche Förderung überleben zu können. Selbst mit Hilfe von Geld aus dem Steuersack sei höchstens ein Leben am unteren sozialen Rand der Konsumgesellschaft möglich. Ich wollte es nicht glauben. Immer wieder rechnete ich mir aus, welch ungeheure Mengen an Nahrungsmitteln man auf hunderttausend Quadratmetern erzeugen könnte, und dachte, davon müsse doch eine Familie, so groß wie eine Fußballmannschaft, gut leben können, und landete dennoch bei der nächsten Diskussion mit dem nächsten Bauern wieder bei der Feststellung, 10 Hektar seien viel zu wenig. Es war klar, wir verstanden einander nicht. Während ich von der Selbstversorgung ausging, dachten diese Bauern gewinnmaximalistisch.

Der Unterschied besteht darin, daß ich von dem Gedanken ausgehe, nur soviel wie nötig zu produzieren, was auch die Vielfalt der Produkte einschließt, während ein traditioneller Landwirt versucht, soviel wie möglich herzustellen, was letztlich immer auf eine Art Monokultur hinausläuft. Aus seiner Sicht hat ein traditioneller Kleinbauer tatsächlich zuwenig Land. Aus meiner Sicht, die bäuerliches Leben als den Inbegriff nicht entfremdeter Arbeit betrachtet, indem alle benötigten Güter selbst hergestellt werden, hat er sogar zuviel. Mehr als 3 Hektar können zwei Leute für ein selbstversorgtes Leben gar nicht bearbeiten.

Was ich bis dato nicht verstand, war, daß nichts einem modernen Bauern ferner liegt, als Selbstversorgung zu betreiben. Es ist gar nichts Ungewöhnliches, daß ich mehr als einmal eine Bäuerin aus dem dörflichen Supermarkt kommen sah, im Einkaufssackerl einen Kopf Salat. Selbsterzeugtes für den Eigenkonsum ist nichts wert und macht zuviel Arbeit. Wenn ich umrechne, was es an Arbeit kostet, einen solchen Kopf Salat zu ziehen, müßte er im Vergleich zum Supermarkt-Kopf tatsächlich goldene Blätter haben, das ist wohl wahr. Von der ungemein höheren Qualität meines Salats im Vergleich zu dem auf Nährwatte gewachsenen Massenprodukt wollen wir in diesem Zusammenhang ganz absehen. Dafür wird an anderer Stelle noch ausreichend Gelegenheit sein. Nahrungsmittel haben in unserer Konsumgesellschaft keinen großen Wert. Zu leicht lassen sie sich in Massen herstellen und bringen nicht viel Gewinn.

Ein Bauer will aber wie alle anderen Branchen Gewinn erwirtschaften, der sich in Schilling, Mark oder Franken auf seinem Bankkonto zeigt. Das Geld braucht er, um ganz im patriarchalen Sinn keine Arbeit zu haben. Im Klartext: Mit dem Geld kauft er sich alle Maschinen, die er benötigt, um seinen Hof bewirtschaften zu können, den er von Hand nicht allein bewältigen könnte. Von der Melkmaschine über den Traktor bis zum Mähdrescher ist die Anschaffung dieser Geräte sehr teuer, und auch ihre Pflege und Reparatur ist nicht billig. Nicht selten ist der Betrieb eines solchen Kleinbauern schon dann in Gefahr, wenn der alte Traktor kaputtgeht und repariert werden muß. Ohne diese Geräte kann er sein Land nicht bebauen, das eben groß genug sein muß, damit er soviel Geld erwirtschaftet, um sich diese Geräte kaufen zu können.

Ein besonders dämliches Beispiel dafür, was passieren kann, wenn man konsequent den Gesetzen der Gewinnmaximierung folgt, liefert ein Bauer aus meiner Nachbargemeinde, der sein gesamtes Land als Bauland an seine Gemeinde verkauft hat, um sich den größten und modernsten Traktor kaufen zu können, den das Dorf je gesehen hat. Nun muß er, um leben zu können, gegen Lohn die Felder anderer Bauern bearbeiten. Im Frühjahr und Herbst hat er sogar eine Menge zu tun, denn die meisten Kleinbauern gehen in der Stadt arbeiten, um an Geld zu kommen, und haben daher keine Zeit, selbst ihre Felder zu bestellen. Die Felder können nicht brachliegen, weil die Bauern sonst keine Subventionen bekommen, die ihre Haupteinnahmequelle sind.

Das führt wiederum zu anderen seltsamen Auswüchsen, die schon an eine Verhöhnung bäuerlicher Tätigkeit grenzen. Da hat beispielsweise ein anderer Nebenerwerbsbauer aus demselben

Nachbardorf gleich mehrere riesige Folientunnel zum Ziehen von Tomaten und Paprika aufgestellt. Die so angepflanzten Früchte erntet er jedoch nicht, sondern läßt sie auf der Pflanze verrotten, denn ihn interessieren nicht Ertrag und Verkauf seiner Tomaten und Paprika, sondern nur die staatliche Förderung, die es für den Anbau von Foliengemüse gibt. Und die kriegt er, sobald die Tunnel stehen und die Pflanzen gesetzt sind.

Die staatliche Subvention ist der einzige Ausweg, den der Bauer bisher kennt. Wenn es Geld dafür gäbe, würde er sogar Plastikpinguine pflanzen. Da sind Bauern nicht anders als andere Warenproduzenten oder Wissenschaftler des Patriarchats: Die Frage nach dem Sinn wird niemals gestellt. Wer es dennoch tut, gilt als eigensinnig, querulant und verschroben.

Wenn einer glaubt, aus ihm vernünftig scheinenden Erwägungen mit dem gewinnfördernden Benutzen von Pestiziden, Fungiziden, chemischem Dünger und anderen Giften aufhören zu wollen, und beschließt, Biobauer zu werden, so ändert das noch gar nichts an seiner Abhängigkeit vom Staat und seiner gewinnorientierten Produktionsweise. Auch so einer produziert nach EU-Normen und Vorschriften, weil es sonst kein Geld gibt. Auch er landet bei einer Art Monokultur und baut dann halt Tonnen und Abertonnen von Biokarotten an; verschuldet sich für teure Maschinen und kämpft auf dem Ökomarkt darum, größer zu werden, mehr zu verdienen und Konkurrenten auszuschalten. Auch er kann nur bedingt Teil der Schöpfung bleiben und seinen Tieren ein artgerechtes Leben bieten.

Eine der wenigen Bäuerinnen der Umgebung, die seit Jahrzehnten ihren Hof nach biologischen Maßstäben bewirtschaftet, kann demnächst zusperren, da sie ihre Ochsen, die in freier Bewegung auf der Weide gehalten werden, nach neuer EU-Vorschrift nicht mehr selbst schlachten darf. Sie muß entweder ein Schlachthaus bauen, das innen vier Meter hoch ist, oder ihre Tiere zum Schlachthaus transportieren lassen, wo sie nach einem Weg voller Angst und Qual der Massenschlachtung zum Opfer fallen und damit zu minderwertigem Streßhormonfleisch werden.

Die staatlichen Subventionen sind natürlich in Wahrheit kein Ausweg, sondern machen die Falle, in der der gewinnorientierte Bauer steckt, erst richtig komplett. Denn mit diesem Instrumentarium zwingt man die Bauern in die gleiche Abhängigkeit wie jeden Habenichts von Lohnarbeiter und verhindert, daß Bauern außerhalb der kapitalistischen Gesetzmäßigkeiten wie Akkumulation existieren. Selbstversorgung dagegen oder, wie Claudia von Werlhof es nennt, Subsistenz macht unabhängig. Es liegt auf der Hand, daß das hierarchische Patriarchat kein Interesse an einer solchen unkontrollierbaren Freiheit hat. Für matriarchatsinteressierte Frauen jedoch liegt in der Subsistenz ein Schlüssel zur eigenmächtigen Existenz. Wie wir im Verlauf dieses Buches sehen werden, betrifft das nicht nur Frauen, die bäuerliche Selbstversorgung betreiben wollen. Auch Handwerkerinnen, Händlerinnen und Frauen mit anderen Berufen können damit aus der „Mehr-und-mehr-Schraube" aussteigen.

Hier endet die Anschaulichkeit der Beispiele aus meiner bäuerlichen Nachbarschaft. Daher kehren wir zu dem Gedanken zurück, daß das Herzstück des Patriarchats, die kapitalistische Gewinnerwirtschaftung, dem Prinzip der Akkumulation unterliegt, also der fortschreitenden Ansammlung von Produktionsmitteln durch Investieren und Sparen. „Soviel wie möglich" ist das Prinzip, und es muß jedem logisch denkenden Menschen einleuchten, daß so etwas seine Grenzen hat.

Im Gegensatz zu den Schein-Unternehmern Bauern, die nur frei sind, wenn es schiefgeht, müssen normale wirtschaftliche Betriebe nicht nur gewinnorientiert denken, sondern auch handeln. Das heißt nicht, daß diese nun einfach so draufloswirtschaften. Auch bei ihnen muß vieles geregelt sein – sowohl in der inneren Organisation wie auch im Außen von Handel und Wandel.

Die berühmte freie Marktwirtschaft, die daher in Wahrheit alles andere als frei ist und mit Marktwirtschaft soviel zu tun hat wie Pornographie mit Liebe, und der sogenannte freie Wettbewerb sind Vorstellungen, die aus der Welt der Spermie stammen. Die Anhänger dieses Weltbildes können nichts Falsches daran finden, daß nur der Beste gewinnen möge. Auf den ersten Blick schaut das ja auch ganz unverfänglich aus. Was ist schon gegen Zielstrebigkeit einzuwenden? Viel! Sehr viel! Alles! In Kombination mit den Inventionen des faulen Geschlechts führt das zu unglaublichem Wahnsinn. Manchmal in des Wortes schrecklichster Bedeutung.

Ist es in meinen Augen schon eine Frage lebensverachtender

Herzlosigkeit, daß Kälber gleich nach der Geburt von ihren Müttern entfernt werden und niemals die für sie bestimmte Milch vom Euter zutzeln dürfen, so ist die in Österreich vielerorts übliche ganzjährige Haltung von Kühen im Stall, in dem sie ihr Leben lang mit einer Kette angebunden an einem Platz stehen, bereits Tierquälerei, auch wenn die Tiere gut gefüttert, sauber gehalten und nicht geschlagen werden. Sie sehen niemals das Sonnenlicht, atmen nie freie Luft, dürfen sich nicht bewegen, weil es zuviel Arbeit macht. Sie haben in ihrem ohnehin kurzen Leben nicht leben dürfen. Objekte sind sie, deren Stoffwechsel aufrechterhalten werden muß, sonst läßt sich mit ihnen kein Geld verdienen.

Vollends außerhalb jeder geistigen Gesundheit handelten in den achtziger Jahren einige gewinngierige Vertreter des faulen Geschlechts in England, die ihren Kälbern offenbar nicht einmal mehr das bißchen Milch gönnten, das diese für einige wenige Wochen für ihre Ernährung beanspruchten. Statt der Milch verabreichten sie den Wiederkäuern billiges Tiermehl, das aus den Kadavern von Schafen und anderen Tieren gewonnen worden war. Da die Kälber daran nicht starben, hielt man diese neue Art der Fütterung für machbar und setzte sie gleich im großen Maßstab auch bei ausgewachsenen Kühen als Heuersatz ein, damit die Gewinne steigen. Damit lösten sie nicht nur eine bestürzende Katastrophe aus, die die englische Fleischwirtschaft ruinierte, sondern bescherten der Menschheit eine bisher unbekannte und besonders unheimliche Form der infektiösen Erkrankung, gegen die wir vollkommen hilflos sind, weil unser Körper die Erreger nicht als feindlich erkennen kann.

Das Tiermehl enthielt auch die Überreste von Schafen, die an der für Schafe lebensgefährlichen Krankheit Scrapie gestorben waren. Durch die Verfütterung des hitzebeständigen Erregers, einem bösartigen Protein, an Kühe mutierte dieser offenbar und führte bei den Tieren zu einem qualvollen Leiden, dem ursprünglich „mad-cow-syndrome" genannten Rinderwahnsinn. Nun, am Ende der neunziger Jahre, wird zur Gewißheit, was logisch denkende Menschen schon länger wußten: Durch den Verzehr des Fleisches von erkrankten Kühen erkranken auch Menschen. Die nächsten Jahre werden zeigen, welches Ausmaß diese Katastrophe nehmen wird, die inzwischen einen lateinischen Namen bekommen hat: BSE, Bovine spingoforme Enzephallopathie, bei der das Gehirn unaufhaltsam verschrumpelt und sich zersetzt. Niemand weiß, wie lange die Inkubationszeit ist. Augenblicklich schätzt man sie noch auf zwölf Jahre. Niemand von uns weiß, wie viele Menschen in England und in den anderen europäischen Ländern verseuchtes Rindfleisch gegessen haben und das bösartige Protein bereits in sich tragen, ohne es zu wissen.

Wir haben den üblichen mörderischen Zirkus von Abwiegelung, Beschwichtigung und Verhinderung von Informationen durchlaufen wie einst bei der Reaktorkatastrophe von Tschernobyl. Und genau wie damals wird das Entsetzen über die Wahnsinnstat sich bald legen, und alles geht so weiter wie bisher. Besonders Sensible und Ängstliche werden kein Fleisch mehr essen, die anderen achten besonders aufmerksam auf die Herkunft des Fleisches und freuen sich, damit wieder etwas für ihre Gesundheit tun zu können, und ein paar Unentwegte und Dummköpfe halten das Ganze für bloße Propaganda, nur dazu erdacht, ordentlichen Leuten das Geschäft zu verderben. Und wieder einmal hat „die Menschheit", in Wahrheit die patriarchale Welt, eine neuerliche Grenze zur Zerstörung unwiderruflich überschritten.

Das System des faulen Geschlechts läßt andere Veränderungen im Sinn von Evolution nicht zu. Seine Unfähigkeit zur Achtsamkeit verhindert das sogar dann, wenn der Wille dazu vorhanden ist. Niemand von ihnen will ein Verlierer sein, und so werden wir am Ende alle alles verlieren. Das Prinzip von Geben und Nehmen, auf dem alles Leben auf unserem Planeten basiert, ist ihnen nur auf die Weise geläufig, wie es sich in dem Spruch „Eine Hand wäscht die andere" ausdrückt.

Einst erwartete Karl Marx, daß sich ein solches System selbst zerstört, indem die Unterdrückten dieser Erde aufwachen und sich dagegen erheben. Das ist ja auch ein paarmal hier und da auf diesem Globus geschehen. Was Marx dem Kapitalismus entgegenzusetzen hatte, war nicht viel wert. Mit der „Diktatur des Proletariats" sollten die ehemaligen Unterdrückten nun die neuen Herren werden. Und das war das eigentliche Problem. Ein paar angebliche Anarchisten hängten sich gleich mit dran und behaupteten, wenn eine Bombe im Namen der Freiheit explodiere, sei das ganz etwas anderes, als wenn Blut durch rechte Hand fließt. An der Auffassung, daß Herrschaft unumgänglich sei, änderte sich nichts. Etwas anderes als Dominanzdenken war auch in diesen Theorien nicht zu entdecken. Damit entlarvten sich Marx und die politischen Führer des Sozialismus wie Lenin als patriarchale Kämpfer um die Macht wie alle anderen auch. Josef Stalin machte dann vollends deutlich, daß zwischen ihm und Hitler, zwischen rechts und links kein Unterschied ist, denn ganz gleich, in welcher horizontalen Richtung diese Führer ihre politische Heimat hatten, ihre Taten zeigten, daß es vor allem um die Vertikalität der Macht ging. Auch deshalb war der Kommunismus kein Mittel, den Kapitalismus zu beenden.

Das Ende des Kapitalismus wird nicht durch irgendeine Revolution erfolgen, die Geknechteten der Moderne erheben sich ganz sicher nicht gegen ihre Unterdrücker und setzen sogar ohne Bedenken die Gesundheit ihrer Kinder aufs Spiel, wenn sie nur dadurch ihren Arbeitsplatz erhalten und ihre Pensionen sichern. Die Bereitschaft des patriarchalen Menschen, ob Mann oder Frau, für den Verbleib im Rattenrennen auch noch die unwürdigsten Demütigungen auf sich zu nehmen, ja sogar die äußersten destruktiven Handlungen zu begehen, ist sehr groß. Und während alle noch gar nicht merken, daß ihnen alles Hoffen und Bangen nichts nützen wird, weil es längst beschlossene Sache ist, daß die nächsthöhere Gewinnmaximierung dadurch erzielt werden soll, daß die Lohnarbeit abgeschafft wird, steht ein alter Ökonom aus seinem Grab auf, dessen Theorien mindestens so mottenzerfressen sind wie die von Karl Marx, aber um ein Vielfaches nützlicher für Vatis Fortschrittszoo. Der österreichstämmige amerikanische Ökonom Joseph Schumpeter erfand einen Begriff, der auf besonders zynische Weise auf den Punkt bringt, wie Vati die Dinge mit der Gewinnmaximierung sieht: Er nennt es *die schöpferische Zerstörung*.

Nach Schumpeters Definition versteht man unter schöpferischer Zerstörung das Erzeugen von dramatischen Veränderungen in den traditionellen Strukturen, das dann zu großen Produktivitätszuwächsen führt. Dramatische Veränderungen sind beispielsweise neue Technologien, die dazu führen, daß ganze Berufszweige nicht mehr benötigt werden, wie etwa die Erfindung des Fließbands, die das Ende des Handwerks bedeutete, oder die Erfindung des Computers, der in allen Branchen zum Jobvernichter wurde.

Wenn man die Dinge genauer untersucht, stellt sich heraus, daß immer die Inhaber von Macht sich neue Formen „schöpferischer Zerstörung" einfallen lassen, auf die die Machtlosen gezwungen sind zu reagieren. Ihr Einfallsreichtum erschöpft sich darin, neue Überlebensstrategien zu entwickeln, um nicht zu verelenden. Das bringt ersteren dann den erwähnten Produktivitätszuwachs. So ist die sogenannte schöpferische Zerstörung das alte sonderbare Spiel mit der Angst zu dem Zweck, schneller und leichter Gewinne zu machen.

Neueste Variante dieses Spiels ist der massenweise Abbau von Arbeitsplätzen in der Absicht, die nunmehr Arbeitslosen als sogenannte Selbständige dieselbe Arbeit machen zu lassen. Die machen es dann zum halben Preis und mit unbegrenzter Arbeitszeit. So geschehen bei IBM, der seinen Fahrern jetzt als Subunternehmern Aufträge erteilt für die Hälfte des Geldes, das sie als festangestellte Arbeitnehmer gekostet haben.

Es drängt sich die Frage auf, wozu Vati eigentlich diesen ganzen Aufwand betreibt. Was bewegt den Mann? Er ist fast so intelligent wie eine Frau, also müßte ihm doch irgendwann klarwerden, daß das Prinzip „soviel wie möglich" in einer Welt der begrenzten Ressourcen nicht unendlich funktioniert. Wenn er es geschafft hat, als Gewinner des Rattenrennens reich zu werden, so wird er bald merken, daß auch er nur einen Hintern hat, um drauf zu sitzen, und er auch als reicher Mann nur ein Schnitzel auf einmal essen kann und die Gewißheit, jederzeit von allem im Überfluß zu haben, ihn nicht zufrieden macht, sondern krank, blöd und fett. Darum finden kluge reiche Männer häufig in eine erstaunliche Einfachheit des Lebens zurück. Dennoch machen sie weiter. Das, was sie nicht ruhen läßt, ist Macht. Macht macht Vati mächtig an.

3. KAPITEL

DAS APHRODISIAKUM DES MANNES IST DIE MACHT

Die allgemeine Auffassung darüber, was Macht ist, wozu sie dient, warum es sie gibt und wie eine Frau dazu stehen sollte, hat sich in den letzten dreißig Jahren grundlegend verändert. Jedoch wie auch immer Frauen dazu stehen mögen, unterhalb der bewußten Einstellung zeigt sich, daß es für den Umgang mit der Macht in Vatis Fortschrittszoo ganz klare Regeln gibt. Alle bisherigen Versuche, daran etwas zu ändern, haben immer nur dazu geführt, dem patriarchalen System Anpassungshilfen an die sich verändernden Strukturen zu schenken. Das Patriarchat ist so etwas wie ein Retrovirus. Es ist auf diese Interventionen von außen angewiesen, um zu mutieren, denn aus sich selbst heraus ist es nicht schöpferisch und entwicklungsfähig. Wollen wir es loswerden, müssen wir anders an die Sache herangehen. Der Fehler liegt in der Sichtweise, die den Ausgangspunkt unseres Ansatzes bestimmt.

Das System ist so zählebig, daß es scheinen könnte, als basiere es tatsächlich auf Naturgesetzen. Das ist natürlich nicht der Fall. Die Zählebigkeit des Patriarchats beruht auf einem Prinzip der Macht, das sich mit den bei uns verbotenen Pyramidenspielen vergleichen läßt, d.h. einer Mischung aus Unterdrückung, Verdummung und Betrug, bei dem viele den einen an der Spitze tragen sollen und jeder gegen jede Logik und sogar wider besseres Wissen davon träumt, vielleicht auch einmal an der Spitze zu sein. Ich nenne das den Lotto-Effekt. Wer darauf einsteigt, kommt nie mehr heraus, denn der Zugzwang, in den man gerät, ist immens.

In Wahrheit hat natürlich niemand von uns die Wahl, auszusteigen, denn im multinationalen Pyramidenspiel des Patriarchats werden wir von Geburt an zu Persönlichkeiten geformt und dressiert, die meist gar nicht anders leben können, weil sie ihre Sozialisation mit ihrer Natur, ihrem Wesen verwechseln. Das System funktioniert auf bestürzende Weise selbsttragend und bricht nicht so leicht zusammen wie die üblichen Pyramidenspiele, denn neue Mitglieder müssen nicht rekrutiert werden, sondern werden durch Fortpflanzung bereitgestellt. Das macht es dann auch möglich, Geist und Seele der zukünftigen Mitglieder der Gesellschaft nach Bedarf zu formen. Auf diese Weise merkt keiner was. Jeder tut, was er muß, und wird jeden Versuch anderer, eine Situation oder gar die gesamte Struktur einer Gesellschaft zu verändern, als persönlichen Angriff und Bedrohung erleben.

Das ist – auch in gewinnmaximalistischem Sinn – ziemlich praktisch. So wird beispielsweise nur ein Mensch mit einer beschwichtigenden Persönlichkeitsstruktur, also vom Typus „Abwiegler" und „Verleugner", fähig sein, in einem Atomkraftwerk zu arbeiten. Ein Mensch, der die Gefahr von Atomstrom spätestens nach der Katastrophe von Tschernobyl erkannt hat, ist dazu nicht imstande. Das macht die Atomkraftwerke – und nicht nur sie – im übrigen erst so gefährlich, denn es ist gerade dieser Typus, der auch auf Stör- und Unfälle im Reaktor verleugnend und abwiegelnd reagieren muß, weil er keine anderen Handlungsmöglichkeiten kennt. Nur deshalb konnte es dazu kommen, daß erst mehrere Tage, nachdem der Tschernobyl-Reaktor zerborsten war, die Betreiber überhaupt zugeben konnten, daß der angeblich unwahrscheinliche Super-Gau eingetreten war.

Unsere patriarchalen Gesellschaften erzeugen eine Vielzahl von Menschentypen, die dann an den jeweiligen machtsichernden Positionen eingesetzt werden. Ein Polizist muß mehr oder weniger vom paranoiden Typus mit gewissen sadistischen Persönlichkeitszügen sein. Das trifft auch auf Berufssoldaten und Jäger zu. Politiker sind erst dann erfolgreich, wenn sie eine passiv-aggressive Persönlichkeit mit starken beschwichtigenden und abwiegelnden Anteilen entwickelt haben. Richter und Staatsanwälte dagegen brauchen eine phallische Psyche, die überkontrolliert, wobei gewisse paranoide Züge auch ganz brauchbar sind. Die Überrepräsentation bestimmter psychischer Strukturen in ganzen Nationen nennt man dann Mentalität. So kann es kommen, daß man in Frankreich, wo genauso viele intelligente Menschen leben wie anderswo auch, dennoch mit den Gefahren der Atomenergie sorglos umgeht und Fragen des Umweltschutzes nicht ernst nehmen kann und alle internationalen Proteste und Interventionen nur dazu führen, daß die französische Regierung noch autoritärer handelt.

Macht findet nach dem Soziologen Max Weber folgende Definition: „Macht ist die Chance, innerhalb einer sozialen Beziehung den eigenen Willen auch gegen Widerstreben durchzusetzen, gleichviel, worauf diese Chance beruht." Das ist schön gesagt, aber entlarvend. Die Webersche „soziale Beziehung" klingt vordergründig ganz wertfrei. Wenn wir diese sozialen Beziehungen aber benennen, wird ohne großen Aufwand deutlich, daß es sich niemals um Beziehung, sondern immer um Machtverhältnisse handelt. Dies kann die Verbindung eines Mannes mit einer Frau oder die Verbindung aller Familienmitglieder untereinander oder das Verhältnis des Arbeitgebers zu seinen Arbeitnehmern sein. Auch zwischen Polizei und Verdächtigem findet eine Webersche soziale Beziehung statt, ebenso zwischen Staat und Bürger oder den Staaten untereinander.

Meyers Lexikon ergänzt Webers Definition und schreibt unter dem Stichwort „Macht": „Widerstreben der Machtbetroffenen, das sich in Widerstandsverhalten ausdrückt, führt zur Anwendung von Gewalt, mitunter von den Unterworfenen durch Gegengewalt beantwortet. Dann entscheidet die ‚Macht des Stärkeren'."

Das ist uns Frauen ja nicht neu, daß wer widersteht, schuld daran sein soll, wenn Gewalt angewendet wird, um zu unterwerfen. Das bedeutet, unterworfen wird in jedem Fall, einmal mit und einmal ohne Gewalt.

Es ist klar: Beziehung, wie ich sie verstehe, noch dazu wenn sie die Bezeichnung sozial verdient, verträgt es nicht, wenn ein Teil der Beziehung seine Chance ergreift und seinen Willen auch gegen den Widerstand anderer durchsetzt. Macht und Beziehung vertragen sich nicht.

Verabschieden wir uns an dieser Stelle am besten auch gleich von dem Begriff „demokratisch" als Gegenpol für die Durchsetzung eines Willens gegen jeden Widerstand. In einer demokratisch organisierten Beziehung, ob es sich nun um eine Ehe oder die Beziehung zwischen Regierung und Volk handelt, führt das entweder trotz allem wieder zur Dominanz des zahlen- oder kräftemäßig Stärkeren und an Skrupeln Ärmeren oder aber zu faulen Kompromissen. Ich hoffe, es dämmert nun bereits einigen LeserInnen, daß „Demokratie" nur funktioniert, solange die Berechtigung von Herrschaft nicht in Zweifel gezogen wird. Dominiert und unterworfen wird in jedem Fall. Einmal totalitär und einmal demokratisch.

Wenn wir uns in der Wirklichkeit umschauen, zeigt sich, worin Webers „Chance" besteht und worauf sie in unserer Welt beruht: Testosteron. Ich betrachte meinen ältesten Ziegenbock, der nicht ohne Grund den Beinamen „Master of Evil" trägt, und bin in meiner Ansicht bestätigt, daß Herrschaft eine Frage der Hormone sein muß. Allerdings sind es nicht die Hormone an sich, die niemals gut noch schlecht sein können; erst außergewöhnliche und unnatürliche Umstände machen, daß Testosteron ein Problem wird.

In meiner Herde bestehen diese unnatürlichen Umstände darin, daß weibliche und männliche Tiere das ganze Jahr miteinander in einer Gruppe leben und das Zahlenverhältnis beider Geschlechter beinahe 50 : 50 beträgt. Für ein soziales Beieinandersein dieser Art, wie wir es ja auch in Menschengesellschaften als Regel haben, sind Böcke einfach nicht ausgerüstet. Ihre Testosteronproduktion treibt sie in den kämpferischen Wettbewerb, auch wenn es diesen nicht gibt, und so wird der Bock zu einem Problem für alle anderen. Mein „Master of Evil" trägt nichts zum Wohl der anderen bei und erwartet dennoch ganz selbstverständlich, den Platz an der Spitze einzunehmen. Er macht allen Angst und holt sich mit Gewalt, was ihm verweigert wird. Nicht nur will er zuerst und am meisten, er versucht durch Unterdrückung zu erreichen, daß die anderen gar nichts bekommen. Ziege Lisi kann ihn so wenig ausstehen, daß sie sich sogar weigert, sich von ihm Kinder machen zu lassen. Er aber hält sich für unwiderstehlich.

Wäre er ein Mensch, fände er ganz sicher einen Weg, die anderen zu seiner Gewinnmaximierung einzusetzen. Und ein Unterbock fürs Controling fände sich bald auch an seiner Seite. Oder, falls er einer anderen sozialen Schicht angehörte, schlösse er sich in Straßengangs zusammen, um das Gewaltspiel auf diese Weise zu spielen. Auch als Mensch führten ihn seine Hormone in eine derart sinnlose Existenz. Sinnlos deshalb, weil er, ohne die Voraussetzungen mitzubringen, Führungspositionen einzunehmen versucht.

Meine Leitziege Viktoria macht den anderen das Leben auch nicht immer leicht, aber niemals steht ihr der Sinn nach sinnloser Dominanz. Es gibt bessere Führungspersönlichkeiten als sie, aber sie gibt sich Mühe, ihren Job gut zu machen, und mit jedem Jahr wird sie besser. Sie hat den Platz nach dem Tod ihrer Mutter Bella übernommen, die eine wunderbare Leitziege war. Bella hatte einen guten Blick und eine ausgezeichnete Nase für die besten Kräuter, und wenn sie sich auch nicht so leicht das Blatt aus dem Maul nehmen ließ, so war ihr jede Gewalttätigkeit fern. Sie hatte wiederum Ziege Miezker zu Recht das Amt abspenstig gemacht, sobald sich ihr bei uns die Freiheit dazu bot, denn Miezker war nur in den beengten ganzjährigen Stallverhältnissen, die der Vorbesitzer den Ziegen geboten hatte, zur Leitziege geworden. Miezker behandelte alle Mitziegen wie eine Horde schwer zu bändigender Kinder. In dem engen, dunklen Stall, in dem sie lebten, bevor ich sie kaufte, war diese Haltung möglicherweise ganz sinnvoll. Jetzt, in einem Freilaufstall und auf der großen Wiese, übernahm eben die besser geeignete Bella. In ihrer jetzigen Position als eskortierende Tante fühlt sich die kinderlose Miezker weitaus wohler. Wüchse eine neue Ziege heran oder käme von außen dazu und es zeigte sich, daß sie eine bessere Leitziege als Viktoria wäre, würde Viktoria ihr Amt ziemlich schnell an sie abgeben und die Situation akzeptieren, denn alle Ziegenfrauen leben in einer Art vitaler Kooperation. Es gibt Rangeleien und Eifersüchteleien, es gibt Freundschaften und Antipathien, sie kennen Rangordnungen, aber keine Herrschaft.

Verhaltensforscher haben versucht, in Tierexperimenten nachzuweisen, daß Machtstreben ein biologischer Antrieb sei. Auch wenn Wissenschaft vorgibt, objektiv zu sein, so ist sie es doch niemals. Hinter dem Anspruch steht immer der Wunsch nach Herrschaft mit Hilfe des Besitzes der absoluten Wahrheit. Hinter dem Versuch, Machtstreben als biologischen Antrieb zu erklären, ohne den Einfluß sozialer Situationen überhaupt nur wahrzunehmen, steht die Absicht, Herrschaft als natürlich zu rechtfertigen.

Dieser Absicht folgend, landen auch diese Verhaltensforscher genau wie ich beim Diktat des Testosterons, jedoch aus einer anderen Richtung kommend und unbedingt in eine andere Richtung strebend.

Den Anspruch der Objektivität kann ich mit meiner kleinen Ziegenherde natürlich nicht erfüllen, denn nach wissenschaftlichem Standpunkt ist ihr Verhalten nicht repräsentativ. Meine Beobachtungen reichen jedoch aus, um festzustellen, daß alle Verhaltensforscher immer nur das Dominanzverhalten der männlichen Tiere im Auge haben und niemals ihre eigenen Vorstellungen von den sozialen Strukturen verlassen, die sie als natürlich zu beweisen nicht müde werden. Wie aber der Volksmund weiß, muß nur der beweisen, der sich seiner Sache nicht so ganz sicher ist. Soweit ich weiß, gibt es keine von der offiziellen Wissenschaft anerkannten Verhaltensforscher, die untersuchen, wieweit sich bei Tieren matriarchale Strukturen nachweisen lassen.

Das ist verständlich, denn auch die Wissenschaft ist ein herrschaftssichernder Bereich. Auch hier arbeiten Menschen, die zuvor eine entsprechende Persönlichkeitsbildung erfahren haben, die es ihnen erleichtert, nicht darunter zu leiden, daß Wissenschaft und Forschung keinen Sinn machen müssen. Eine, die darauf besteht, die Richtigkeit der Fragen zu hinterfragen, wäre da fehl am Platz.

Die emotionale Manipulierbarkeit des Individuums, gleich welchen Geschlechts, ist die Garantie, daß niemand aus diesem patriarchalen System aussteigen kann. Wie Menschen dazu gebracht werden, zu funktionieren, geht nicht anders vor sich als bei der Abrichtung eines jungen Hundes. Dies ist der Beitrag aller Mütter, dem Patriarchat zur Seite zu stehen, indem sie ihre Kinder auch noch ohne Bezahlung zu autoritätsgläubigen und gewaltfähigen Menschen erziehen. Wenn die Kinder dann ins Schulalter kommen und die Schule im größeren Rahmen dieses Werk fortsetzt, ist die Hauptarbeit schon geleistet. Das Kind hält nunmehr für ein Naturgesetz, daß es nur zwei Möglichkeiten auf der Welt gibt: Entweder gehört es zu denen da oben oder zu denen da unten. Es lernt, daß es schon immer so war. Es lernt außerdem, daß niemand so weit unten ist, daß sich nicht noch jemand findet, der noch weiter unten ist. Solange sich so jemand findet, ist es fast schon, wie wenn es einer von denen da oben wäre. Dies sichert ab, daß das Kind für den Rest seines Lebens auf Versuche verzichtet, nach oben zu kommen oder Unruhe in das hierarchische Gefüge zu bringen. Es bleibt, wo es ist, und tut mit beim „Soviel-wie-möglich-Spiel" und bleibt entweder darauf konzentriert, Gewinner seiner Kaste zu werden, oder ängstlich in der Depression gefangen, wenn es merkt, daß es nie gewinnen wird.

Für Frauen bedeutet dies, daß sie, wie hoch oben sie auch in der Pyramide gelandet sein mögen, dennoch immer ein wenig auch zu denen da unten gehören.

Die Rolle der Mütter als Erfüllungsgehilfinnen des Patriarchats ist hinreichend erörtert und bekannt. Mütter und andere Frauen tun also stets auf verschiedene Weise mit im Fortschrittszoo. Dennoch halte ich Machtstreben nicht für eine natürliche menschliche Ausdrucksform, sondern für eine männliche. Unser Zutun zum Ganzen erfordert aber dennoch eine gründliche Auseinandersetzung mit der brennenden Frage, was natürlich weiblich ist und was patriarchale Rollenübernahme, vor allem dann, wenn es wie in diesem Buch um Auswege aus dem Patriarchat geht.

Zweifel über diese Auswege haben auch Feministinnen, und einige von ihnen wüßten möglicherweise gar nicht, was sie ohne Patriarchat machen würden, denn sie sehen ihren Lebenssinn im Widerstand dagegen. Es war eine Feministin anderer Gangart als ich, die so weit ging, zu behaupten, die Existenz matriarchaler Gesellschaftsordnungen sei wissenschaftlich vollkommen widerlegt. Erfreulicherweise sah sie wenigstens davon ab, zu behaupten, die Erde sei eine Scheibe.

Wenn Herrschaft patriarchal und nicht natürlich ist, so können sich alle Auswege daraus nur finden lassen, wenn Frauen sich und ihre Position in ausdrücklichem Gegensatz zu Herrschaft sehen, ganz gleich wo und wie diese daherkommt.

Frauen, die sich ausdrücklich im Gegensatz zu Herrschaft sehen, also auch untereinander keine Herrschaftsstrukturen mehr wiederholen und ertragen wollen, haben viel Arbeit vor sich, vor allem an sich selbst. Damit, in die Machtstrukturen des Patriarchats aktiv einzusteigen, um sie aufzuweichen und zu einer Femokratie zu machen, ist es nicht getan. Das hieße, patriarchale Gesetze anzuerkennen, darüber hinaus männliche durch weibliche Positionen zu ersetzen und weiblich geführte Herrschaft auszuüben.

Es geht also darum, einen sehr umfangreichen und tiefgreifenden Bewußtseinswandel anzustreben. Dem hat ein ebenso großer Erkenntnisprozeß voranzugehen. Wir sollten uns das als eine Art Resozialisierung der Frauen vorstellen, die zum Ziel hat, daß wir imstande sein werden, gute Leitziegen abzugeben. Bezogen auf Menschen gehört nicht nur dazu, daß wir endlich die weiblichen Hormone sprechen lassen, also die klare Definition von Weiblichkeit und die Anerkennung dieser Fähigkeiten, sondern auch die Schaffung von Lebensumständen, die männliche Herrschaft verhindern und weibliche Führung ermöglichen. Wir sind schon seit einigen Jahrzehnten auf dem besten Weg, dies in einer unendlichen Anzahl kleiner Schritte Wirklichkeit werden zu lassen. Nun kommt es darauf an, die Struktur der Macht im Patriarchat zu durchschauen, damit wir wissen, wo und wie wir den Hebel ansetzen müssen.

Die Frage nach der Legitimität von Herrschaft zu stellen, halte ich für einen sehr guten Ansatz.

Einer der Versuche, die Existenz von Herrschaft zu legitimieren, d.h. für natürlich zu erklären, geschieht, indem Macht und Gewalt voneinander getrennt gesehen und nicht als zusammengehörig akzeptiert werden. Gewalt, das gibt selbst die Wissenschaft inzwischen endlich zu, ist ein maskulines Problem. Mord, Raub, Bandenkriminalität oder Ausländerfeindlichkeit gelten beim Kampf um Status und Einfluß als spezifische Ausdrucksformen unterprivilegierter, gewalttätiger Männlichkeit. Unterprivilegiert bedeutet in diesem Zusammenhang: im Vergleich zu anderen Männern. Die Gewalt richtet sich immer gegen Schwächere, d.h. nicht unbedingt nur gegen Frauen.

Wird der Männlichkeit überhaupt die traditionelle patriarchale Existenzberechtigung abgesprochen, d.h. ist der Mann als Beschützer und Ernährer überflüssig geworden, so neigt er nach Ansicht einiger Sozialwissenschaftler ganz besonders zur Gewalttätigkeit. Hierbei steht vor allem die Aggression gegen Frauen im Vordergrund. Da haben wir es wieder. Würden wir den Männern freiwillig erlauben, uns zu dominieren, würden sie das viel freundlicher tun.

Gewalt ist jedoch ein Begriff, der viel weiter gefaßt werden muß. Nehmen wir Max Webers Definition noch einmal zur Hand, sehen wir, daß jede Art von Hierarchie, d.h. jede Art von Herrschaft sich nur durch Gewalt herstellen und aufrechterhalten läßt. Es muß nicht immer körperliche Gewalt sein. Psychische und soziale Gewalt tun es auch, solange die körperliche Gewalt aus dem Hintergrund winkt. Das Recht zur Anwendung körperlichen Zwangs hat im Patriarchat der Staat als Monopol an sich genommen. Für den Bereich aller anderen Beziehungen im privaten und Arbeitsleben reicht neben der psychischen und sozialen Gewalt die bloße Gewißheit, daß die staatliche Gewalt existiert, um das Werkel am Laufen zu halten. Auf diese Weise wird der Anschein geweckt, daß unsere Gesellschaft dem Einzelnen größtmögliche Freiheit gewährt und nur die Bösen von der staatlichen Gewalt betroffen sind. So wird Gehorsam mit Hilfe von Recht und Ordnung belohnt. Der begriffliche Gegensatz von „Mutter Erde" und „Vater Staat" ist kein Zufall und treffend bis ins Herz.

Und noch einmal muß an der „Demokratie" gekratzt werden. Demokratie als Organisationsstruktur des Staates ist unter Kontrolle gebrachte Gewalt. Diese Kontrolle mag vielleicht garantieren, daß diktatorische Exzesse und unverbrämte Übergriffe vermieden werden; sie führt dazu, daß die sogenannten Freiräume für sogenannte Randgruppen größer sind. Aber schauen wir uns genau an, wie weit wir da schon wieder einmal Form und Inhalt verwechseln. Demokratie ist eine mögliche Form, mit deren Hilfe Gewalt als Ausdruck männlicher sozialer Dominanz als Inhalt in den Griff bekommen wird.

Das, was sie in Form zu bringen versucht, ist dieselbe Energie, von der auch totalitäre Gesellschaften leben. Was unterscheidet einen Dieb von einem, der nicht stiehlt, weil er sich an das Gesetz hält?

Vergessen wir bitte nicht, wer die Demokratie „erfunden" hat. Sie diente ziemlich zu Beginn des Patriarchats einer Gruppe privilegierter Männer – auch hier gilt, daß ihr Privileg sich auf andere Männer bezog – zur Regelung von Macht. Frauen und Sklaven kamen in dieser Gedankenwelt als Menschen nicht vor. Zum Zeitpunkt der griechischen Antike war die Macht der matriarchalen Welt bereits so gründlich gewaltsam gebrochen, daß es um den Kampf gegen Frauen überhaupt nicht mehr ging, sondern nur noch um Status und Einfluß der Herren untereinander.

Wenn ich nun zweieinhalbtausend Jahre später an einer sich inzwischen verbesserten, d.h. patriarchal effizienteren Form der Demokratie teilnehmen darf, vielleicht sogar, weil meine weiblichen Fähigkeiten mittlerweile zu deren Erhalt notwendig sind, weil die Männer allein nicht mehr weiterwissen, kann ich darin für uns

Frauen nichts Positives entdecken und bin mittlerweile zu wider-
borstig, mich dazu mißbrauchen zu lassen. Mit Frauenbefreiung,
weiblicher Selbstbehauptung und Emanzipation hat die Teilnahme
an demokratischen Ritualen – etwa auch noch über die Wahlbe-
teiligung hinaus durch Mitarbeit im Bereich Politik – rein gar nichts
zu tun.

Es ist noch immer das alte patriarchale Männerspiel, mit dem
sich verschiedene kriminelle Vereinigungen und einzelne potentielle Gewalttäter gegenseitig unter Kontrolle halten.

Und nicht nur ich bin mir dessen gewiß, daß das Spiel um die
Durchsetzung von Interessen jederzeit wieder in einen totalitären
Faschismus übergehen kann, sollte es gewissen Machtmännern
effizienter als die derzeit übliche Parteienpolitik und der Parlamentarismus erscheinen. Faschismus ist ur-patriarchal, nichts als
die Klimax des Systems, und enthüllt, was die Demokratie diskret
verschleiert. Die Interessen, um die es da geht, sind auf jeden Fall
gegen die Interessen von Frauen gerichtet. Welch ungeheuerliche
Chuzpe, uns Frauen die Teilnahme an diesem Spiel als Fortschritt
in der Frauenfrage zu verkaufen.

Jüngst versuchte der Verteidigungsminister Österreichs, mit der
Zulassung von Frauen zum Bundesheer auf diesen Zug aufzuspringen.
„Das ist genausowenig ein Beitrag zur Emanzipation der Frau,
wie es eine größere Beteiligung der Frauen am organisierten Verbrechen wäre", konterte die Frauenforscherin Claudia von Werlhof.

Selbstverständlich ziehe ich die Demokratie jeder diktatorischen
Ausdrucksform des Patriarchats vor, und ich werde nichts unversucht lassen, um zu verhindern, daß sich neue potentielle Diktato-
ren mit demokratischer Hilfe etablieren können. Aber ich weise
noch einmal ausdrücklich darauf hin, daß wir Frauen anderer
Formen bedürfen, wenn es darum geht, matriarchale Macht in die
Welt zurückzuholen. Darum sollen wir uns unserer Chance durch
aktive Verweigerung der politischen Mithilfe bewußt sein.

Anstatt dabei zu helfen, gegen mich gerichtete Interessen effizienter zu vertreten, werde ich ganz im Gegenteil diese kostbare
Möglichkeit der Veränderung durch Verweigerung nicht aus der
Hand geben. Neben der Erziehung der nachkommenden Generationen – Töchtern wie Söhnen – zur Dissidenz und der Bildung
von immer mehr patriarchatsfreien Zonen ist dies die dritte gewalt-

lose Waffe, über die wir Frauen verfügen und die anzuwenden wir uns nicht scheuen sollten.

In aller Gelassenheit stelle ich also die These auf, daß Macht über andere, Herrschaft und Gewalt identisch sind und alle drei in den Bereich der maskulinen Sphäre gehören. Das wirft nun allerdings gleich mehrere Fragen auf.

Die wichtigste ist: Ist Macht schlecht?

Die zweite, auch nicht ganz unbedeutende, lautet: Sind Männer schlecht?

Die erste Frage kann klar mit „ja" beantwortet werden, wenn es sich um „Macht über andere" handelt, wie patriarchale Macht von der amerikanischen Feministin Starhawk definiert wird. Die Antwort auf die zweite Frage lautet: Männer sind schlecht für Frauen, Kinder und andere Männer, d.h. also auch für sich selbst, ebenso wie für Tiere und Pflanzen und alles sonstige Leben auf der Erde, solange sie über Macht verfügen. Nur wenn sie über Macht verfügen, ist für alle Frauen höchste Vorsicht angebracht.

Man kann es auch so sehen: Sie hatten dreitausend Jahre lang Zeit, um zu zeigen, was die Dominanz des männlichen Prinzips vermag. Das Ergebnis ist katastrophal. Nun reicht es.

Männern die Macht wegzunehmen, sie ihnen für alle Zukunft zu verweigern und Maßnahmen zu setzen, um sie daran zu hindern, daß sie sich jemals wieder der Macht bemächtigen können, ist nicht nur schwer, weil sie alles daransetzen, sich an der Macht zu halten, sondern weil ein großer Teil der Frauen, auch der bewußten und feministisch empfindenden Frauen, es nicht über sich bringt, tatkräftig und konsequent die Macht der Männer zu brechen.

Ist es schon schwer genug, die übliche stützende, leiblich und seelisch nährende Haltung gegenüber Männern aufzugeben, weil die Mechanismen, die damit im Zusammenhang stehen, nur schwer zu erkennen sind, so scheint es schier unmöglich, im Umgang mit Männern deren Führungsanspruch zu verweigern. Frauen sollten sich jedoch gewiß sein, daß auch noch die nettesten Männer, ja selbst ausgesprochen gütig erscheinende Lichtgestalten das Spiel sofort wieder an sich reißen, wenn man sie läßt. So mag der Aufstand der Indios in der mexikanischen Provinz Chiapas ursprünglich von den Frauen ausgegangen sein. Von dem Augenblick an, als ein gewisser Marcos aus der Stadt auftauchte, hatte die Bewegung wieder eine Spitze, und die wird hierarchisch mit Subcommandante tituliert. Frauen mutierten von da an zur Anhängerschaft dieses Subcommandante. Ihm und seiner Erscheinung sprechen sie in ebenso peinlichen wie altbekannt hymnischen Worten eine nahezu überirdische Ausstrahlung zu.

Frauen brauchen keinen Messias und keinen Heros, und auch von allen maximo liders und anderen Erlösergestalten sollten sie mittlerweile ebenso geheilt sein, wenn sie es wirklich ernst meinen mit ihrem Wunsch, herrschaftslose, friedliche und liebesfähige Matriarchate zu schaffen. Wenn Frauen nicht lernen, eine für den patriarchalen Geschmack unerfreuliche Tendenz zu entwickeln, nach eigenem Gutdünken zu *handeln*, wird sich immer wieder einer finden, der sich an die Spitze setzt und uns im Kampf um die gute Sache voranschreiten will. Und ehe eine sich versieht, sind alle Ingredienzen der „Macht über andere" wieder vorhanden bis hin zu Waffen und Tod; müssen wieder „Opfer gebracht" werden für die einstmals so gute Sache, und am Ende bleibt wieder nur das blanke Entsetzen, wenn auch dieser Ausweg wieder keiner war.

Das Patriarchat kennt als Gegenpol zur Macht nur die Ohnmacht, es läßt nur Überlegene und Unterlegene zu. So fragt sich natürlich, welchen Gegenpol Frauen zur Macht bilden, wenn sie die Ohnmacht nicht mehr werden akzeptieren können, aber nicht bereit sind, als Überlegene Macht *über andere* auszuüben.

Die alte Klassengesellschaft, die sich aus diesen Polen der Macht und Ohnmacht definierte, war und ist ein unrealistischer Erklärungsversuch derer, die den Betrug und die Auswirkungen des Pyramidenspiels zwar erkennen, aber durch ihre androzentrische Sicht in ihrer Erkenntnisfähigkeit eingeschränkt sind. Unterdrücker kann man nicht besiegen, sondern nur verlassen. Die sogenannten Klassengegensätze und die dazugehörigen Polaritäten wie Arm und Reich oder Arbeiter und Kapitalist oder Ausbeuter und Ausgebeutete gehören in den Bereich des Kampfes um Status und Einfluß, wie ihn eine männerzentrierte Gesellschaft mit sich bringt. Je nachdem, von wem der Kampf um die Führung gewonnen wird, sind es halt dann die anderen, die das Sagen haben. Was sie zu sagen haben, sobald sie an der Spitze sind, ist jedoch immer dasselbe. Zumindest das sollten wir aus den Erfahrungen der ehemaligen sozialistischen Länder gelernt haben. Das Patriarchat ist keine Gesellschaft der Gegensätze, sondern eine Endlos-Hierarchie. Nach unten hin ist die Pyramide beinahe unbegrenzt zu verbreitern.

Aber nicht allein dadurch definiert sich das Patriarchat. Wir haben es mit zwei Ausdrucksformen männlicher Macht zu tun. Das Gesetz der Spermie, das die Welt in wenige Gewinner und viele Verlierer einteilt, ist eine der beiden. Diesem Gesetz haben wir die Hierarchie unseres Systems zu verdanken. Wo es gilt, da kennt der einzelne Mann keine Freunde, ja nicht einmal mehr Mutter und Vater. Jeder gegen jeden und niemals einer für alle. Diese Art von Macht ist dem Mann sein Aphrodisiakum. Dieses Spiel belebt seine Sinne, bringt sein Blut in Wallung, läßt sein Herz höher schlagen und um Anerkennung bangen. Die Frau an seiner Seite ist ihm unterstützende Mutter, sie kann ihm eine treue Gefährtin sein und emotionale Tankstelle, auch Konkurrentin und Mitbewerberin läßt er neuerdings zu. Nur eines ist sie niemals: seine Geliebte. Seine wahre Liebe ist der Traum vom Platz ganz oben. Die Frau träumt er sich, wenn's hochkommt, eventuell an seine Seite.

Frauen, die noch immer glauben, sie spielten im Leben von Männern, wenigstens bei einem einzigen die Rolle, die sie gern im Leben eines anderen Menschen spielen würden, sollten endlich alle Hoffnung fahrenlassen. Nicht nur, weil das männliche Geschlecht das weibliche lediglich funktionalisiert sehen kann, sondern auch, weil es um die Übermännlichkeit der Frauen geht.

Es gibt nämlich noch eine andere Ausdrucksform von Macht, und wenn es um diese geht, halten alle Männer ganz gegen ihre Natur plötzlich wie Pech und Schwefel zusammen und stehen in klarem Schulterschluß gegen ihren wahren Feind: die übermännliche Frau.

Es ist der Kampf um die wahre Macht. Der Kampf gegen die Kreativität weiblichen Lebens, gegen die Schöpferkraft der Frau, die sich in ihrer Potenz, Leben entstehen zu lassen, ausdrückt und darum auch in der Kehrseite davon, der Verbindung zu Tod und Religion. Dies ist historisch gesehen der ältere, ja der älteste Kriegsschauplatz überhaupt.

Wenn Frauen ihre Teilnahme am Gesetz der Spermie verweigern und keinen der ihnen traditionell angestammten Plätze mehr einnehmen mögen und auch nicht ersatzweise um neue und bessere Positionen in der Gesellschaft kämpfen wollen, sondern statt dessen ihre alte Macht allen Ernstes zurückfordern, dann wird es plötzlich tatsächlich ernst. Dann erst kommen wir an die wirklich wichtige Grenze des Patriarchats. Vorher mag es um vergleichsweise klare und rationale Dinge wie Existenzsicherung und Überlebensmöglichkeiten gehen, mit denen eine Frau als Konsequenz ihres Ausstiegs aus dem Wahnsinn einer Unterordnungswelt sich auseinanderzusetzen hat. Jetzt aber wird es ziemlich irrational.

Die Irrationalität liegt auf beiden Seiten, d.h. bei Frauen und Männern gleichermaßen. Da gibt es ein kleines Erlebnis, das schon Jahrzehnte zurückliegt, das diese Irrationalität schlicht, aber pointiert bloßlegt.

Ich saß mit einem alten Freund und Kumpel gemütlich beim Wein, als er mir erklärte, warum er die Gesellschaft von Frauen der von Männern bei weitem vorzöge. Seiner Ansicht nach seien Frauen einfach die interessanteren Menschen, kompliziert zwar, nicht leicht zu begreifen, aber origineller, kreativer, gedankenvoller, ganz abgesehen von ihrer größeren psychischen Kraft. Da wurde ich sehr nachdenklich und still, denn ich begann mich zu fragen, wieso ich dann eigentlich mit einem Mann zusammensaß.

Mein Freund hatte die Sache auf den Punkt gebracht, um den es immer schon ging, indem er mir dazu verhalf, eine entscheidende Denkfalle aufzudecken, in der Frauen seit vielen Generationen stecken. Den langweiligen und im Grunde uninteressanten Vati Fortschritt als Gegenüber in Kauf nehmen, kann nur die, die ununterbrochen damit beschäftigt ist, sich Sorgen darüber zu machen, ob sie auch anerkannt, geliebt, begehrt wird. Also eine zum Objekt gemachte Frau, deren Blick tunnelartig verengt auf ihren Schminkspiegel gerichtet ist.

Einmal aus dieser Denkfalle ausgestiegen, ist die Verblüffung bei allen Frauen darüber sehr groß, daß zwischen ihrer Sicht über Frauen (und damit auch über sich selbst) und der Sicht der Männer über die Frauen nicht viel Unterschied ist. Groß jedoch ist der Unterschied der Positionen. Bringt Vati Fortschritts blöder, aber höchst wirksamer Trick, Frauen in der Sorge um Akzeptanz beschäftigt zu halten und sie mit scheinbarem Lob benutzbar zu machen, ihm auf mühelose Weise ein, was andere Vatis nur per anstrengender Unterdrückung aus ihren Muttis herausquetschen, so veralbern sich solcherart im Lob der Männer badende Frauen selbst in der Dürftigkeit männlicher Energiefelder und rätseln darüber, wieso ihr Leben soviel Kraft kostet. Einmal erwacht, ändert auch ein Positionswechsel für die Frauen nichts an diesem bedauernswerten Armutszeugnis. Die Lösung liegt nicht in der Umkehrung. Der zum Objekt gemachte Mann wird dadurch auch nicht interessanter. Weibliche Lebenskraft fließt dennoch ersatzlos in die männlichen Energiefelder. Die Unterdrückung der Unterdrücker mag der einen oder anderen kurzfristig Genugtuung verschaffen. Aber im Grunde schafft dies die Destruktion nicht aus der Welt, und wir bekommen keine Gelegenheit zu einem echten Paradigmenwechsel.

So tun wir uns Gutes, unsere Position zu verlassen und uns endlich den Menschen zuzuwenden, die interessant, kreativ, originell und gedankenvoll sind, also Menschen, die unserem weiblichen Niveau entsprechen.

Wenn Frauen anfangen, wieder wie in den ganz alten Zeiten beieinander zu sitzen und auf diese Weise in der Begegnung ihre Fähigkeiten zu *potenzieren*, werden nicht nur Papst, Bischöfe, Ayatollas und Gynäkologen zum Halali blasen, sondern Vatis sämtliche männliche Insassen und Kapos des Fortschrittszoos werden andere Saiten aufziehen wollen.

Sie mögen sich mittlerweile der Wirklichkeit unseres Wollens beugen und akzeptieren, daß uns die traditionellen Rollen der patriarchalen Welt nicht mehr passen. So lassen sie uns, nach knapp einhundert Jahren Frauenbewegung, teils murrend, teils erleichtert und willig, mitnaschen an Macht und Karriere, an Wirtschaftswachstum und Bruttosozialprodukt. Wenn es aber darum geht, sie vollends und insgesamt aus allen Bereichen der Macht zu entfernen, dann dreht sich in Sekundenschnelle die Zeit um dreitausend Jahre zurück, und hinter den zivilisiert glattrasierten Gesichtern kommt ein ziemlich primitiver Kerl zum Vorschein, der plötzlich keinen Spaß mehr versteht und ganz sicher nicht mehr mit sich reden läßt.

Die endlose Diskussion, warum sich so etwas wie das Patriarchat bilden konnte, erhält dann auf einmal neuen Stoff, denn wenn wir ihnen alles entziehen, zeigt sich, was ihnen fehlt, worum es ihnen vor allem anderen geht und – wie ich meine – also auch damals ging, als sie die soziale Macht der Frauen brachen.

Es ging ihnen um den ungehinderten Zugriff auf eine ganz bestimmte Macht, genauer um die Macht über die Quelle des Lebens. Die Macht des Lebens ist eindeutig manifestiert in der großen Kraft der Sexualität als Bindeglied von Geburt und Tod.

Ein testosterongesteuertes Wesen, das dem Gesetz der Spermie unterliegt, hat dabei eine geringere Erfahrungsmöglichkeit als eine Frau, wie wir bereits gesehen haben. Es stößt bald an Grenzen, und diese Tatsache hat viel mit dem Ursprung des Patariarchats oder dem Ende der Frauenmacht zu tun. Da es selbst nicht die Quelle des Lebens ist, kann es höchstens versuchen, diese Quelle in seine Macht zu bringen, indem es versucht, sie zu beherrschen.

Zum Bedauern der Männer hatte in den alten frauenrechtlichen Zeiten jedoch der größte Teil von ihnen nicht einmal Zugang zu dieser begehrten Quelle.

In jenen Zeiten waren viele Männer überflüssig und wurden Zeit ihres Lebens der üppigen Lebensenergien, die in der großen Gruppe der Frauen und Kinder produziert wurden, nicht teilhaftig. Meist duldete diese Gruppe nur einige auserwählte Männer. Diese erfüllten die an sie gestellten Erwartungen, indem sie ihre Fortpflanzungsfunktionen ausübten, auch gewisse Schutzfunktionen wurden ihnen zugestanden. Wir finden darin das ursprüngliche Prinzip des Königs wieder, ebenso den Mythos des alten Königs, der stirbt, und des jungen Helden, der sich dessen Platz mit Hilfe von Testosteron und dem spermozentrischen Weltbild erobern muß.

Die Gruppe der zahlenmäßig überflüssigen jungen Männer dünnte sich häufig aus mit Hilfe dieses ihnen eigenen Hormons – in Kämpfen untereinander oder gegen fremde, in anderen Sippen und Stämmen überflüssige junge Männer, und viele wurden wohl auch Opfer von Hunger, Kälte, Einsamkeit und wilden Tieren. Auf diese Weise hielt sich in den matriarchalen Zeiten die Balance des Systems auf selbstregulierende Weise – wie bei anderen Primaten auch.

Eines Tages, und dennoch nicht plötzlich, änderte sich alles. Noch immer ist es die am weitesten verbreitete Ansicht, daß es die Entdeckung der männlichen Zeugungkraft war, die den Anstoß dazu gab, daß frauenzentrierte Gesellschaften zu androzentrischen gemacht wurden. Ich halte die Ansicht, daß der Mann aus diesem Wissen heraus sicherstellen wollte, daß es sich bei der Nachkommenschaft um seine eigene handelt, aus vielen Gründen für nicht plausibel.

Wenn sich auch immer wieder mal Männer entdecken lassen, die sich liebevoll und verantwortlich um ihre Kinder kümmern, so ist das selbst nach Tausenden von Jahren patriarchaler Ordnung, die doch angeblich dem Kampf des Mannes um seine Kinder diente, immer noch die Ausnahme. Das weitere Argument, das seit Friedrich Engels gedreht und gewendet wird, es ginge dem Manne durch Feststellung der eigenen Kinder um die Besitzsicherung noch über seinen Tod hinaus, ist wohl sicherlich nicht ganz falsch, aber höchstens ein nachrangiges Motiv. Es folgt der Mann, wie alle anderen Lebewesen der Schöpfung auch, bis auf den heutigen Tag zuerst und vor allem seinen Primärinstinkten. Primärinstinkte sind Hunger, Wärmebedürfnis, körperliche Sicherheit und Sex. Und das will er selbstverständlich immer zuerst für sich selbst.

Daß sich die Welt androzentrisch verdrehte, hat vor allem damit zu tun, daß eine Überzahl an Männern an die universale Quelle wollten, die ihnen ihre Primärinstinkte befriedigen sollte. Die Männer erreichten dies, indem sie in diesem einen Fall auf das Gesetz der Spermie verzichteten. Es sollten alle Gewinner sein, und dies ließ sich nur durch eine Allianz aller Männer erreichen. Sie hörten also auf, um den Platz bei den Frauen zu konkurrieren, und begannen, ihre Aggressivität gegen Frauen zu richten, denn es konnten nur alle Männer zu Gewinnern gemacht werden, wenn alle Frauen zu Verliererinnen gemacht wurden.

Jeder Mann sollte eine Frau kriegen und damit in den Besitz der universellen Quelle aller Lebenskraft gelangen. Verlierer wurden die Frauen, indem sie gewaltsam – und wir dürfen uns diesen Vorgang als eine Ansammlung wirklich grausamer und blutiger Taten vorstellen – voneinander getrennt und isoliert wurden. Einzeln gewaltfähigen Männern ausgeliefert, waren Frauen dann immer müheloser dahin zu bringen, wo Männer sie haben wollten.

Am Ende dieses Strukturwandels, am Ende des letzten patriarchalen Jahrtausends sehen wir zurück und betrachten unsentimental und nachtragend bis zur Kleinlichkeit, was daraus geworden ist.

Das Ergebnis überzeugt nicht einmal ansatzweise. Ein völliger Fehlschlag.

Was haben wir also falsch gemacht? Um das aufzuzählen, reichte alles Papier der Welt nicht aus. Vielleicht läßt sich diese Frage so nicht beantworten, weil die Evolution mit der Abspaltung des Männlichen die Eskalation in Richtung testosteroner Dominanz als Möglichkeit „einkalkuliert" hatte. Die Evolution auf unserem Planeten lebt in ihrer Vielfalt von Irrtümern bei allen Lebewesen. Wieso nicht auch beim Menschen? Manche Irrtümer korrigiert sie schnell, für andere braucht sie länger.

Das männliche Prinzip hatte entwicklungsgeschichtlich lange Zeit, um zu dem Punkt seiner Dominanz bei den Menschen zu gelangen. Der Beginn dieser Dominanz läßt sich pauschal mit 3000 Jahren zurückdatieren. In anderen Kulturen wie Indien und China sind es 6000 Jahre, wieder woanders vielleicht nur 1000. Wie wir nicht müde werden zu betonen, ist das für das Universum nicht mehr als ein winziger Augenblick. Auch für die Geschichte der Menschheitsentwicklung bedeutet es nicht sonderlich viel mehr. Was nach Marija Gimbutas im Wolgabecken des südlichen Rußland seinen aggressiven Anfang nahm und sich von dort mit grausamen Invasionen im gesamten abendländischen Kulturgebiet seinen Weg bahnte, erreichte seinen Höhepunkt der innerartlichen Aggression mit den Hexenverfolgungen, die im Mittelalter begannen und Ende des 18. Jahrhunderts vorüber waren. Damit war der Bemächtigungsfeldzug vollbracht. Alle Macht liegt seit damals in männlichen Händen.

Aber es hat ihnen nichts genützt. Was wie ein Beginn ungestörter männlicher Herrschaft aussah, war in Wahrheit der Beginn des Untergangs des Patriarchats. Nach dem Höhepunkt folgt der Zerfall. Alle Bemühungen von den Alchimisten bis hin zu den heutigen Gen-Manipulateuren, den „Durchbruch" endlich zu erreichen, waren vergeblich. Unser Sprachgebrauch verrät aber noch mehr. Von der großartigen Alma Mahler-Werfel beispielsweise sagt man, sie habe viele große Künstler „befruchtet". Sie brauchten nicht nur eine zum Sockenwaschen, sondern auch eine, die ihnen in die Illusion der männlichen Fruchtbarkeit half. Doch alle Küsse der Musen brachten es nicht zustande: Es ist ihnen die Schöpferkraft verwehrt, denn sie sind nun einmal keine Frauen.

Das männliche Prinzip wird sich von allein erledigen. Seine Existenz führte zur Destruktion, und die wird in der Selbstdestruktion enden. Das Leben läßt sich nicht besiegen. Schon werden immer mehr und mehr Männer in bemerkenswerter Weise unfähig zur Fortpflanzung, weil alle ihre wunderbaren Technologien dazu geführt haben, daß sich ihre Testosteronproduktion mehr und mehr vermindert. Weichmacher in Plastik, sogenannte Phtalate, und Zusätze in Rasiercremes und Shampoos, gewisse Alkylphenole, sind aus unserem Alltag ja kaum noch wegzudenken, aber sie versorgen Vati Fortschritt interessanterweise mit Östrogenen, die er selbst nicht zu bilden vermag.

Für den einzelnen Mann mag das alles recht schmerzlich sein, wenn er erkennen muß, daß seine Sorge, er habe über die Fortpflanzungsfähigkeit hinaus keine wirkliche Bedeutung im Leben, in die falsche Richtung ging, weil er in absehbarer Zeit nicht einmal mehr diese haben wird. Für die Menschheit wird er das Etikett „Sackgasse der Evolution" auf die Brust geklebt kriegen. Seien wir sparsam mit unserem Bedauern angesichts einer Welt voller Mörder, Kinderschänder und Tierquäler. Wer weiß, ob durch das über die Anwendung von Pestiziden und Insektiziden, die Benutzung von Plastikbehältern und ähnlichem in männlichen Körpern mehr und mehr angesammelte Östrogen nun nicht doch langsam Menschen aus ihnen werden.

Zweiter Teil

Expedition
durch vergangene und heutige Mutterreiche
auf der Suche nach einer Antwort auf die Frage:
„Sind Frauen die besseren Menschen?"

1. Kapitel

Jenseits von Gut und Böse

Wenn wir uns des Bösen endgültig entledigen wollen, müssen wir lernen, auf das Gute zu verzichten. Das Gute ist immer das Gute des Bösen. So geht es also nicht darum, herauszufinden oder zu beweisen, daß wir Frauen die Guten sind und die Männer die Bösen, sondern um die Suche nach einem Ausweg aus diesem Käfig der Polaritäten. Frauenbeauftragte gibt es nur in einem Patriarchat. Ohne dieses macht ihre Existenz keinen Sinn.

Wenn das Weibliche wieder ins Zentrum des Lebens gerückt wird, sind es andere Maßstäbe als in der jetzt herrschenden Gesellschaft, die dieses Leben bestimmen werden. Dies ist die These, von der ich ausgehe. Es gibt einen wesentlichen Grund, weshalb ich es für beinahe existentiell wichtig halte, daß wir Frauen uns ausführlich und sorgfältig damit befassen müssen, diese weiblichen Maßstäbe zu finden, zu diskutieren und zu definieren. Präziser müßte es heißen, sie wiederzufinden, denn sie waren als das Prinzip von Leben auf der Erde immer da. Nur waren sie unserer Wahrnehmung entrückt, wir waren in diesem direkten Sinn Behinderte, d.h. darin behindert, ganz zu sein, nicht im Vollbesitz unserer Kräfte.

Dabei ist es gar nicht so leicht, wieder zu Kräften zu kommen. Es beginnt, wie immer, mit gründlichen Aufräumarbeiten im Kopf. Viele Denkfallen müssen erkannt werden. Der Begriff „weiblich" muß zuerst einmal auseinandergenommen werden, damit wir zu konkreten Definitionen gelangen. Und unsere Sichtweise ist vielfach verengt durch die einseitige Richtung, in die wir schauen. Weibliche Maßstäbe sind nicht die Imitation von männlichen. Wäre es so, dann täten Männer gut daran, Männerschutzbünde zu gründen, denn dann würde ihr Recht in einer weiblichen Gegenwelt gründlich verletzt werden. Das ist, wie wir sehen werden, aber keineswegs der Fall, und dennoch ist eine Welt nach weiblichen Maßstäben nicht einfach bloß nett, einfühlsam, liebevoll, nährend und weich, also so, wie sie uns gern hätten, als das Gute, das das Böse erlöst. Aber auch aus dem Widerstand gegen männliche Dominanz allein läßt sich auf Dauer keine weibliche Identität gewinnen.

Das alte feministische Axiom, „Frauenrecht ist Menschenrecht", findet eine ganz andere Deutung, wenn wir Feminismus nicht mehr nur als Opposition zum Patriarchat definieren, sondern uns statt dessen ermächtigen, das Zentrum des Lebens zu bilden. Es war ein weiter Weg, um aus dem Schweigen, zu dem wir jahrtausendelang verurteilt waren, in den feministischen Protest zu finden. Das verletzte Recht der Frauen als verletztes Menschenrecht anzuprangern, war so wirksam wie jeder Schrei, der Leid zum Ausdruck bringt. Sich Gehör zu verschaffen, ist eine gute Sache. Als größte unterdrückte und diskriminierte „Minderheit" in den Widerstand gegen die Verletzung unserer Rechte zu gehen, war ebenfalls eine gute Sache. Jedoch zu erwarten, daß dies alles wirklich etwas verändern würde, ist naiv. Es konnte allenfalls der Beginn einer Zukunft sein, die uns alle dem Leben zurückgibt, also der Beginn eines Seins, das jetzt beginnt. Wir tun gut daran, diesen Augenblick für einen Bewußtseinswandel zu nutzen.

Frauenrecht im Sinn von Gesellschaftsordnungen, die von Frauen und ihren Maßstäben und nicht mehr von Männern bestimmt werden, verschafft den Menschen – und nicht nur ihnen – insgesamt ein Leben, in dem Macht und Liebe nicht mehr voneinander getrennt werden, Gewalt und unterdrückerische Macht jedoch keine Existenz mehr haben. Nur so läßt sich Menschenrecht gegen Männerrecht setzen, nur so läßt sich die mörderische Kette, die Väter und Söhne seit vielen Generationen aneinanderbindet, die zu dem als Hexenverfolgung verharmlosten Frauengenozid geführt hat und in späterer Folge zu Auschwitz, Gulag, Vietnam und Bosnien führte, endlich brechen.

Sind Frauen also doch die Guten?

Nicht wenige Frauen bestehen in Gesprächen mit mir darauf, gegenteilige Erfahrungen mit Frauen gemacht zu haben. Sie haben Frauen als mißgünstig, grausam, eifersüchtig, intrigant und böse erlebt und wissen von weiblicher Fähigkeit zu Übergriffen zu berichten. Aus diesen Erfahrungen heraus fühlen sie sich außerstande, Frauen zu trauen. Vor allem Frauen, die wenig Selbstvertrauen haben, können ihren Geschlechtsgenossinnen wenig Vertrauen entgegenbringen und trauen ihnen statt dessen alles zu.

Sind Frauen also auch die Bösen?

Die Geschlechtszugehörigkeit allein muß nicht zwangsläufig etwas darüber aussagen, ob ein Mensch gut oder böse ist. Nicht nur ist das eine Frage des Standpunkts und damit der Definition, was böse und was gut ist. Es ist außerdem auch ein Verharren in diesen zutiefst patriarchalen Polaritäten, die uns seit Bestehen der Männerdominanz nur weiter ins Leid geführt haben.

Wir können natürlich im traditionell patriarchalen Sinn beginnen, auch unter uns Frauen die Guten von den Bösen zu trennen. Das ließe sich sektiererisch bis zum atomaren Kern und auch noch bis zu dessen Spaltung vollziehen. Immerhin finden sich destruktiv denkende und handelnde Frauen bis tief in die ur-feministischen Zentren. Eine solche Sichtweise hilft uns aber nicht weiter. Wir alle finden in uns selbst Abbilder der Krankheiten unserer Herren.

Destruktives Verhalten von Frauen zeigt lediglich an, daß sie noch nicht herrenlos sind. Patriarchale Strukturen beschädigen alle Seelen, Frauenseelen aber doppelt, um die patriarchale Struktur zu erhalten. Frauen sind, wie Christa Wolf es ausdrückt, Objekte zweiten Grades, d.h. sie sind Objekte von zu Objekten gemachten Männern. Es ist kaum anzunehmen, daß sich auf diese Weise gütige, liebesfähige, solidarische Persönlichkeiten entwickeln. Kommt eine einer solcherart zerstörten, weil beherrschten Persönlichkeit nahe, so wird sie unweigerlich schmerzhafte Erfahrungen machen. Auch ich bin schon von Frauen verletzt worden. Auch mich kränken die mir von Frauen zugefügten Verletzungen doppelt.

Aber interessanterweise sind es vor allem Frauen mit einer schwach entwickelten eigenen Identität, die sich deshalb auf Männer beziehen und sich den seelischen Fehlentwicklungen von Frauen – selbstverständlich immer den anderen Frauen – mit Inbrunst und Aufmerksamkeit zuwenden. Mir schrieb einmal eine junge Psychotherapeutin und bat mich, ihre Lebenslehrerin zu werden. Sie habe, so schrieb sie, ein großes Bedürfnis, für und mit Frauen zu arbeiten. „Ich finde es bedauerlich, daß Frauen immer soviel untereinander konkurrieren müssen", war jedoch ihre erste

Äußerung über Frauen, als sie mir dann eines Tages gegenübersaß. Diesen Satz habe ich seit meiner Kindheit oft gehört und vor allem aus Frauenmündern.

Das hat mich schon immer geärgert. Es ist ja nicht so, daß es nicht Frauen gibt, die mit anderen Frauen auf unangenehme Weise konkurrieren. Aber bemerkenswert finde ich doch, daß die große Mehrheit der Männer mit dem Rest der Welt, anderen Männern und auch Frauen konkurriert, ohne daß dies von den unter Frauenkonkurrenz leidenden Frauen thematisiert wird. Es ist eben eine Frage, womit und mit wem eine Frau sich identifiziert – mit dem Weiblichen oder dem Männlichen.

Dies zeigte sich auch im Fall dieser jungen Psychotherapeutin, die so gern für Frauen arbeiten wollte. Ihre Familiengeschichte unterschied sich kaum von den vielen, die wir kennen. Die Eltern hatten des Kindes wegen und nicht aus Liebe geheiratet. Zuvor mußte der Vater gedrängt werden, sich sein Kind überhaupt einmal anzuschauen, da war es schon ein Jahr alt, als er erfuhr, daß er eine Frau geschwängert hatte. Die Mutter sei eine kalte Frau gewesen. Der Vater habe immer wieder versucht, sich aus der lieblosen, erzwungenen Beziehung zu befreien. Aber die Mutter habe einer Trennung nicht zugestimmt. Da habe er eines Tages keinen Ausweg mehr gewußt und seine neue Freundin und sich umgebracht.

Ihr Mitgefühl und ihr Verständnis waren auf Seiten des Vaters. Ihr Zorn und ihre Unversöhnlichkeit galten der Mutter. Eine geradezu klassische Elektra, die bis zu unserem Gespräch nicht darüber nachgedacht hatte, wie sich eine Frau wie ihre Mutter gefühlt haben mußte, als sie, unabsichtlich schwanger geworden, in eine Beziehung ohne Liebe gedrängt worden war. Nicht in ihrem Bewußtsein hatte sie, welch bedauernswert trostloses Leben es für die Mutter gewesen sein mußte, nicht geliebt zu werden. Sie entdeckte die Demütigung nicht. Es kam ihr auch bis dahin nicht in den Sinn, die Verantwortungslosigkeit ihres Vaters zu erkennen, der in jungen Jahren Sex mit ihrer Mutter hatte, ohne sich um Verhütung zu kümmern. Sie sah ihn in der Falle der Ehe, die Mutter erschien ihr als Fallenstellerin.

Es scheint, daß auch Frauen gegenüber Frauen größere Erwartungen in bezug auf Verständnis, Duldsamkeit, Einfühlungsvermögen und Toleranz hegen, als wir sie je von Männern einfordern.

Heiter, warmherzig, nicht unterzukriegen, stets imstande, sich aus den Schwierigkeiten des Lebens, in die uns Männer gebracht haben, mühelos zu befreien – und falls nicht, wenigstens in netter Form den Mund zu halten und sich nicht gleich zu beklagen, so wünschen sich Männer wie Frauen die Frauen. Ein Großteil schafft dieses Kunststück ja auch, allerdings um den Preis der Abspaltung wesentlicher Teile des Selbst. Wenn es mit dieserart praktizierter Selbstlosigkeit nicht wunschgemäß klappt und sich die zerstörten Teile in zerstörerischem Tun, in Kleinlichkeit, Bösartigkeit, Mißgunst und Neid zeigen, verzeihen wir „den Frauen" nur selten.

Während wir Männern sogar Ungeheuerlichkeiten nachsehen können, verzeihen wir Frauen nicht, was sie als Mütter, Freundinnen, Lebensgefährtinnen, Nachbarinnen, Kolleginnen, Schwiegermütter und weibliche Vorgesetzte jemals uns angetan oder versagt haben. Interessanterweise sind in einer patriarchalen Sichtweise Männer – wenn überhaupt – immer als Individuen für ihre Untaten verantwortlich, und niemals lasten wir es gleich dem ganzen Geschlecht als solchem an. Die monströse Erscheinung eines Adolf Hitler wird eventuell dem deutschen und dem österreichischen Volk angelastet, niemals aber dem männlichen Geschlecht. Umgekehrt sorgt aber bereits eine einzelne dumme oder böse weibliche Erscheinung dafür, daß unseresgleichen gleich kollektiv und global nichts taugt.

Es ist offensichtlich, daß weniger das Verhalten von Frauen problematisch ist als unser – der Frauen – Verhältnis zu „den Frauen". Wenn wir unseren Mangel an Vertrauen in Frauen genauer betrachten, zeigt sich bald, daß dieser von weitaus größerem Nutzen für ein patriarchales Prinzip ist als für uns selbst. „Die Frauen" im Sinn einer Gruppe aufeinander bezogener Frauen sind dem Patriarchat gefährlich und darf es daher nicht geben, es sei denn als negatives, lächerlich gemachtes Phänomen.

Darum ist die patriarchale Frauenhypnose, auch unter dem Begriff „Erziehung" bekannt, notwendig, um Frauen dazu zu bringen, Ansichten und Urteile über Frauen zu pflegen, als wären sie von Sinnen.

„Frauen sind viel böser als Männer", sagte eine solche gehirngewaschene Frau zu mir, als ich öffentlich über die Möglichkeit, frauenzentrisch zu leben, sprach. Ich erkundigte mich, welche

Erfahrungen sie mit Frauen gemacht habe, worauf sie antwortete, sie habe nur gute, wenn nicht beste Erfahrungen mit Frauen gemacht, niemals sei eine Frau böse oder verletzend zu ihr gewesen. Aber sie habe viel von anderen Frauen über die Bösartigkeit von Frauen gehört.

Von Sinnen in des Wortes Bedeutung ist eine Frau, die ihrer Erfahrung, die sie mit den eigenen Sinnen gemacht hat, nicht traut und statt dessen etwas auf das Geschwätz anderer Menschen gibt. Als ich diese Frau darum bat, doch lieber ihren Erfahrungen zu trauen, wußte sie beim besten Willen nicht, was sie mit meinen Worten anfangen sollte. Sie war so sehr von ihren Erfahrungen, ihren Wahrnehmungen und ihren Gefühlen abgetrennt und in irgendeinem ferngesteuerten seelischen Zwischenreich isoliert, daß sie meine Worte wohl hörte, aber keine Möglichkeit sah, Gebrauch von ihnen zu machen.

Die Spaltung der als Gruppe stark und sicher lebenden Frauen in einzelne, isolierte Individuen, die, dieser Gruppensicherheit beraubt, ausgerechnet bei den dem Leben und seinen Anforderungen nicht gerade gewachsenen Männern und in der Beziehung zu ihnen Sicherheit suchen müssen, ist ja der Garant dafür, daß jeder männliche Krethi und Plethi Zugang zu den Lebensenergien erhält. Er muß ihn sich nicht mehr unter Einsatz seines Lebens und im Bemühen um seine Bewußtseinsentwicklung verdienen, sondern gelangt durch Entmachtung der übermännlichen Frau in die verbotenen Gärten. Erreicht wird diese Spaltung der Frauen, indem jede einzelne Frau durch Spaltung ihres Selbst niemals in ihrem übermännlichen Sein anlangt und auf diese Weise, ihrer wahren Kräfte beraubt, nurmehr ein Schatten ihrer selbst wird. Der Umstand, daß Frauen so als Schattenwesen sich selbst, anderen und einander die Seele abtöten, erweist sich für das patriarchale System und für den einzelnen der faulen Krethis und Plethis als Kraft, Zeit und Mühe sparend. Daß die Isolation darüber hinaus auch noch dafür sorgt, daß die von „den Frauen" entfernte Frau annehmen muß, alle ihre emotionalen und materiellen Probleme hätten mit ihrer persönlichen Unzulänglichkeit zu tun, macht die Sache noch selbsttragender.

„Sind vernunftbegabte Wesen denkbar, die nicht die Spaltung des heutigen Menschen in Leib/Seele/Geist kennen, sie gar nicht verstehen können?" fragt Christa Wolf in „Voraussetzungen einer Erzählung: Kassandra". Sie bezeichnet Kassandra als erste Frau, die durch partielle Selbstverleugnung seelische Abtötungstechniken an sich vornimmt. Wie ich in „Die wilde Frau" beschrieben habe, hat die dem Vater verfallene Elektra dies sogar bis zur gänzlichen Vernichtung ihres Selbst betrieben und mit ihrem Haß auf Frauen den ihr beigebrachten Selbsthaß in voller Breite ausgelebt.

Ich halte Christa Wolf für eine Meisterin der richtig gestellten Fragen. Aus ihrer hier zitierten Frage läßt sich über meine Ausführungen hinaus der logische Schluß entwickeln, daß Frauen wohl nicht immer so gewesen sein können. Vor Kassandra und Elektra, vor Eva und Kriemhild, vor Morgaine und Jeanne d'Arc muß das Selbst der Frau ein anderes gewesen sein. In allen diesen Frauen, die an der Bruchstelle von den Matriarchaten zum Patriarchat gelebt haben, läßt sich noch viel von dieser ehemaligen Kraft entdecken. Bevor ich mich aber der daraus folgenden Frage zuwende, wie dieses ehemals unbeschädigte Selbst der Frauen gewesen sein muß, will ich bei diesem Gedanken noch eine kleine Weile verharren.

Es gibt also „das Weibliche", auch wenn es mit dem Frauenbild der letzten drei Jahrtausende wenig zu tun hat. So ist es also keine Frage, ob wir die besseren Menschen sind, denn die wesentlichen, die unersetzlichen sind wir allemal, und darauf kommt es an. Damit „das Weibliche" seiner Natur entsprechend wirken kann, müssen wir uns resozialisieren. In dieser Art Resozialisierung der Frauen in ein wildes, unabhängiges, selbstverantwortliches und eigen-mächtiges Leben liegt die Chance und Aufgabe der Frauentherapie im Gegensatz zur üblichen Psychotherapie, die zu reparieren versucht, was das Patriarchat beschädigt hat, ohne nach politischen und philosophischen Zusammenhängen zu fragen.

Es ist diese Resozialisierung, die uns bevorsteht und die den Wechsel in weibliche Gegenwelten so mühsam macht. Und es ist die Konsequenz, in Fragen von Macht und Männern keine Kompromisse einzugehen, die viele Frauen erschreckt und fürchten läßt, die Schaffung einer matriarchalen Gegenwelt liefe auf eine Umkehrung der Geschlechter hinaus, lediglich auf einen Macht- und Positionswechsel. Daß Männer dies befürchten, ist naheliegend. Die einen haben ein schlechtes Gewissen und fürchten zu

Recht die Rache der Frauen; die anderen haben naturgemäß eine in bezug auf frauenzentrische Weltbilder nur schwach entwickelte Vorstellungskraft und mögen nicht glauben, daß tatsächlich ein zweiter Sündenfall bevorsteht, der die Welt zurechtrücken und die Frauen in ihr Zentrum zurückholen wird. Alle Männer zusammen haben einen umfassenden Verlust sämtlicher unrechtmäßiger Privilegien zu erwarten.

Aber auch unter den Frauen, die keineswegs allsogleich die Gründung von Männerschutzvereinen in Erwägung ziehen, gibt es welche, die die Erfahrung machen, mit ihrem veränderten feministischen Bewußtsein häufig mehr Verständnis bei Männern zu finden als bei Frauen. Ich rate in solchen Fällen zu größter Vorsicht.

Das sagt weniger über die Frauen als über die Männer aus. Mary Daly wies schon in den siebziger Jahren darauf hin, daß es dieses „Verständnis" nur partiell und in bezug auf einzelne Fragen gibt und es darüber hinaus in Wahrheit männlichen Interessen dient, auch wenn dies nicht immer gleich ersichtlich sei. Weibliche Zutraulichkeit zieht alle Subcommandantes unwiderstehlich an. Diese Zutraulichkeit erwächst aus dem Bedürfnis der Frauen, verstanden werden zu wollen. Dieses Bedürfnis scheint manchmal so groß, daß es die Kritik- und Denkfähigkeit selbst bei blitzgescheiten Frauen außer Kraft zu setzen scheint.

Ich kann das durchaus verstehen. Ich habe früher auch törichterweise immer geglaubt, daß, wenn einer nett zu mir war, er ein netter Mann sein müsse. Jede Frau, die dies liest und dabei lacht, weiß, wovon ich spreche. Die anderen mögen doch bitte einmal austesten, was aus dem Verständnis eines netten Mannes wird, wenn sie ihm ausdrücklich Informationen über Weibersachen verweigern.

Wozu dient das verständnisvolle Verständnis dieser auf den ersten Blick so netten Ausnahmemänner? Das Wissen über die Lage der Frauen, darüber, was sie denken, wollen und planen, dient dem einen dazu, durch sein gezeigtes Verständnis in der Nähe weiblicher Wärme und Kraft verweilen zu dürfen. Der andere nutzt es dazu, zu berechnen, wieviel man der Toleranz der Frauen wohl zumuten kann. Und noch andere beuten das neue weibliche Bewußtsein aus, um sich selbst ein liberales Image zu verleihen oder es dem Retrovirus Patriarchat einzuverleiben. So mancher Feminist oder „Ausnahmemann" ist nichts anderes als ein Wilderer in weiblichen Energiefeldern.

Die große Zahl der Frauenbeauftragten legt ein beredtes Zeugnis dafür ab. Alle diese Frauen wissen, daß der größte Teil ihrer Lebensenergie verpufft in dem Kampf, auch nur minimalste Ziele für Frauen zu erreichen. Ein großer Teil von ihnen ahnt, daß sie mit dem grenzenlosen Stumpf- und Blödsinn, der ihnen in allen Gremien von Männern und weiblichen Sub-Männern entgegengesetzt wird, sinnlos beschäftigt gehalten werden sollen.

Mit größtem Argwohn ist die schnelle männliche Einsicht in die Verwerflichkeit männlicher Dominanz zu betrachten, der dann ebenso schnell das Argument folgt, auch Frauen könnten verletzen, beherrschen, unterdrücken. Ehe eine Frau sich's versieht, wird letzteres dann plötzlich wieder das Haupt- und Lieblingsthema, denn er hofft, so scheint es, seine verblüffend rapide Einsicht sei ausreichende Buße, die die automatische Absolution nach sich zieht. Wozu noch die Verhältnisse ändern, er weiß ja, daß er ein Schuft ist. Welch kleinliche Haltung der Frauen, auch noch nachtragend Salz in seine Wunden streuen zu wollen.

Frauen tun also gut daran, sich mit ihren Anliegen nicht länger als unbedingt notwendig auf männlichem Terrain aufzuhalten, um eben nicht in die mehr oder weniger offensichtlichen Interessenskämpfe der Männer verwickelt zu werden. Das kostet unnötig Kraft und Zeit, um am Ende kein Ergebnis zu erzielen, denn exakt darin besteht die Absicht der vielen Interaktionen. Ich spreche aus eigener, mal bitterer, mal böser, mal komisch-verzweifelter Erfahrung. Was ich daraus gelernt habe? Loslassen. Und anschließend wahrnehmen, wie die Männerwelt, die ja nicht nur aus Männern besteht, reagiert. So landet sogar eine Elektra schneller in der Wirklichkeit, als sie sich bis dahin vorstellen konnte.

Jenseits von Gut und Böse der patriarchalen Polaritätsvorstellung bleibt also die Frage, was denn „weiblich" ist. In den letzten Jahren hat es in dieser Frage eine ziemlich scharfe Auseinandersetzung zwischen denen gegeben, die Weiblichkeit als ein soziales „Konstrukt" betrachten, und denjenigen, die die Geschlechtszugehörigkeit aus biologischer Sicht definieren. Die Amerikanerin Judith Butler, die mit ihren Büchern für ein Spiel mit den Geschlechterrollen plädierte, der das Ende der Geschlechterdifferenz am liebsten gewesen wäre und die damit diese ganze „gender trouble"-Diskussion entfacht hat, hat zahlreiche ihrer Thesen mittlerweile revidiert. Das freut mich sehr. Es ist sinnlos, Fronten aufzubauen. Noch sinnloser ist es, Unterschiede, die unbestritten da sind, zu leugnen oder zu glauben, eine könne die Entscheidung treffen, androgyn, männlich oder weiblich zu werden, oder gar Eltern könnten es der Entscheidung ihrer Kinder überlassen, ob sie eine Frau oder ein Mann werden wollen. Eine Freundin von mir nennt solche Auseinandersetzungen etwas ordinär, aber durchaus zutreffend „Krümelkacke". Sehr viel sinnvoller kommt es mir vor, daran zu arbeiten, welche Art Frau oder welche Art Mann ein Mensch werden will.

Die theoretische und praktische Arbeit, die zum Ziel hat, weibliche Identität zu suchen, zu benennen und zu leben, ist auch von dem Versuch Carl Gustav Jungs weit entfernt, mit der Erfindung von Animus und Anima das Männliche in der Frau und das Weibliche im Mann entdecken zu wollen. Wenn wir uns anschauen, welche Eigenschaften er Animus und Anima zuordnet, können wir leicht entdecken, daß C. G. Jung die alte patriarchale Definition von weiblich und männlich übernommen hat, die schon der alte Frauenfeind Konfuzius mit seinem *yin* und *yang* in die Welt gesetzt hat, die noch heute durch die Köpfe beiderlei Geschlechts geistert, als handele es sich um ein Naturgesetz. Nach Konfuzius haben sich dann Pythagoras, Plato und alle anderen misogynen Faulpelze der griechischen Antike damit wichtig gemacht, auf griechisch dasselbe zu erzählen wie vor ihnen der alte Chinese. Aktiv, hell und offensiv für das männliche Prinzip, passiv, dunkel und empfangend für das weibliche. Wenn das die Natur der Frau sein soll, bin ich auch dagegen.

Die genaue Übersetzung von *yin* und *yang* bedeutet: „In der Sonne wehendes Banner" für das männliche Prinzip und „Das Wolkige, Trübe" für das weibliche Prinzip. Wir merken, es ist und bleibt immer dasselbe. Pythagoras' nicht ganz so blumige Version macht es auch für die weniger Phantasievollen unübersehbar. Dieser große Sohn des Abendlands sieht auf der einen Seite das Licht, die Ordnung und den Mann und auf der anderen Seite die Finsternis, das Chaos und die Frau. Die christlichen Kirchen wollen wir hier gar nicht weiter erwähnen. Zweitausend Jahre Angst vor der Frau und Haß auf das Leben. Es ist und bleibt ein Verein von Frauenmördern. Der Psychoanalytiker Jung wird immer dann bemüht, wenn Menschen beiderlei Geschlechts darauf hinweisen wollen, es sei einerlei, welchen Geschlechts jemand sei. Ich finde es nur auffallend, daß in diesem Zusammenhang hauptsächlich die Egalität des Mannes beschworen wird. Entweder wird plädiert, daß er doch seine innere Anima wahrnehmen möge, oder es wird behauptet, daß er sie bereits wahrnimmt. Ich kenne keine Publikation, die sich den Animus der Frau zum Ziel gemacht hat. Immer aber läuft es darauf hinaus, daß wir uns als Hälfte fühlen sollen.

Jede Frau, die die Kraft und den Mut gehabt hat, sich von den Abhängigkeiten der Männerwelt zu befreien, und die Erfahrungen mit der eigenen Stärke gesammelt hat, weiß dagegen, daß das Weibliche das Ganze ist und das Männliche das Zusätzliche, das Periphere. Dieses Prinzip finde ich in der gesamten Natur um mich herum, und ich habe keinen Anlaß, uns Menschen davon so abgehoben zu sehen, daß Vergleiche dieser Art nicht zulässig wären.

Wir haben in diesen Auseinandersetzungen mit vielen Denkfallen zu kämpfen. Unsere Vorstellungen von dem, was Natur und natürlich ist, sind überfrachtet mit vielerlei Ideologien, resultierend aus einer großen Reihe von Ersatzidentitäten, wie sie nun einmal das Ergebnis einer totalitär androzentrischen Welt sind. Am Ende dieser letzten dreitausend Jahre, in denen wir aus der Natur eine Landschaft gemacht haben und aus Kultur Zivilisation, läßt sich nur schwer klar bezeichnen, was noch als natürlich gelten kann.

Auf den Spuren zurück zu unserer Natur macht es keinen Sinn, innerhalb der Grenzen des Denkens zu bleiben, in denen wir bisher keine Antworten gefunden haben. Der Blödsinn, der dabei herauskommt, wenn Frauen in der Welt der Wissenschaft und ihrer Art von Beweisbarkeit fündig werden möchten, ist jeder wachen Frau vollkommen klar und daher unannehmbar für sie. Leicht wird es uns allerdings nicht gemacht, über diese Grenzen hinauszugehen. Auch viele Feministinnen fallen immer wieder darauf herein, die Objektivität ihrer Thesen zu behaupten, um die Besitzerin der absoluten Wahrheit zu sein.

Heide Göttner-Abendroth kennt offenbar nur Mütter von Söhnen, denn ein Leben ohne Mann kann sie sich wohl nicht vorstellen, weshalb der Sohn-Heros in allen ihren Büchern der heimliche

Mittelpunkt ist. Claudia von Werlhof entdeckt alle feministische Wahrheit in der Ferne und nimmt einen Subcommandante dafür in Kauf. Alice Schwarzer kennt in plötzlicher Altersmilde nur noch Menschen. Luisa Francia begegnet immer gutgelaunten Göttinnen, die auf Bäumen sitzen. Starhawk weiß in amerikanischer Unbefangenheit stets ein Ritual und heilt damit die ganze Welt. So manche kinderlose oder muttergeschädigte Frau will nicht, daß es Matriarchate gegeben hat, und ich habe die Vorstellung, die Welt der Frauen sollte wie im ursprünglichen Harem die Männer draußen halten, so wie es auch bei Delphinen, Elefanten und Löwen der Fall ist. Wissenschaftlich sind wir alle nicht, und das ist gut so. Wissenschaft ist eine recht junge Erfindung des Patriarchats. Als Gewalttätigkeit und Männerreligion allein das System nicht mehr aufrechterhalten konnten, mußten die Wissenschaften als Wahrheitslieferanten unsere Wirklichkeit verdrehen. Da hat eine wirklich wahrheitssuchende Frau nichts verloren.

Die Frage, ob denn der Ausgangspunkt einer Ansicht, einer Vorstellung oder eines Gedankens überhaupt so stimme, wie wir ihn gedankenlos voraussetzen, oder vielleicht doch ganz anders sein müsse, darf niemand stellen. Dies ist die Grundvoraussetzung, wenn eine in einer patriarchalen Gesellschaft nicht in der Psychiatrie oder in der Nicht-Wahrnehmung landen will. Es gibt einfach Dinge, die stillschweigend akzeptiert werden müssen. Am wichtigsten: Herrschaft. Herrschaftsfreie Gesellschaftsformen werden in den Bereich „schön, aber unrealistisch" verbannt. Am zweitwichtigsten: Herrschaft der Männer. Hier ist zwar schon Wesentliches ins Wackeln geraten, aber als einzig denkbare Alternative ist die Partnerschaftlichkeit, die Gleichstellung der Geschlechter erlaubt. Frauenzentrische Gegenwelten werden ebenso als unrealistischer Feminismus abgestempelt und nicht ernstgenommen wie herrschaftsfreie Gesellschaftsformen. Da ich in meinem ganz normalen Alltagsleben, in dem Arbeit und Freizeit, Denken und Handeln eins sind, einen solchen unrealistischen Feminismus praktiziere – und das sogar recht erfolgreich, wie ich meine –, finde ich solche Abstempelungen ausgesprochen erheiternd.

Ich betrachte mich als Fachfrau für Hinter-Fragen und Hinter-List und bin stets aufs neue überrascht und entzückt, wenn ich auf Symposien, bei öffentlichen Diskussionen und anderen Veranstaltungen den in diesen langen ihnen gehörenden Jahrtausenden seelisch bequem und geistig fett gewordenen Männern mit meinen Thesen verbal den Boden unter den Füßen wegziehe. Regelmäßig greifen sie nach einer anfänglichen verblüfften Sprachlosigkeit zu drei Reaktionsmöglichkeiten, und darin unterscheiden sie sich gar nicht so sehr von einigen feministischen Wahrheitsinhaberinnen. Sie bezichtigen mich des typisch weiblichen und damit unwissenschaftlichen Wunschdenkens oder der faschistoiden Irrationalität, oder sie behaupten, daß meine Argumentation im Gegenteil ganz besonders männlich rational sei. Manchmal behaupten sie auch alles auf einmal.

Was sie meiner Ansicht nach mit dieser Hilflosigkeit zum Ausdruck bringen, ist, daß sie keine Denkmöglichkeiten außerhalb der ihnen bekannten Axiome kennen. Über die Möglichkeit einer gesellschaftlichen Dominanz von Frauen und den weiblichen Führungsanspruch hat in ihrer Gegenwart noch nie jemand öffentlich nachgedacht, scheint es. Ich bin genausowenig faschistisch, wie Adolf Hitler eine Feministin war. Und selbstverständlich sind meine Argumente auch rational. Wie ausgesprochen albern, anzunehmen, der Gebrauch des Verstandes sei männlich. Wunschdenken aber ist der Beginn jeder Veränderung, wie alle echten Magierinnen wissen. Das funktioniert auch, wenn die Wissenschaft uns beweist, daß es uns gar nicht gibt. Mit Intuition hat meine Magie weniger zu tun, als gemeinhin angenommen wird.

Die VerfechterInnen der Ansicht, Frauen seien besonders intuitiv, sollten darüber nachdenken, ob sich hinter dieser „Intuition" nicht ganz simpel die für eine hohe Intelligenz typische schnelle Auffassungsgabe verbirgt, die sich Männer nur mit Intuition erklären können, da der größte Teil von ihnen die wohl nicht hat. In diesem Zusammenhang fällt mir Luisa Francias Geschichte ein, wie eine Frau unter einem Baum vorbeigeht und sieht, daß zwei Männer den Ast, auf dem sie sitzen, absägen. „He", sagt sie, „wenn ihr so weitermacht, werdet ihr gleich runterfallen" und geht weiter. Die Männer sägen weiter. Sie fallen. Da kommt die Frau wieder vorbei. „Schau mal", sagt der eine. „Da kommt die Wahrsagerin."

Damit sind wir bereits mitten in einer klassischen patriarchalen Denkfalle, in der auch ein Teil der Verfechterinnen der sozialen Konstruiertheit von Geschlecht stecken. Und wie alle Denkfallen funktioniert sie nach dem Muster: Wenn das eine gut ist, muß das andere böse sein und umgekehrt. Das heißt, wenn Rassisten und Faschisten in der Natur und ihrer Beobachtung versucht haben, Beweise für ihren Rassismus zu finden, und diese Sorte Mensch schlecht und dumm ist, muß es falsch und dumm sein, die Natur zu beobachten. Wenn die Natur also solchermaßen „falsch" ist, muß das Richtige in der „sozialen Konstruktion" zu finden sein. Jedoch ist nicht die Natur falsch, sondern der haßverklebte, männerzentrierte Blick, der nur sieht, was er sehen will. Wo Krethi und Plethi als Ethnologen und Verhaltensforscher das „Gesetz des Stärkeren" und den Löwen als König der Tiere ausmachten, ist das Leben in Wahrheit von matriarchalen Strukturen bestimmt, und der angebliche König ist Angestellter mit einem Zeitvertrag bei der Gruppe der Königinnen, die immerhin so sozial sind, daß alte Löwinnen mit durchgefüttert werden. Im Gegensatz zum Gesetz *des* Stärkeren ist das Gesetz *der* Stärkeren von Liebe getragen.

In derselben Falle saßen wir in den siebziger Jahren ja schon einmal, als diskutiert wurde, ob Intelligenz angeboren oder sozial erlernbar ist. Es lohnt sich statt dessen, daß wir uns stets anschauen, wer aus welchen Beweggründen wo etwas zu finden hofft, um wem wohl was zu beweisen.

So wie Intelligenz zum Teil angeboren und zum Teil sozial erlernbar ist, muß die Definition von „Weiblichkeit" in beiden Bereichen fündig werden. Es gibt ein konstruiertes, auf Funktionalisierung abzielendes Rollenverhalten und eine Identität, die durch die Erfahrungsmöglichkeit des entwickelten Körpers erfolgt. Transsexuelle zeigen besonders klar, daß es auf beides ankommt, damit die Person sich als ganz und richtig empfinden kann.

Das Interessante an dem sozial erlernten Teil von Weiblichkeit ist, daß hierin die Chance zur Veränderung liegt. Erlerntermaßen sind wir Frauen meiner Ansicht nach einfühlsam, fürsorglich, rücksichtsvoll, defensiv, gebend, weich, geduldig, empfangend, passiv, leise, treu, schutzbedürftig, ängstlich und zurückhaltend. Unsere Natur meldet sich, wenn wir raumgreifend, erobernd, dominierend, leidenschaftlich, besitzergreifend, eifersüchtig, laut, nachtragend, streitbar, unnachgiebig, unversöhnlich, stürmisch sind. Dies sind die Eigenheiten, die weder gesamtgesellschaftlich noch im individuell erfahrenen Alltag an Frauen geduldet werden. Gelernt haben können wir die also nicht. Zweifellos sind sie aber in vielen Frauen zu finden, d.h. also offensichtlich weiblich und einfach nicht wegzuerziehen, obwohl diese Eigenschaften nicht nur bei den kleinen Mädchen geahndet werden, sondern auch noch bei den großen.

„Du willst doch nicht etwa als schwierige Autorin angesehen werden", versuchte mich mein Lektor in patriarchaler Selbstverständlichkeit wieder auf eine ihm begreifbare Größe als braves Mädchen zurechtzustutzen. Ganz genau so – so ungeniert wie dilettantisch machen sie das! Und meist funktioniert es ja auch. Aber ach, was sollte ich machen, ich hatte mich nun lange genug schon so klein gemacht, wie ich konnte, damit er sich nicht fürchten mußte, und außerdem: Widerborstigkeit ist nun mal meine Natur. Da habe ich mich lieber von meinem Lektor getrennt. Frauen sind ja so undankbar. Erst läßt mann sie Bücher schreiben wie „Die wilde Frau", und dann ist es damit nicht genug, dann wollen sie auch noch danach handeln. Schwierig sind Frauen immer nur in den Augen von Menschen, die gern leichtes Spiel mit ihnen hätten.

Wie also sind wir wirklich? Ich glaube, je mehr wir uns zurückholen, was bei unserer Domestizierung kleingemacht, zerstört oder zurückgedrängt worden ist, um so eher werden wir es erfahren, d.h. um so eher erreichen wir, daß wir beide Seiten in uns vereinen und unserer wahren Natur näher kommen. Der Prozeß des Näherkommens an unsere Natur ist eine unruhige, chaotische Angelegenheit. Alle Frauen, die sich auf diesem Weg befinden, sind schwierig und anstrengend. Einige von uns können sogar ziemliche Nervensägen sein. Aber alle feministischen Nervensägen sind mir tausendmal lieber als alle angepaßten Helferinnen der Männerwelt.

Diese wahre Natur hat sich bei allen Frauen, denen ich in den vergangenen Jahren helfen durfte, ihr zu begegnen, nur von ihrer allerbesten Seite gezeigt. Nicht allen war ich gleich nahe, nicht alle waren mir gleich lieb, nicht jede war mein Fall. Es waren Kluge, Klügste und Dumme dabei, aber alle waren variantenreich unbeschreiblich weiblich auf eine Weise, die lebensbejahend war und unfähig zu Zerstörung, zu Haß und Gewalt, sobald sie sich und ihren übermännlichen Kräften nahekommen konnten. Die eine hatte es nicht weit zu sich selbst. Die anderen brauchten ein wenig länger, manche ist noch immer unterwegs, und wir wissen nicht, wann sie sich finden wird.

Ich halte aus diesen Erfahrungen heraus Frauen für von Natur aus nicht zerstörerisch. Wenn wir uns zerstörungsfähige und zerstörungsbedürftige Frauen anschauen, so fällt vor allem auf, daß sie dazu gemacht wurden und in der großen Mehrheit der Fälle im Energiefeld eines zerstörerischen Mannes als Mittäterin auftraten oder aber als sein Opfer nun ihrerseits zu zerstörerischem Verhalten wechselten.

Hier ist wieder eine Warnung vor einer polaren Denkfalle angebracht! Wenn die Natur der Frau nicht destruktiv ist, heißt das noch lange nicht, daß die weibliche Natur nett, weich und lieb ist. Weiblichkeit hat auch eine dunkle, eine Schattenseite. Und auf dieser finden wir ebenfalls Erlerntes, sozial Erworbenes und gleichzeitig das, was unsere Natur ist, oder zumindest die Reste, die wir vor dem Zugriff der Domestizierung in Sicherheit bringen konnten.

Was die Schattenseite angeht, die bei uns allen ohne Frage vorhanden ist, so fand ich in meiner Arbeit mit Frauen, bei den vielen Frauen, die ich in meinem Leben kennengelernt habe, und auch bei mir selbst außerdem viel Selbstzerstörung, viel Selbsthaß; viele Versuche, auf hilflose Weise nein zu sagen zur Nettigkeit, zur Bravheit; ich stieß aber trotz allem auf Nischen der vitalen Unangepaßtheit und leider auch auf unendlich viel Angst. Diese Angst war und ist es, die den vitalen Schattenkräften einer Frau die Verdrehtheit verleiht, die verzweifelte Schraubbewegung in den Abgrund.

Diese Angst ist eigentlich eine vollkommen gesunde Reaktion auf ein Dasein, das die Entfaltung der vollen Weiblichkeit gezielt nicht zuläßt. Derart daran gehindert, unseren Raum einzunehmen, entladen sich diese niedergedrückten Kräfte nicht immer nur in Freundlichkeit. Das halten dann viele für die wahre Natur der Frau und sehen diese ausgedrückt in Medusa, Gorgo, den Furien und der schwarzen Kali. Aber die Aspekte der schwarzen wilden Göttinnen haben damit gar nichts zu tun.

Die schwarze Kraft der Kali ist in diesen Frauen vorhanden, aber unerweckt und nicht kultiviert. Ihre Erweckung und Kultivierung ist der erste Schritt aus der Destruktivität unserer Welt hinaus.

Im Bild der Göttin Kali zeigt sich, worin der Unterschied zwischen den weiblichen und männlichen Kräften jenseits des Guten besteht. Kali ist die Göttin des Todes und der Auflösung und so wenig destruktiv wie diese. An Tod und Auflösung ist nichts Böses und nichts, das Angst machen sollte. Zerstörerisch erleben Kali nur Menschen, die selbst zerstörerisch handeln. Angst macht sie nur Frauen, die Angst vor ihr haben. Im Gegensatz dazu steht der im wahrsten Sinn des Wortes fürchterliche patriarchale Kriegsgott Ares oder Mars, der Inbegriff des durchgeknallten, destruktiven Alpha-männchens, dem alle Helden vom Frauenhasser Herkules bis zu den Massenmördern Hitler, Stalin und Mladic nachfolgen samt ihrer so dusseligen wie eitlen, bei Bedarf und Gelegenheit aber stets killerbereiten Omegamännchen-Gefolgschaft.

Die Kräfte der Kali in uns wieder zu wecken, gehört zu den Zielen, die wir seit einigen Jahren verfolgen. Ich betrachte dies als Ganzwerdung im Sinn einer Achtung und Würdigung unserer dunklen Seite. Hilfe und Kraft bietet uns dabei eine andere Göttin, die strahlende, siegreiche Nike. Sie wird vielfach in ihrem jungfräu-lichen Aspekt als Athena Nike dargestellt. Zwar ist sie eine Sieges-göttin, aber nicht in einem marsianischen Sinn, sondern eher so zu verstehen, wie der Tag über die Nacht siegt und der Frühling über den Winter. Auch diese Kräfte halte ich für ur-weiblich. Das Durch-stehvermögen von Frauen ist ja sprichwörtlich.

Mit Nikes Unterstützung sollte es uns gelingen, die sozial erwor-benen weiblichen Eigenschaften nach gründlicher Prüfung so zu verändern, daß sie mit der weiblichen Natur einen Konsens bilden. Wir sollten unsere aus dem Zwang zur Anpassung an das Patriar-chat entstandenen Verhaltensweisen als Möglichkeiten begreifen, was die Chance zur Wahl einschließt. Aber wir sollten sie nicht pauschal verwerfen. Vieles davon kann uns nützlich sein, wenn wir die daraus erwachsenen Kräfte uns selbst, den Frauen zugute kommen lassen. Einiges davon ist vielleicht angeboren, welche kann das heute noch so genau sagen. Auch unsere natürlichen Sei-ten gilt es zu ergründen, um in ihnen die Stärken zu finden, die uns während unseres Anpassungsprozesses an die patriarchale Welt verlorengegangen sind.

Die gründliche Prüfung muß sein, denn nichts wäre fataler, als wenn wir auf Teile unserer Weiblichkeit verzichteten, nur weil sie patriarchal mißbraucht worden sind. Wir würden dann den unver-zeihlichen Fehler begehen, an die Stelle patriarchaler Herabsetzung eigene Geringschätzung zu setzen. Feministische Abtötungstechniken sind keine Antwort auf patriarchale Abtötungstechniken.

Ich will dies an zwei Begriffen deutlich machen, die auf der Stelle alle Frauen hinter den Fronten eiserner Standpunkte verschwinden lassen. Die Begriffe sind: die Hausfrau und die Mutter. Die Frage ist: Sind wir zur Hausfrau und Mutter geboren, oder hat uns das Patriarchat in diese beiden Rollen hineingezwungen?

Noch bevor eine Leserin diese Sätze auch nur zu Ende gelesen hat, hat sich in ihr schon ihre seit langem verfestigte Meinung abrufbereit ins Bewußtsein geschoben, und nichts und niemand wird es gelingen, sie zu verändern. Keiner der beiden Begriffe läßt auch nur irgendeine Frau gleichgültig. Und praktisch alle Frauen haben in irgendeiner Hinsicht keine gute Meinung von der Hausfrau und der Mutter.

„Du bist ja richtig mütterlich! So habe ich dich mir gar nicht vorgestellt", sagte mir eine Seminarteilnehmerin, die vorher meine Bücher gelesen hatte. Ich war entsetzt. Mütterlich habe ich mich mir auch nicht vorgestellt. Mütterlich, fraulich, fürsorglich – das sind Zuordnungen, bei denen vielen Frauen unwohl wird. Interessanterweise erhöhen Zuordnungen wie väterlich, männlich, beschützend das Ansehen jedes damit bedachten Mannes.

Sind Frauen also von Natur aus mütterlich? Ist mein Entsetzen über meine angebliche Mütterlichkeit eine Abwehr gegen eine patriarchal ausbeutbare Rolle? Warum war ich in den drei Jahren Hausfrauentätigkeit in grauer Vorzeit, als meine Kinder noch klein waren, immer unzufrieden, gelangweilt und alarmiert, weil ich täglich ein wenig mehr verblödete? Wie ist es möglich, daß ich liebend gern daheim arbeite, jetzt, da ich es mir aussuchen kann?

Wieder einmal schaue ich meine Tiere an und entdecke bei den Ziegen wie bei meinen Katzen dreierlei Sorten Frau: gute Mütter, schlechte Mütter, Kinderlose.

Ziege Viktoria, die bei der Geburt ihrer beiden Söhne noch sehr jung war, stellte ihren Euter zur Verfügung, das war's. Für eine weitere Betreuung hatte sie nicht viel übrig und beschränkte sich auf das Notwendigste. Ihre Söhne haben keine besondere Bindung zu ihr entwickelt.

Ziege Lisi dagegen war eine unermüdlich fürsorgliche Mutter. Sie und ihre beiden Söhne sind sogar eine Familie geblieben, als

die Söhne schon ausgewachsen waren. Interessanterweise kämpften die Söhne nie mit ihrer Mutter, auch nicht im Spiel. Wurde Lisi
von anderen Ziegen bedrängt, standen sie der Mutter als Beschützer bei. Als Lisi gamsig wurde, hielten sie sich von ihr fern. In dieser Zeit reagierte Lisi ausgesprochen feindselig auf ihre Söhne. Als
der eine, der schöne Alberto, als erwachsener Bock todkrank
wurde, blieb sie bis zu seinem Tod bei ihm. Sie wärmte ihn, hielt
ihn sauber und schmuste mit ihm. Sie trauerte noch lange.

Bei Viktorias Söhnen hat die kinderlose Miezker einen großen
Teil der sozialen Betreuung der Kleinen übernommen. Bei den
Katzen gibt es die kinderlose Mimi, die zwar rollig wurde, aber nie
einen Kater an sich heranließ und die Kinder, gleich welcher Spezies, nicht ausstehen kann, auch nicht meinen Enkel. Mimi liebt
mich, und das reicht ihr. Auch Katze Mona war wie Ziege Viktoria
beim ersten Wurf noch sehr jung und unerfahren. Dementspre-
chend lausig war sie als Mutter. Aber da gibt es einen ausgesprochen mütterlichen Kater, den Max, der liebend gern die Kleinen
gehütet hat, sie putzte und herzte und ihnen regelmäßig Mäuse
mitbrachte. Beim zweiten Wurf hat sie es vorbildlich gepackt. Bis
auf gelegentliche Mäusepräsente kam Max zu seinem Bedauern
gar nicht mehr richtig zum Zuge.

Es scheint also durchaus vorzukommen, daß es untalentierte
oder aus Unerfahrung schlechte Mütter auch bei unseren tierischen
Geschwistern gibt. Eine Gesellschaft kann das aber offenbar gut
und leicht auffangen. Die Frage ist, warum Gesellschaften wie die
unsere es überhaupt nicht auffangen, obwohl wir alle Voraussetzungen dafür hätten und uns ja überhaupt viel auf unsere Hochkultur zugute halten.

Warum das so ist, geht aus den ersten Kapiteln dieses Buches
hervor. An dieser Stelle interessiert, ob Mütterlichkeit zur natürlichen Weiblichkeit gehört oder nicht. Ich meine, sie ist Teil unserer
Natur, aber nicht so, wie wir es gelernt haben, sondern ganz
anders.

Weibliches, ungehindertes weibliches Leben durchläuft drei
Lebensphasen, die den drei Aspekten der Göttin entsprechen, wie
ich es ja schon in meinem Buch „Die wilde Frau" beschrieben
habe. Wir beginnen alle mit der amazonischen Zeit nach unserer
Kindheit. Jungfräulich mag ich es nicht nennen, denn mit der Exi-

stenz des Hymens hat diese Lebensphase nichts zu tun. Es ist nicht die Zeit vor der sexuellen Erfahrung, sondern die Zeit der sexuellen Entdeckungen, in der Frauen ganz einfach mit der reinsten Tochterenergie unterwegs sind, d.h. ohne Bindung, also kinderlos und damit auch frei von vielerlei Verantwortung. Frei schweifend, entdeckend, erobernd, so sollte das Leben jeder Frau in ihrer Jugend sein. Da müssen wir gar nicht erst böse Mädchen werden. Es reicht schon, ganz einfach wild zu bleiben.

Daran schließt sich die Zeit der Mutterkraft an. Manche Frauen gebären dann. Andere Frauen müssen diese Kräfte auf andere Weise in sich wecken, weil sie Verantwortung so begreifen, daß sie keine Kinder gebären. Schöpferkraft und Verantwortung sind die Qualitäten dieser Zeit. Der Vollständigkeit halber sei hier auch noch die dritte Zeit erwähnt, es ist die Phase des Loslassens, der Klugheit, der Metaphysik. In dieser Zeit sind wir das Gedächtnis und damit auch zuständig für das Gesetz und die Gesetzmäßigkeiten. In „Der weise Leichtsinn" habe ich darüber geschrieben.

Es liegt auf der Hand, warum uns das Christentum so gern die Göttin als jungfräuliche Mutter vor die Nase hält. Wenn wir seelisch noch unreif sind für die Mutterschaft, werden wir schlechte, weil überforderte Mütter. Und als solche sind wir leicht manipulierbar und unerfahren genug, um nicht zu merken, daß uns etwas fehlt. Wenn Frauen ihre amazonische Natur nicht voll haben entwickeln dürfen, kann es leicht passieren, daß sie sich nur ungern in der Zeit der Mutterkraft aufhalten, so wie es auch für manche Frauen schwer ist, alt, magisch und weise zu werden, weil das Patriarchat uns nur als Müttern eine Identität zugesteht. Zur weiblichen Natur zugehörig halte ich alle drei Phasen des Seins. Allerdings brauchen wir die Chance, diese Phasen voll und vor allem auf unsere Weise auszuleben. Das wiederum ist, so scheint es, nicht angeboren, sondern muß gelernt werden.

In einer patriarchalen Welt ist das nicht möglich, wie uns unsere Erfahrung lehrt. Deshalb geht es darum, weibliche Gegenwelten zu schaffen, in denen wir das ungehindert können. Auf der Suche nach diesen reisen wir nun weit in die Vergangenheit zurück und schauen, was wir finden.

2. KAPITEL

IM GEFOLGE DER GÖTTIN

Die Frage, ob es Matriarchate gegeben hat oder nicht, stelle ich in verantwortungsvoller Unwissenschaftlichkeit gar nicht erst, sondern komme gleich zum Wesentlichen. Warum eigentlich geraten alle Gemüter sogleich in Wallung, wenn das Wort „Matriarchat" fällt? Weshalb muß die Unmöglichkeit des Matriarchats bzw. der Matriarchate so dringend bewiesen werden? Warum wird den Frauen, die der Ansicht sind, es habe welche gegeben, nicht die gleiche Ignoranz zuteil wie sonst allen anderen feministischen Theoretikerinnen? Außer in dieser Frage gibt es nur zwei Bereiche, in denen die berufsfremde Einmischung in ein Wissensgebiet und die Anzweiflung überlieferter Axiome eine ähnlich eisige Abkanzelung nach sich zieht, wie sie in dem Wort „Laie" gipfelt: Diese beiden Bereiche sind Religion und Medizin. Beide sind die Säulen der Sicherung patriarchaler Macht.

Wie kommt es, daß die unterschiedlichsten Gruppierungen mit allen Mitteln versuchen, die Matriarchatssucherinnen ins Unrecht zu setzen, und sei es mit dem Vorwurf, nicht neutral, nicht objektiv zu sein. Keine Wissenschaft des Patriarchats ist objektiv und keine ihrer Theorien. „Der Gedanke ist nicht neutral. Er nährt die Vorstellungen und das Weltbild dessen, der denkt", sagt die Schriftstellerin Dacia Maraini. Das nimmt die, die denkt, auch in Anspruch. Wieso also schert es, ob ein Haufen törichter Weiber sich eine matriarchale Menschheitsgeschichte zusammenzimmert?

Nun mag es der einen oder anderen Frau langsam dämmern.

„Wer die Vergangenheit kontrolliert, bestimmt die Zukunft." Dieser Satz ist einer der Slogans, mit denen der Große Bruder in George Orwells Roman „1984" die Katze aus dem Sack ließ, ohne daß das Volk merkte, was es da herbetete. Im wahren Leben ist das nicht viel anders. Herrschaft kann nur dann stillschweigend als Naturgesetz vorausgesetzt werden, wenn nichts anderes aus der Geschichte bekannt ist. Die Dominanz des Mannes ließe sich auch nicht mehr so ohne weiteres als natürlich und gottgewollt behaupten. Ein Weltbild mit einem außerhalb der Schöpfung befindlichen *Herrn* als Vater der Welt, der erst den Mann und dann als Nebenprodukt die Frau geschaffen haben will, könnte dann wohl kaum noch ernsthaft in Erwägung gezogen werden.

Daher soll es uns nicht überraschen, wenn wir Verbissenheit und Verleugnung vor allem bei Ethnologen und Archäologen begegnen, ganz zu schweigen von Theologen und anderen Männern. Gleichwohl haben einige der ganz großen Stars des Patriarchats von sich behauptet, von jungfräulicher Geburt zu sein. Außer Jesus waren das Buddha, Quetzalcoatl, Montezuma, Plato und Dschingis Khan. Wie wir sehen, finden sich auch bei Nichtchristen Reste matriarchaler Strukturen. Daß sie Kinder der Jungfrau waren, kann aber schon deswegen nicht sein, weil diese Herren dann Frauen gewesen wären. Parthenogenese, also Fortpflanzung, ohne die Dienste eines Samenspenders in Anspruch nehmen zu müssen, bringt, wie wir aus Naturbeobachtungen wissen, nur weibliches Leben hervor, weil ein männliches Geschlecht nicht existiert. Irrationalitäten wie diesen begegnen wir allenthalben im Patriarchat.

Was aber ist mit den Ethnolog*innen*, den Archäolog*innen*, ganz zu schweigen von den Fachfrauen für Vor- und Frühgeschichte, Soziologinnen, Theologinnen oder gar den Feministinnen? Was bringt sie dazu, ihre ganze Abwehr zu mobilisieren? Eine junge amerikanische Archäologin, die ich auf Kreta kennengelernt habe, erzählte mir, daß ihre komplette berufliche Reputation auf einen Schlag dahin wäre, würde sie es wagen, öffentlich von einer matriarchalen Kultur auf Kreta zu sprechen. Also gräbt sie sie schweigend unter der Leitung männlicher Archäologen aus und hat sich als Ausweg irgendwie wohl daran gewöhnt, zwischen den Zeilen zu denken.

Diese Art der Zurückhaltung kann ich sogar noch verstehen, wenn ich auch meine, daß ab einem gewissen Grad der weiblichen Bewußtseinsentwicklung eine Frau nicht mehr gegen sich, ihre Interessen und ihre Integrität handeln kann, nur um einen Job zu behalten oder eine Reputation nicht zu verlieren. Was aber ist mit den anderen, die ohne Not und fern von existentieller Bedrängnis in abwehrende Aufregung geraten? „Im Matriarchat sind alle Männer umgebracht worden, und kleine Kinder haben sie aufgehängt", kreischte eine Seminarteilnehmerin, als die Sprache auf das Mutterrecht kam, und vom Hals aus breiteten sich hektisch rote Flecken über ihr Gesicht, als wäre sie vom wilden Watz gebissen.

Aber auch Frauen, die eine differenziertere Art des Denkens und Kommunizierens pflegen, unterscheiden sich höchstens durch diese Differenzierungsfähigkeit, nicht aber in der eisernen Verleugnung von meiner Seminarteilnehmerin. Manche machen sich sogar die Mühe und schreiben Bücher darüber, wie dumm es doch sei, die Existenz von Matriarchaten beweisen zu wollen. Es soll nicht einmal denkbar sein, und auch eine Wahrscheinlichkeit wird nicht geduldet. Warum diese Vehemenz, was soll der Eifer?

Ich meine, die Antwort gefunden zu haben. Nirgendwo auf der Welt finden sich derart in ihrer Identität erschütterte, verwirrte, mutlose und leicht in Angst und Schrecken zu versetzende Frauen wie in Westeuropa. (Die von uns abstammenden weißen Amerikanerinnen beziehe ich da mit einigen Abstrichen durchaus mit ein.) Anderswo mögen Frauen, weiß Göttin, mehr unterdrückt werden und unter Männerdominanz leiden. Hierorts herrscht große Bewegungsfreiheit für Frauen, weshalb es auf den ersten Blick aussehen mag, als träfe meine Behauptung nicht zu. Auch haben sich europäische und weiße amerikanische Frauen die Arroganzpose und den Weltpolizeiblick ihrer Herren selbst angeeignet. Das läßt sie die Unterdrückung anderswo wahrnehmen, aber die eigene Situation nicht erfassen. Wenn wir uns selbst aber ganz genau anschauen, fällt auf: Trotz größtmöglicher wirtschaftlicher Unabhängigkeit machen sich Frauen nirgendwo auf der Welt mehr Sorgen um ihre Ehen oder Beziehungen, nirgendwo manipulieren Frauen so sehr an sich herum, um sich und ihre äußerliche Erscheinung unermüdlich und ununterbrochen zu „verbessern", nirgendwo haben Frauen mehr Angst, das Mißfallen der Männerwelt zu erregen, und nirgendwo gibt es mehr Verrat, Einsamkeit und Verlassenheit unter Frauen als hier.

Europäische Frauen machen immer den Eindruck, als ob sie sich selbst verlassen hätten. Viele von ihnen habe ich erlebt, als wären sie ein gut und teuer eingerichtetes Haus, sauber geputzt und schön anzusehen, aber unbewohnt. Orientalische und asiatische Frauen, ebenso Afrikanerinnen haben wenigstens nach innen einen unangefochtenen Bereich, der nur ihnen gehört. Die Ureinwohnerinnen Südamerikas ebenso. Mag es intern unter den Frauen viel Rangeleien geben, viel Tratsch, Eifersüchteleien und Kungeleien, so gibt es doch auch eine gewisse Grundsolidarität, die wir in unseren Breitengraden erst in den letzten fünfundzwanzig Jahren mit der neuen Frauenbewegung mühsam in vielen kleinen Schritten begonnen haben, aufzubauen und zu erlernen.

Nirgendwo auf der Welt wurden Frauenkraft und Frauenmacht aber auch so gründlich, brutal, bösartig und gemein zerstört und vernichtet wie in Westeuropa. Fünfhundert Jahre Hexenverfolgung, d.h. Frauengenozid haben sich, so scheint es, bis auf den heutigen Tag tief in unsere Herzen eingebrannt. Und genau hierin sehe ich die Ursache für dieses fundamental gestörte Verhältnis der mittel- und westeuropäischen Frauen zu sich selbst.

Wir müssen uns vor Augen halten, daß dies noch nicht so lange her ist. Was auf Kreta passierte, der jüngsten Frauenhochkultur im südosteuropäischen Raum, ist nach dreitausend Jahren im Nebel der Zeiten verschwunden und läßt sich nurmehr mühsam rekonstruieren. Aber hier im Westen dieses Kontinents hat erst vor ein paar hundert Jahren das Schreckliche stattgefunden. Neben Überlieferungen und Erzählungen verfügen wir über Unmengen an Aufzeichnungen und Protokollen unserer Folterer und Mörder, so nah ist das alles noch.

Wenn wir dieser Spur noch weiter folgen, zeigt sich, daß die Hexenverfolgungen und die von unseren Ahninnen an uns weitergegebene Angst davor ursächlich mit der Abwehr der möglichen Existenz matriarchaler bzw. frauenzentrischer Gesellschaften zusammenhängen.

Was allgemein über die sogenannte Hexenverfolgung bekannt ist, läßt sich in zwei Kurzversionen zusammenfassen. Die eine, hauptsächlich von patriarchalen Hirnen bevorzugte, geht von der sogenannten Stufentheorie der Evolution aus. Das heißt, je weiter in der Zeit eine Kultur zurückliegt, um so primitiver muß sie gewesen sein. Nach dieser Theorie hat sich der Mensch vom Wilden, der zufällig das Feuer entdeckte und in Furcht vor der Natur und ihren

Kräften zitternd die Götter erfand, stufenweise zum zivilisierten Menschen entwickelt, der seine technologischen Fähigkeiten immer mehr verfeinerte, bis der heutige moderne Mensch entstanden war. Aus dieser Sicht waren die Menschen des Mittelalters noch primitiv, ungebildet und unwissend. Es herrschte volksverdummender Aberglaube, mit dem die christliche Kirche allerdings aufräumte. Auch wenn die Inquisition und ihr Umgang mit den einfachen, abergläubischen Menschen verurteilt wird, lag das alles doch daran, daß die herrschenden Schichten des Adels und des Klerus eben auch noch recht unwissend waren. Erst die Aufklärung habe ermöglicht, daß der Mensch diese dumpfen Epochen hinter sich lassen konnte.

Die zweite Version spricht die Dinge deutlich aus. Sie redet von der Ermordung von mehreren Millionen Frauen. Manche schätzen die Zahl der Toten auf sechs oder gar acht Millionen. Die Opfer waren hauptsächlich Frauen und hauptsächlich solche, die entweder heilkundig tätig waren oder versuchten, sich ihre materielle, geistige und seelische Unabhängigkeit zu bewahren. Einige waren möglicherweise auch einfach nur Opfer nachbarschaftlichen Neids. In dieser Version wird zugegeben, daß die Christianisierung Westeuropas eine gewalttätige, blutige Angelegenheit war, die sich über Jahrhunderte hinzog, weil das Volk bzw. die Völker sich nicht und nicht von Jesus erlösen lassen wollten.

Mich hat die Geschichte der Hexenverfolgungen in ihren Einzelheiten früher nie besonders interessiert, ebensowenig wie die Vor- und Frühgeschichte Westeuropas. Meine Wurzeln lagen woanders. Ich fand es immer ein wenig albern, wenn Frauen sich als Hexen bezeichneten und damit ihren Widerstand gegen Spießertum und patriarchale Vereinnahmung demonstrieren wollten. Vielleicht gerade weil ich aus einer Familie komme, in der die Frauen seit Generationen Karten legten und aus dem Kaffeesatz lasen. Meine Großmutter und meine Mutter waren ganz alltägliche Frauen, innerlich und äußerlich fern von dem üblichen Klischeebild, nach dem solche Frauen Fransentücher, bunte Röcke und große silberne Ohrringe tragen müssen und bei ihnen stets irgendwo eine Kristallkugel herumsteht.

Auch schien mir die Frau als Opfer der Inquisition ein so unerträglich hilfloses Symbol für den Sieg des Patriarchats, daß ich mich dieser negativen Kraft nicht mehr als notwendig zuwenden wollte. Da gab mir das strahlende, künstlerische Kreta weitaus mehr Kraft.

Aber selbstverständlich fand ich, daß die zweite Version die zutreffende war. Ich war der Ansicht, daß das Wissen der Frauen auf dem weiten Gebiet der ganzheitlichen Medizin, wie wir es heute nennen würden, eine große Macht war. Um an dieses Wissen zu gelangen, um sich diese Macht anzueignen, wurden die Frauen zu Hexen gemacht und ihnen dieser ganze paranoide Wahnsinn unterstellt, um sie umbringen zu können. Man muß Christ sein, um an den Teufel zu glauben.

Letzteres meine ich auch heute noch. Dieser Gedanke ist sogar von größerer Tragweite, als mir selbst vor ein paar Jahren bewußt war, als ich mein erstes Buch schrieb. So wie die Frauenbeauftragte das Patriarchat zu ihrer Existenzsicherung braucht, benötigt der Exorzist den Teufel.

Irgendwann kam mir dieses große emotionale Nichts, das ich im Zusammenhang mit der Geschichte der Frauen in Westeuropa erfühlte, ebenso vielsagend wie ungreifbar vor. Die Hexen rückten mir immer enger auf den Leib. Ich übersiedelte in den äußersten Südosten Österreichs, eine Region, die ärmer ist als andere, damit aber auch unzerstörter als andere, und in dieser auch noch in ein Eckerl, von dem behauptet wird, die Leute dächten und handelten noch so wie vor hundertfünfzig Jahren. Viele Ortsnamen sind eindeutig keltischen Ursprungs. Nur zehn Autominuten von meinem Hof entfernt befand sich die Hochburg der Hexenverfolgung in der Steiermark. In diesem Ort namens Gleichenberg gab es auch eine heilige Quelle, deren Standort die Schloßherren von einer Hexe erfuhren, bevor sie sie ermordeten. Heute ist die heiße Therme die Haupteinnahmequelle des Orts. Zwischen Kelten und Hexen sah ich zum damaligen Zeitpunkt noch keine wesentlichen Zusammenhänge, aber seit ich praktisch an diesem ehemaligen Zentrum des Frauengenozids lebte, begegnete mir das „Thema" Hexen immer häufiger, bis ich merkte, daß es Zeit war, sich auf die Suche zu machen.

Auf der Suche nach den Wurzeln der Frauengeschichte in Westeuropa, die denen in Kleinasien, auf Kreta oder Malta vergleichbar sind, stieß ich immer wieder auf eine große Verletztheit, wie sie nur ein Mißbrauch hervorbringt. Nur da, wo sich keltische Kultur erhalten konnte, also in Irland, Wales und Schottland und vielleicht noch in der französischen Bretagne, war es möglich, unbelasteter mit den Spuren der Vergangenheit umzugehen. In Mitteleuropa aber klebt an so manchem noch der Schmutz der Nationalsozialisten und wird wohl noch lange Zeit nicht weichen. Kultplätze, ehemals heilige Orte wie die Externsteine sind vielleicht auf immer besudelt.

Nicht minder krank und pervers als die Nazis waren die Inquisitoren der christlichen Kirchen. Diese Mörder leisteten so gründliche Vernichtungsarbeit, daß nicht nur mir völlig entging, was und wen sie da wirklich vernichtet hatten und aus welchem Grund. Ihre stereotypen Vorstellungen und obsessiven Projektionen von Brunnenvergiftungen, rituellem Kindsmord und Anthropophagie, also der Gewohnheit, Menschenfleisch zu essen, von Inzest, perversen Orgien und Teufelsanbetung, dazu der Schändung heiliger christlicher Symbole schienen mir so ungeheuerlich, die Unschuld der beschuldigten Frauen so offensichtlich, daß ich das Wichtigste lange Jahre nicht wahrnehmen konnte. All dies verdeckt nämlich die bedeutsame Tatsache, daß unter der Kruste der unter Folter und Drohungen abgepreßten „Geständnisse" von einer volkstümlichen Kultur und einer sehr alten Glaubensschicht erzählt wird, die auf Frauenrecht und Frauenmacht beruht. Diese teuflische Kruste stammte aus den Hirnen der in den Teufel und seine Existenz verliebten Christen. Sie war eine „Wahrheit", die sie bereits besaßen und die sie von ihren Opfern bestätigt haben wollten.

Der Historiker Carlo Ginzburg legt in seinem Buch „Hexensabbat" dar, woher die paranoiden Obsessionen von Ritualmord an Kindern und ähnlichem stammen. Schon die Ägypter unterstellten dies den Juden. Diese unterstellten es den Kanaanitern, die als Ureinwohner das gelobte Land bevölkerten. Dann unterstellten es die Römer als palästinensische Besatzungsmacht wieder den Juden und später auch den Christen. Die Christen unterstellten es den alten Kulturen der Kataphrygier, Borborianer und Markioniten. Dann wieder unterstellten es die westeuropäischen Christen etwa ab dem Jahr 1000 den hier ansässigen Juden, den sich eigenständig entwickelnden Orden wie den Manichäern, Katharern und Waldensern und auf einmal und dann mehr und mehr „den Hexen". Es handelt sich offenbar um eine altbewährte Methode, die darauf beruht, dem Opfer, sei es ein Individuum, sei es eine Gruppe oder Volksgruppe, Ungeheuerliches zu unterstellen, um eine Rechtfertigung für Folter und Mord und damit den Genozid zu haben.

Ginzburg hat aber nachweisen können, daß die Frauen und Männer, die auf dem heutigen Gebiet von Skandinavien, Deutschland, Frankreich, Spanien, Schweiz, Österreich, Tschechien, Slowakei und Italien Opfer der Inquisition wurden, nicht nur zu Protokoll gegeben haben, was die Inquisitoren hören wollten.

Da ist die Rede von nächtlichen Göttinnen, von den *bonnes dames*, reichen und mächtigen Frauen. Ihre Anführerin war eine Frau Habonde. Sie wurde anderenorts auch Abundia oder Madame Oriente genannt oder Frau Berthe, Frau Percht. Oder Frau Helt, Holde, Holle, Hera, Herodiana, Diana. Letztere wurde in manchen Nächten begleitet von ihrem wilden Heer, der wilden Jagd. Es wird berichtet von nächtlichem Hexenflug, der möglich war, ohne das Bett verlassen zu müssen. Die Verwandlung in Tiere wurde erwähnt, die Besuche fanden stets donnerstags statt und galten Feenköniginnen, Elfen und anderen Wesen der unsichtbaren Welt.

Diese Berichte decken sich mit vielem, das wir aus Märchen, Legenden, Sagen und alten Dorfgeschichten kennen und das sich noch in vielem alten Brauchtum erhalten hat. Ich erinnere nur an die Perchtenläufe in den alpenländischen Regionen.

Gab es also „die Hexen"? Wer waren sie, und was taten sie wirklich? Die offizielle Geschichte der Christianisierung Europas teilt die Bevölkerung in Christen und Nichtchristen ein. Heiden waren die, die das nicht sind, was Christen sind. Getauft und erlöst, letzteres allerdings nur unter gewissen Bedingungen, die vor allem der Klerus selbst bis auf den heutigen Tag nicht erfüllen kann. Es freut mich immer wieder aufs Neue, daß sich die christlichen Amtsinhaber nach ihrem Tod in der von ihnen erfundenen Hölle wiederfinden werden. Aber das ist eine andere Geschichte.

Das Wort „Heide" aber sagt nicht, wie das Weltbild eines solchen aussah.

Die „Heiden" verehrten beispielsweise noch im 7. Jahrhundert in Trier die „große Diana". Und noch zu Anfang des 15. Jahrhunderts glaubten die Bauern in der Pfalz an eine Göttin namens Hera, Spenderin von Überfluß, die anderenorts auch als Todesgöttin Era eine große Rolle spielte. Die Inquisitoren wußten recht gut Bescheid über den alten Glauben, der mehr war als nur der Rest einer ehemals existierenden Frauenreligion. Am 18. März 1430 wurde Jeanne d'Arc gefragt, ob sie etwas über die wisse, die „mit den Feen durch die Lüfte ziehen". Sie habe nie so etwas getan, war ihre Antwort, aber sie habe davon reden hören, daß es sich immer donnerstags zutrage. Mary Daly ist der Ansicht, daß Jeanne d'Arc sehr wohl eine Kämpferin für den alten Glauben, vielleicht sogar eine Priesterin war, und führt u.a. den Umstand an, daß sie am Ende wieder Männerkleidung anlegte, als Zeichen ihres Protests gegen die Unterwerfung. Noch zu Beginn des 17. Jahrhunderts schreibt ein Inquisitor über Anhängerinnen der Diana, die er auf der französischen Seite der Pyrenäen entdeckt hatte.

Wie groß die Macht der Frauenreiche gewesen ist, läßt sich auch daran erkennen, wie sehr und wie lange sich zumindest Teile davon erhalten haben, obwohl Männerrecht die Macht an sich gerissen hatte. Noch vor den Christen waren bereits die keltischen Völker und später die römischen Besatzer mit patriarchaler Macht in diese Welt eingebrochen. Während die keltischen Völker als Einwanderer über mehrere Jahrhunderte vieles von den matriarchal lebenden Ureinwohnern in Westeuropa übernahmen und als Druiden weiter praktizierten, war die römische Besatzungsmacht nicht zimperlich bei der Unterwerfung und Installierung ihrer brachialen Werte. Dennoch konnte sich der alte Glaube halten, was ich als Hinweis darauf werte, daß nicht nur die Religion, sondern auch die gesellschaftliche Struktur noch nach weiblichen Maßstäben ausgerichtet gewesen sein muß. Erst die Christen brachten mit ihrem blutigen Fanatismus die völlige Zerstörung. Noch Mitte des 13. Jahrhunderts bedeutete das Wort „genes", abgeleitet von Diana, eine Fee. Zweihundert Jahre später war das ebenfalls von Diana abgeleitete Wort „ianatica" ein Synonym für Hexe.

Bei der Hexenverfolgung handelte es sich also, wie in allen anderen hier aufgezeigten Beispielen auch, um die Okkupation einer Kultur, d.h. es ging nicht um die Verfolgung einzelner Frauen und Männer, sondern um das bis dahin gelebte Leben mit seinen sozialen Bezügen, Beziehungen und seine Religion, deren Werte, Regeln und Gesetze ausgelöscht werden sollten. Daher finden wir die Begleiterscheinung der paranoiden Unterstellungen grauenhafter Taten. Wir erkennen die Kulturvernichtung auch daran, daß die

Christen ihre Kirchen vorzugsweise an den Plätzen erbauten, die für die Bevölkerung heilige Plätze waren. Diese Kirchen sollten die Heiligkeit dieser Orte auslöschen und nicht etwa nur vereinnahmen, wie allgemein behauptet wird. Vielfach wurden die an diesen Plätzen wachsenden, als der Göttin zugehörig verehrten Bäume gefällt, vielerorts erinnern inzwischen nur noch Ortsnamen wie „Dreieichen" u.ä. an die alte Bedeutung. Die fast reflexartige Ablehnung der Existenz von matriarchaler Kultur und praktizierter Frauenmacht halte ich ebenfalls für ein Zeichen, in dem das Entsetzen unserer verbrannten und ertränkten Ahninnen sich spiegelt.

Daß weitaus mehr Frauen als Männer von der Inquisition angeklagt und der Hexerei bezichtigt wurden, zeigt, daß die alte Religion hauptsächlich Priesterinnen an ihrer Spitze hatte. Männer hatten eigene Riten, die sich zum Teil erheblich von den Riten und Kulthandlungen der Frauen unterschieden. Seine Riten drehten sich um den Gehörnten, den Herrn der Tiere. Ihre waren verbunden mit der nächtlichen Göttin.

Ich bin der Ansicht, daß es nicht einfach nur Frauenhaß war, der die Männer der Inquisition antrieb. Es war der Haß auf die Macht der Frauen. Die entmachtete Frau, wie wir sie vor allem in unseren Kulturkreisen erleben – sich selbst schwächend und darauf achtend, Macht unbedingt zu vermeiden –, ist dem Mann gar nicht so unlieb, zumindest weiß er, daß es ganz ohne sie ja auch nicht geht. Seine Feindseligkeit ihr gegenüber hält sich in Grenzen und wird um so milder, je ausbeutbarer sie ist. Vieles, das wir für frauenfeindlich halten, ist nichts anderes als die zum psychischen Mechanismus verinnerlichte Absicherung seiner Machtposition, die durch Herabsetzung, Geringschätzung und Unterwerfung funktioniert. Erst die machtbewußte, die mächtige Frau jagt ihm Angst ein und ruft in ihm den echten Frauenhaß hervor, den einige von uns gut kennen, wobei er sich des automatischen Schulterschlusses aller anderen Männer gewiß sein kann.

Die Erinnerung an unser altes, freies, eigen-mächtiges Leben im Gefolge der Göttin sollte gelöscht werden. Beinahe ist es ihnen gelungen. Ich bin immer wieder erschüttert, wie sehr wir Frauen diese Lektion gelernt haben. Wo auch immer ich den weiblichen Anspruch auf Macht öffentlich anmelde, höre ich von Frauen die sonderbarsten Annahmen, wie ein frauenzentrisches Leben wohl aussieht. Viele halten es für möglich, daß Frauen ein grauenhaftes Schreckensregime installieren, das den Mann vernichten will und den Untergang der Erde garantiert. Andere sehen frauenzentrisches Leben wegen der erwiesenen Hilflosigkeit und Lebensunfähigkeit der Frau als nicht zu verwirklichen an. Noch andere halten es vielleicht für eine lebbare Form für Steinzeitfrauen, aber nicht übersetzbar in ein kompliziertes soziales Gebilde wie unsere moderne Gesellschaft, was immer das sein mag. Der größte Teil der Frauen traut sich offenbar nicht zu, Verantwortung dafür zu übernehmen. Die ganz besonders okkupierten, vor allem die mit dem begehrlichen Blick auf die Top-Jobs in Wissenschaft, Politik und Wirtschaft, die im Zentrum männlicher Energiefelder wirbeln, halten solche Gedanken für unrealistischen Feminismus.

Viele also wagen es nicht, zu denken, weiterzudenken, über Grenzen hinauszudenken. Einige trauen sich aber doch, und es werden immer mehr. Inzwischen geht es manchen bereits viel zu langsam. Ihnen geht es mittlerweile darum, konkrete Wege in die Landkarten ihres Lebens einzeichnen zu wollen. Darum ist es vielleicht ganz hilfreich, die Wege der alten frauenrechtlichen Kulturen genauer anzuschauen.

Bei mancher Rekonstruktion müssen wir uns auf „Intuition" verlassen. Auch Logik, die ich für eine typisch weibliche Fähigkeit halte, kann uns da weiterhelfen, wo wir die Zeichen und Spuren deuten und in einen Zusammenhang setzen müssen. Am Ende muß alles nicht nur denkbar sein, sondern einen Sinn ergeben.

Wie einst die Freien Frauen lebten

Der Weg führt uns zurück in der Zeit, aber nicht hinunter auf frühere Stufen der menschlichen Entwicklung. Vielmehr meine ich, daß Kulturen sich zu Hochkulturen entwickeln und auch wieder vergehen und jede nachfolgende Kultur die Reste des alten Wissens und Könnens bewahrt und nach Möglichkeit auch weiter anwendet, bis sich etwas Neues entwickelt hat. Auch in der Frage der Vergangenheit des Menschen offenbart sich ein vollkommen anderes Weltbild, wenn wir statt der männlich-linearen Wahrnehmung von einem weiblichen zyklischen Weltbild ausgehen, das auf dem Prinzip von Kommen-Gehen-Wiederkehr beruht.

Kulturen können aus den unterschiedlichsten Ursachen untergehen. Unser Planet ist Teil eines Universums, das Ereignisse kennt, die wir als Katastrophen bezeichnen, von den destruktiven Unterwerfungen durch patriarchale Eroberer ganz zu schweigen. Jedesmal wird zerstört, was Menschen aufgebaut haben. Jedesmal geht Wissen verloren. Wir müssen uns vorstellen, daß Wissen immer dann unrettbar verloren ist, wenn es nicht von Generation zu Generation weitergegeben wird. Es braucht nur die Unterbrechung der Weitergabe bei drei Generationen, um Erinnerung und Wissen so gut wie auszulöschen. Was wir also von unseren Großmüttern nicht übernommen haben, ist in seinen Zusammenhängen verschwunden und steht unseren Töchtern nicht mehr zur Verfügung. Übrig bleibt vielleicht Vereinzeltes. Aus diesen Bruchstücken zu rekonstruieren, was einmal das Ganze war, ist unendlich schwer.

Nehmen wir an, unsere Zivilisation ginge aufgrund der einen oder anderen Ursache unter. Die Überlebenden wären ihrer Ressourcen beraubt, in Büchern und Computern gespeichertes Wissen stünde nicht mehr zur Verfügung. Alles begänne wieder von vorn, und allenfalls der Rückgriff auf einzelne Fertigkeiten und erinnertes Know-how wäre möglich. Schon fünfzig Jahre später wäre die Technologie des Fernsehens eine Legende.

Uns erscheint der archäologische Fund von Resten einer untergegangenen Kultur vielleicht als Anfang der Menschheit, nur weil es das älteste ist, das wir kennen, und weil wir uns ein Sein ohne Anfang nicht vorstellen können. Darum spricht männerzentrische Wissenschaft von der ersten Zeitmessung, den ersten Hütten, dem ersten Ackerbau, erster Herdenhaltung und so weiter. Was sie damit nur sagen kann, ist, daß es sich um die ersten Kulturzeugnisse *einer* Kultur handelt. Es sagt nicht aus, daß es davor nicht auch schon hoch- und höherentwickelte Kulturen gegeben hat. Nur weil wir von ihnen archäologisch nichts finden, heißt das nicht, daß es sie nicht gegeben haben kann.

Die aus unserer Sicht ältesten Funde menschlicher Kultur sind fünf Millionen Jahre alt. Überlieferungen aller Völker auf dem gesamten Planeten berichten von alten Reichen, die über großes Wissen und große Weisheit verfügten. Es ist nicht unwahrscheinlich, daß wir heute mit den kümmerlichen Resten dieses Wissens vorlieb nehmen müssen und uns deshalb in die Müllberge und verpestete Luft produzierende Technokratie von Vati Fortschritt verirrten. Die Kunst, Regen zu machen, läßt sich nun mal archäologisch nicht ausgraben und nachweisen.

Am Anfang waren nicht Adam und Eva, wie wir alle wissen. Dieser in der christlichen Bibel beschriebene Anfang war der Anfang einer phallokratischen Zivilisation, die vor knapp 6000 Jahren begann. Davor und an anderen Orten auf der Erde war auch schon etwas, und das war, weiß Göttin, nichts Primitives. Dieses „Etwas" wird vielfach im Beginn der patriarchalen Geschichtsschreibung noch erwähnt. In der Genesis ist ziemlich aufgebracht die Rede davon, daß der Kopf der Schlange zertreten worden sei. Überflüssig zu erwähnen, daß die Schlange auf der ganzen Welt das Symbol für mutterrechtlich geordnete Gesellschaften ist.

Auch im weiteren Verlauf der Bibel tauchen Völker auf, die andere Religionen hatten und offenbar anders organisiert waren als die patriarchalen Hirtenvölker mit ihrem zum Herrn der Welt aufgebauten, eifersüchtigen lokalen Berggott aus der Wüste. Vergleiche mit anderen Mythen und Überlieferungen zeigen, daß es sich bei den in der Bibel beschriebenen Kulturen um mutterrechtliche Stämme und Völker handelte; Stämme, die offenbar in Zeiträumen von wahrscheinlich Hunderttausenden von Jahren die Erde friedlich und lustvoll bewohnt hatten.

Überlieferte Mythen und erste Männergeschichtsschreibung berichten von vielen „Weltuntergängen", die nicht nur auf die Unterwerfung durch fremde, patriarchale Eroberer zurückzuführen sind und die sich bei genauerer Betrachtung als Klimakatastrophen und Naturereignisse wie Vulkanausbrüche, Erdbeben und Meteoreinschläge erweisen. Diese Ereignisse passen zeitlich nicht in den Rahmen, den die Historie uns als Vergangenheit einräumt. Plato berichtet von einem Gespräch mit einem ägyptischen Priester, der ihm erzählte, daß es einst einen Kontinent namens Atlantis gegeben hat. Er beschrieb auch ziemlich genau, wo der sich befunden hat. Außerdem zählte er dem Griechen die große Zahl der ägyptischen Dynastien auf. Danach reicht die ägyptische Geschichte viel weiter in der Zeit zurück, als die traditionellen Historiker und Archäologen glauben. Auch andere Hochkulturen im Orient besaßen sogenannte Königslisten, die um Zehntausende von Jahren hinter biblisch beschriebene Ereignisse wie die Sintflut zurückreichen.

Die Hopi berichten in ihrer Überlieferung von vier Welten, die untergingen. Es ist nicht unwahrscheinlich, daß Menschen die Erinnerung an kosmische Ereignisse bewahrt haben, die unvorstellbar weit zurück in der Vergangenheit stattgefunden haben, etwa an den Zeitpunkt, als der Planet Erde den Mond „einfing", der sich seitdem um die Erde dreht und alles Leben beeinflußt. Die Schriftzeichen auf einigen im französischen Glozel gefundenen Steinen sind viel älter als die angeblich ersten Schriftzeichen der Sumerer. Die Sumerer sind nach neueren Erkenntnissen sowieso nur patriarchale Nutzer des Wissens viel älterer frauenrechtlicher Kulturen und legen beredtes Zeugnis darüber ab, wie Kultur zu Zivilisation verkommt, wenn sie in Männerhände fällt.

Wir können also davon ausgehen, daß die Erde mehr Hochkulturen gesehen hat, als unsere übliche Geschichtsschreibung für erträglich hält. In den allermeisten dieser Kulturen wurde die Frau als Lichtbringerin angesehen, die Leben, Nahrung, Freude und Geist spendete. Ihre dunkle Seite stand für Ruhe, Konzentration und die Kultivierung des freien Willens, für Auflösung und den Tod, mit dem der Zyklus des Lebens beendet war, um erneut beginnen zu können. In „Die wilde Frau" habe ich beschrieben, warum die Frau das Zentrum des Lebens bildete. Sie hatte mit ihrer Gebärpotenz die Macht über Leben und Tod, über das Feuer, die Kunst, das Handwerk und die Heilkunde. Sie stand in Verbindung mit der unsichtbaren Welt, und jagen und kämpfen konnte sie selbstverständlich auch.

Auf der Suche danach, wie diese freien und mächtigen Frauen lebten, lösen wir uns von den verzweifelten Zeiten der Hexen mit ihrer alten Diana-Religion und wandern stromaufwärts im Fluß der Zeit, um zu unseren ursprünglichen Quellen zu gelangen. Bevor die Christen uns in unserem Teil des Planeten auf ihre ebenso eigenwillige wie tödliche Weise erretteten, waren es die Römer als phallokratische Besatzungsmacht und die durch Hungersnöte auf Wanderschaft geratenen männerzentrischen germanischen Völker mit ihren groben, brutalen Riten, die das soziale Gefüge der frauenzentrisch organisierten UreinwohnerInnen in Westeuropa veränderten. Aber schon Jahrhunderte vor ihnen waren keltische Völker in diese Landstriche eingewandert. Nach allem, was wir wissen, waren die mit dem Sammelnamen „Kelten" bezeichneten Stämme zum größten Teil patriarchal, d.h. vaterzentrisch, aber eher friedlich, verglichen damit, wie blutig Berührungen mit germanischen Stämmen verliefen, respektive wie kaltblütig die Römer aus freien Völkern kontrollierte, gehorsame Steuerzahler machten. Allerdings pflegten auch die Kelten ziemlich grausame Bräuche, bei den Druiden gab es beispielsweise Menschenopfer. Daraus schließen nicht nur traditionelle Wissenschaftler, sondern auch feministische Sucherinnen, daß es Menschenopfer auch bei den vor den Kelten dominierenden mutterrechtlichen Völkern gegeben haben muß. Und damit sitzen wir wieder einmal in einer Denkfalle.

Wenn wir davon ausgehen, daß innerartliche Destruktion nicht natürlich und der Mensch eigentlich wie ein Hund mit einer natürlichen „Beißhemmung" bedacht worden ist, zeigt sich, daß der Verlust der menschlichen Beißhemmung durch zwei im Zusammenhang stehende Phänomene provoziert und erreicht worden ist.

Das Schlachten der ebenso zahlreichen wie überflüssigen männlichen Tiere einer Herde brachte die Nachrangigkeit männlichen Lebens auf ebenso alltägliche wie unübersehbare Weise ins Bewußtsein der Männer. Das haben sie offenbar nicht gut verkraftet. Gesellschaften, die sich durch Jagen und Sammeln Nahrung beschafften, kamen mit dieser Tatsache auch nicht annähernd so intensiv in Berührung wie Hirtenvölker, die offenbar als erste und möglicherweise aus diesem Grund in den patriarchalen Wahnsinn stürzten und in der Folge besonders frauenfeindliche monotheistische Religionen hervorbrachten wie das Judentum, den Islam und das Christentum. Die Minderwertigkeit des Männlichen schürte neben dem Gebärneid die abgrundtiefe Wut der Männer auf alles Weibliche und gab den Antrieb zum patriarchalen Umsturz.

Die Machtübernahme der Männer änderte jedoch nichts an der Tatsache, daß männliche Herdentiere auch weiterhin „geopfert" werden mußten. Und nun konnte der unter dem Gesetz der Spermie stehende Mann nicht anders, er mußte immer noch eins draufsetzen. Die testosterondiktierte Rivalität in der Enge männlichen Beisammenseins schuf sich ein Ventil und führte die rituelle Tötung von Menschen ein. Es entspricht dem patriarchalen System, in der Steigerung einer Sache oder Situation seinen Ausdruck zu finden. So kamen die Kelten zu ihren Druidenopferungen, und die historisch vor ihnen existenten Urmütter und ihre Stämme gerieten in den ungeheuerlichen Verdacht, ihre Kinder zu ermorden, indem einfach angenommen wurde, die Kelten hätten es von ihnen übernommen. Irgendwoher mußten sie es ja haben.

Indes fanden Archäologen bei Grabungen an Orten ehemaliger frauenzentrischer Hochkulturen wie z.B. auf Malta, auf Kreta und in Çatal Hüyük auch nicht im entferntesten Anhaltspunkte für die Opferung von Menschen. Wir können davon ausgehen, daß es auch in Westeuropa nicht anders war. Wie ausgesprochen absurd, anzunehmen, daß eine Mutter ihre Kinder, die sie mit großer Anstrengung zur Welt gebracht hat, umbringen wollte. Die männliche Bereitschaft ist dagegen vorhanden und schreitet auch zur Tat, wenn die Macht es ermöglicht. Denken wir nur an den biblischen Abraham, den sowohl Juden wie Araber als ihren Stammvater verehren, und seinen bedauernswerten Sohn Isaak.

Auch die Kelten veränderten also die alten Strukturen, und genau wie andere, jedoch zerstörerischere Eroberer übernahmen die keltischen Stämme auf ihren Wanderungen viel vom Können und Wissen der Frauengesellschaften. Auf unserer Reise zurück zu den freien Frauen sind uns die Überlieferungen über die Kelten und ihre Art zu leben daher eine große Hilfe. Über das Leben der Kelten, die etwa um 500 v.Z. in Mitteleuropa einwanderten (wir befinden uns also ungefähr zeitgleich mit der griechischen Antike), gibt es viele Berichte von griechischen, vor allem aber römischen Zeitgenossen. Der prominenteste ist Julius Cäsar.

In „Über den Gallischen Krieg" schreibt er: „Die Druiden sind vom Kriegsdienst befreit und bezahlen keine Steuern wie die übrigen. Durch solche Belohnungen angespornt und durch ihre Abstammung (begünstigt), widmen sich viele dieser Disziplin und werden von den Eltern und Verwandten dazu angehalten. Hier sollen sie eine große Zahl von Versen auswendig lernen. Daher bleiben viele wohl zwanzig Jahre in dieser Schule. Und man hält es nicht für erlaubt, Verse schriftlich aufzuzeichnen, obgleich man sich in den übrigen Angelegenheiten, den Staats- und Privatgeschäften, der griechischen Buchstaben bedient. Hierbei haben sie, wie ich vermute, zwei Absichten, erstens, weil sie nicht wünschen, daß ihre Lehre unter das (gemeine) Volk komme, sodann auch, damit ihre Schüler im Vertrauen auf das Geschriebene nicht etwa ihr Gedächtnis weniger üben; denn gewöhnlich vernachlässigt man, unterstützt durch schriftliche Aufzeichnung, seine Sorgfalt im Lernen und sein Gedächtnis.

Ihr Hauptlehrsatz ist: Die Seele sei unsterblich und wandere nach dem Tod des Leibes weiter, von den einen zu den anderen. Das halten sie für den stärksten Antrieb zu Tapferkeit, wenn man den Tod nicht scheue. Außerdem lehren sie noch vieles von den Himmelskörpern, ihrem Lauf, der Größe der Welt und der Länder, dem Wesen der Dinge, der Macht und der Gewalt der unsterblichen Götter und bringen das alles der Jugend bei."

In der traditionellen patriarchalen Sichtweise gelten die Kelten als „Indoeuropäer". Diesen Begriff gibt es noch nicht sehr lange. Er ist ein Versuch, den ursprünglichen Begriff „Indogermane" von der Verhedderung mit seinen rassistischen Ursprüngen zu befreien. Der Mythos von der Existenz des Indogermanen ist eine der skurrilsten Schöpfungen der patriarchalen Geschichtsverdrehung.

Diesen „Indogermanen" hat es nie gegeben. Er ist reine Fiktion wie Godzilla oder King Kong, nur mit dem Unterschied, daß er blonde Haare und blaue Augen haben und dadurch als Mitglied einer allen anderen überlegenen Herrenrasse erkennbar sein soll. Seitdem wird überall auf der Welt immer mal wieder ein angeblich in der Abgeschiedenheit sich erhalten habender Stamm hochgewachsener Blonder entdeckt, der blauäugig und rassisch rein den Ur-Indogermanen beweisen soll.

Nicht daß es nicht blonde Leute gibt. Sogar auf Kreta, das ja sonst eher für kleine dunkle Leute mit bemerkenswerten Riesennasen bekannt ist, mendeln sie sich immer wieder aus. Aber daß es sich bei den Blondies um Indogermanen handelt, ist ungefähr so verbürgt wie die Existenz des Yeti oder des Ungeheuers von Loch Ness. Es handelt sich in Wahrheit um einen künstlichen Begriff, der im Jahr 1823 von einem gewissen H.J. Klaproth geprägt wurde. Dem guten Mann, einem Sprachforscher, war aufgefallen, daß es im Wortschatz der meisten Völker von Ceylon bis Island, von Indien bis Deutschland für gewisse Grundwörter wie beispielsweise „Mutter" verwandte Worte gab. Klaproth und seine Nachfolger schlossen daraus, daß diese Völker einen gemeinsamen Ursprung, eine „Urheimat" haben müßten.

Während Historiker die indogermanischen Rassen, unter ihnen die Arier, überall auf der Welt nachträglich zwischen Buchdeckeln einwandern und die „primitive Urbevölkerung" unterwerfen ließen, konnte die „Urheimat" dieses Phantoms verständlicherweise nie gefunden werden. Der nach dem nationalsozialistischen Rassenwahn verschämt zum Indoeuropäer umbenannte Indogermane blieb uns jedoch erhalten und geistert unbehelligt sogar auch durch feministische Geschichtsschreibung.

Die solchermaßen der indoeuropäischen Kunst-Völkergemeinschaft zugeordneten Kelten, die ein derart buntgeschecktes Völkergemisch gewesen waren, daß es schwerfällt, von den Kelten zu sprechen, verzichteten wie die vor ihnen in Westeuropa existenten Matriarchate darauf, die bedeutenden Dinge ihres Wissens aufzuschreiben. Wer sie waren, woher sie kamen und warum sie plötzlich auftauchten, liegt im berühmten Dunkel der Geschichte und soll uns außerdem im Zusammenhang mit den Matriarchaten nicht weiter interessieren. Wir suchen ja die Welt der freien Frauen. Aber ihre Geheimniskrämerei und ihre mühsamen Gedächtnisübungen sind von ausgesprochen großer Bedeutung für uns.

Soweit wir wissen, beherrschten die Kelten so unglaubliche Dinge wie die Kunst des Wettermachens, ihre geistigen Fähigkeiten waren also enorm. Das verwundert nicht, wenn wir sehen, daß sie zwanzig Jahre und mehr ihres Lebens in der Ausbildung dieser geistigen Fähigkeiten geschult wurden. In der Gegend, in der ich wohne, gibt es kleine lokale Wetterinseln von vielleicht zehn Quadratkilometern Durchmesser, in denen die Sonne mehr scheint als rundherum, wo es praktisch niemals hagelt, obwohl es in der Region häufig Gewitter mit Hagelschlag gibt, und die von Blitzeinschlag verschont sind, obwohl wir allgemein als blitzgefährdetes Gebiet gelten. Einige unserer örtlichen Radiästheten halten dies für Überbleibsel keltischer Wettermacherei, was ich nicht nur deshalb für denkbar halte, weil die Südost-Steiermark einstmals von Kelten bewohnt war, sondern weil ich weiß, daß diese Art Magie existiert und gelernt und angewendet werden kann. Von solchen Kräften und Fähigkeiten wird im dritten und letzten Teil dieses Buches genauer die Rede sein.

An dieser Stelle ist es von größerer Bedeutung, wie die Sozialstruktur, der Alltag, das Gesundheitswesen, die Sexualbeziehungen und das Erziehungswesen in den alten Frauengesellschaften ausgesehen haben; wie Recht und Gesetz gehandhabt wurden und wie sie mit Macht und Autorität umgingen. Wir wollen sehen, wovon sie sich ernährten und auf welchem System Arbeit und Wirtschaft basierten.

In diesem Zusammenhang spielt es eine Rolle, daß weder die Kelten noch die Urmütter etwas aufschrieben. Von Cäsar – und nicht nur von ihm – wissen wir, daß es nicht daran lag, daß sie keine Schrift kannten. Dieser Umstand macht eine Rekonstruktion vergangenen matriarchalen Lebens nicht gerade leicht, aber damals machte es durchaus Sinn. Was uns geblieben ist, ist Abrakadabra und Hokuspokus, Kinderreime, die gar nicht so banal sind, wie es scheint, Geschichten, in denen mehr steckt, als die Rahmenhandlung verrät. Viel ist es nicht, was uns geblieben ist, aber es ist mehr, als wenn es in alten Zeiten aufgeschrieben worden wäre. Erinnern wir uns daran, was mit der berühmten Bibliothek des Ptolemäus von Alexandria geschah. Die rund 900 000 Buchrollen, die seit dem 3. Jahrhundert v.Z. aufbewahrt wurden und die das gesamte Wissen der ägyptisch-griechischen Welt enthielten, fielen um das

Jahr 270 der Zerstörung durch die Christen zum Opfer. Geblieben ist nichts. Mythen und Märchen, Kinderverse und Zaubersprüche, mündlich weitergegebenes Wissen aber hat sich wenigstens zum Teil bis in unsere Zeit bewahrt. Doch dies ist nicht der einzige Grund, dem Erinnerten vor dem Geschriebenen den Vorzug zu geben. Ich will das mit einem Beispiel erläutern.

Wenn ich mit Frauen zusammentreffe, um in die Tiefe des Labyrinths zu gehen oder ihre wilden Kräfte hervorzurufen, ist meine Bedingung, daß nichts, was gesehen, gehört und gelernt wurde, an Männer weitergegeben werden darf, ich verlange sogar, daß die Frauen mit Männern nicht einmal darüber sprechen, auch nicht mit Männern ihres Vertrauens. Außerdem ist mir am liebsten, die Frauen schrieben sich nichts auf. Interessanterweise begreift ein Teil der Frauen sofort, worum es geht, und andere können es so wenig akzeptieren, daß sie lieber auf die Teilnahme verzichten.

Worum geht es? Die patriarchal hypnotisierte Frau nennt meine Bedingung Mangel an Selbstbewußtsein. In Wahrheit geht es mir darum, dafür zu sorgen, daß Frauen sich nicht preisgeben und damit ein stabiles Selbstbewußtsein erreichen. Wie ist es möglich, daß es zwei so konträre Sichtweisen gibt? Es beruht auf der Verwechslung von Offenheit mit Preisgabe. Es macht einen Unterschied, ob ich selbstbewußt für das, was ich bin, einstehe oder ob ich mich schwäche, indem ich meine Kraft preisgebe. Das Comingout einer Lesbe ist ein Akt der Offenheit, ebenso die Namensnennung eines prügelnden Ehemanns. Sexueller Mißbrauch und Vergewaltigung müssen in aller Offenheit öffentlich gemacht werden. Keine Frage von Offenheit, sondern von Preisgabe ist es, wenn beispielsweise eine Frau, die vergewaltigt wurde, bei der polizeilichen oder gerichtlichen Vernehmung aufgefordert wird, über ihre bevorzugten sexuellen Praktiken zu sprechen.

Mangel an Vertrauen nennen es viele Männer, wenn sie merken, daß Frauen mit etwas zurückhalten, das den Frauen wichtig ist. Die ansonsten nicht besonders auf den intensiven geistigen Austausch mit Frauen erpichten Männer fordern gern die Preisgabe weiblicher Macht als Beweis weiblichen Vertrauens. Jede Frau kennt das. Viele, die meisten, wenn nicht gar alle haben wir uns preisgegeben. Es möge jede Frau für sich beantworten, was mit der preisgegebenen Macht in Männerhänden geschah.

Um Preisgabe ist es auch den Inquisitoren gegangen. Um auch den in diesen Fragen eher unempfindlichen Frauen ein Gefühl für den Begriff Preisgabe zu vermitteln, möchte ich auf die demütigendste Form der Preisgabe weiblicher Macht hinweisen, nämlich die Rückenlage der gebärenden Frau. Diese medizinisch unsinnige, den Geburtsvorgang erschwerende Lage geht auf Ludwig XIV. zurück, der seinen Mätressen befahl, auf diese Weise ihre Kinder auf die Welt zu bringen, damit er den Geburtsvorgang besser beobachten konnte, während er sich mit anderen Mätressen sexuell vergnügte. Es hat auch heute etwas mit Macht über den Gebärvorgang zu tun, wenn zumeist männliche Gynäkologen ihre Patientinnen immer noch auf den Rücken legen.

„Wissen ist Macht" ist ein Spruch, der sich folgenschwer bewahrheitet. Aber es geht nicht nur um den Schutz vor Zerstörung. Es geht auch darum, daß Wissen nicht erworben, sondern erlebt werden muß, wenn es nicht zum Mißbrauch verführen soll. In diesem Sinn freut es mich, wenn Leserinnen mir sagen, meine Bücher ließen sich zwar leicht lesen, aber die Lektüre zöge eine Zeit intensiver Arbeit mit sich selbst nach, der sich eine nicht zu entziehen vermag.

So soll es sein. Die Göttin soll schützen vor denen, die glauben, sie könnten sich Erleuchtung kaufen, und noch mehr vor denen, die behaupten, sie hätten sie zu verkaufen.

Die alten Frauengesellschaften haben großes Gewicht auf die lebenslange Ausbildung geistig-seelischer Eigenschaften (wie wir es heute nennen würden) gelegt, allerdings ohne den Bezug zum Materiellen, zur Mutter Erde zu verlieren. Wer Kinder aufzieht und mütterliche Verantwortung trägt, bleibt leicht auf dem Boden der Tatsachen und läßt sich eher nicht davonwehen oder aus der Kurve tragen. Weil sie aber matriarchal lebten, sahen sie in dieser Kombination keinen Widerspruch und hatten Zeit für beides.

Diese lebenslange Arbeit an der eigenen Vollendung ist unbequem, anstrengend und durch die Notwendigkeit einer konsequenten Klarheit wirklich nicht ganz einfach. Daher ehrten unsere matriarchalen Ahninnen die alte Frau, die sich ihrer Vollendung sichtbar näherte und deren Kunst als Magierin sich auf dem Höhepunkt befand. Allerdings war die alte Frau im Matriarchat keine liebe Omi, sondern eine Große Mutter, also eine, die im Alter zu sich selbst findet, anstatt als müder Rest ehemaliger Selbstlosigkeit zur Verfügung zu stehen.

Am meisten geehrt wurde die älteste Mutter aller, die Stammmutter, und die höchste Verehrung wurde der Mutter der Welt zuteil, deren Kinder wir alle sind, Menschen, Tiere, Bäume, Pflanzen, Planeten und Sterne. Alle Menschen hatten von ihr das Leben empfangen und betrachteten alles andere aus ihr resultierende Leben als verschwestert. Wesentlich war also die Verbundenheit mit allen und allem, und darum galt den Zusammenhängen größte Aufmerksamkeit. Das Trennende war nicht wichtig. Wir erkennen hierin mühelos den Antrieb zum heute noch typisch weiblichen Bedürfnis nach Nähe und Konsens.

Aus der Verwandtschaft mit der Welt erwuchs deshalb Achtsamkeit gegenüber Tier und Pflanze so selbstverständlich wie Atmen oder Essen; Religiosität war Bestandteil des Alltags, der weder aufgeteilt war in Arbeitszeit und Freizeit noch in Banales und Sakrales. Kinder waren niemals ausgeschlossen aus dem Leben der Erwachsenen. Sie wurden nicht separat aufbewahrt und unterrichtet; ihr Lärm entweihte die heiligen Plätze der Göttin nicht, auch wenn es offenbar Zeremonien gab, die fern von kleinen Kindern stattfanden, weil eine Lebensanfängerin manches noch nicht verkraftet, was gestandene Magierinnen in ihrem Umgang mit den Geistern und Ahninnen so tun. Separiert wurde nicht von oben nach unten, sondern nach Geschlecht. Auf diese Weise galten – anders als in der patriarchalen Familie – Kinder viel und Männer nichts. Letztere als „Oberhaupt" zu betrachten, war außerhalb der Vorstellungskraft. Es gab mit Sicherheit auch kein Wort dafür.

Weil so etwas wie Familie und Ehe überhaupt nicht existierte, waren Verbindungen sexueller Natur schon gar nicht an wirtschaftliche Abhängigkeit gekoppelt, und auch den Begriff „Liebe" sahen sie wohl wesentlich entkrampfter als wir. Aus der uterinen Verwandtschaft ergab sich die Sippe. Aus vielen Sippen setzte sich der Clan zusammen. Mehrere Clans ergaben einen Stamm. Sie wohnten matrilokal, d.h. die Kinder einer Mutter blieben lebenslang in ihrem Haus wohnen und legten auch die Verantwortung für ihr Schicksal in ihre Hand.

Wir, die wir nur patriarchal handelnde Mütter kennen, mögen vielleicht erschaudern bei dem Gedanken, die Macht über unser

Leben in die Hände unserer Mutter zu legen. Aber in den alten Zeiten war das ganz normal. Es waren ja auch die alten Mütter ganz anders, wie auch das Leben ihnen ganz andere Möglichkeiten bot als uns heute. Sie waren nicht abgeschnitten vom Zentrum des Lebens, sondern sie selbst bildeten das Zentrum. Sie arbeiteten und hatten Zeit für ihr Liebesleben, und niemals lag die Fürsorge für ihr Kind allein auf ihren Schultern. In der Gemeinschaft mit anderen Frauen blieb ein Kind nie ohne Aufsicht und Liebe. Da es keine Ehe gab, gab es auch keine unehelichen Kinder, auch ungewollte Kinder kannten die Matriarchate nicht.

Solange Frauen das Leben dominierten, hielt sich die Population in einer für die Erde erträglichen Balance. Die Menschen beherrschten die sogenannte biologische Dichteregelung, wie fast alle anderen Tierarten es bis auf den heutigen Tag können. Danach bleibt beispielsweise bei Nahrungsmangel oder in anderen Streßsituationen das sexuelle Interesse der Frauen aus, es werden für eine Weile keine Kinder geboren. Die Zahl der Geburten wurde immer gesteuert und kontrolliert, wie auch jede Frau souverän und selbstverständlich über ihren Körper verfügte und nur sich selbst gegenüber dafür verantwortlich war, ob und wem sie sexuell begegnen und ob sie gebären wollte oder nicht.

Es war wohl schon damals so: Nicht alle Frauen hatten oder wollten Kinder. Dies bedeutete jedoch nicht, daß eine Frau deshalb in düstere Stimmungen verfiel. Das Ausbleiben von Nachwuchs ist nur dann für Frauen ein Problem, wenn sie zuvor verinnerlicht haben, daß ihre Existenzberechtigung vom Gebärnachweis abhängt und eine Identität außerhalb der Rolle der Gebärerin nicht zu finden ist. Die angeblich natürliche Sehnsucht nach einem Baby konnte eine kinderlose Frau mit den Kleinen der anderen in der Sippe leicht stillen, denn die Kinder waren die Kinder aller Frauen. Zumindest fühlten sich alle Frauen für alle Kinder verantwortlich. Ähnlich wie meine Ziege Miezker hatten kinderlose Frauen eine wichtige Funktion für die Gruppe, und ihre Existenz war für Mütter und Kinder eine große Wohltat. Darüber hinaus hatten sie im Gegensatz zu den Müttern im Ernstfall beide Hände frei, um zu kämpfen. Dies nicht, um Unrecht zu tun, sondern um es zu vermeiden. Ihr Ansehen war daher groß. Erst mit Beginn der Patriarchate und den Strukturveränderungen, die damit einhergingen, wurden alle

Frauen in die Karriere als Gebärmaschine gezwungen, und es begann die ungehemmte und ungebremste Vermehrung des Menschen, die noch immer anhält.

Es ging bei der Sexualität sowieso nicht nur um die Fortpflanzung. Sie diente der Befriedung von Aggressionen und wurde als eine Quelle der Freude betrachtet. Eine Frau der Matriarchate nahm sich daher so viele Männer, wie sie wollte. Manche wollte keinen. Die sexuelle Liebe unter Frauen war allgemein verbreitet. In keinem Fall hing irgendwelches soziale Ansehen von den Kontakten zu den Männern ab. Der Begriff der Zugehörigkeit zu einem Mann war völlig unbekannt. Keine Frau schenkte einem Mann Kinder, denn diese gehörten ihr allein. Der Vater hatte nicht nur keinen Anspruch, sondern auch keinen Bezug zu seinen Kindern. Die männlichen Bezugspersonen waren die Brüder der Mutter, die auch im Hause der Stamm-Mutter verblieben.

Die Tatsache der Vaterschaft wurde von den Matriarchaten ignoriert. Dies bedeutete jedoch nicht, wie schon erwähnt, daß sie die Zusammenhänge zwischen Zeugung, Empfängnis und Geburt nicht kannten. Heutige noch matriarchal lebende Naturvölker kennen im Gegensatz zu uns zivilisierten Stadtneurotikerinnen viele natürliche Mittel, um Empfängnis zu verhüten und zu abortieren. Dies zeigt, daß ihnen die Verbindung von Sexualität und Empfängnis durchaus bekannt ist. Sie messen dem jedoch verständlicherweise im Gegensatz zu patriarchalen Gesellschaften nicht mehr Bedeutung bei, als es hat. Über die Existenz heute noch matriarchal organisierter Völker und die Art ihres Lebens wird im nächsten Kapitel ausführlicher die Rede sein. Hier soll uns dieser Gedanke zurück zu den Müttern führen und die Analogie der Plausibilität des matriarchalen Lebens in der Vergangenheit dienen.

Eine Frage, die uns im Zusammenhang mit der Möglichkeit heutigen frauenzentrischen Lebens beschäftigt, ist, was wir mit den Männern tun sollen, wenn wir sehen, daß die Anwesenheit eines Vaters nicht unbedingt essentiell ist.

In Gesellschaften der alten Zeit zogen die Söhne nach Erreichen der Mannbarkeit aus der Gruppe der Frauen aus und lebten in peripheren Männergruppen. Zu anderen Zeitpunkten zog der Mann für die Dauer einer sexuellen Verbindung mit einer Frau in ihr, respektive ihrer Mutter Haus. Aber er blieb dennoch dem Haus seiner Mutter zugehörig, wohin er auch zurückging, wenn die Beziehung beendet war. Letzterer war wahrscheinlich der, der sich vom Schicksal begünstigt sehen durfte, im Gegensatz zu seinen Geschlechtsgenossen, die ihr Leben in Männergruppen zubringen mußten. Wer einmal in einer heterosexuellen Männerwohngemeinschaft zu Besuch war, weiß sicher, wovon ich rede. Die, die ich kenne, sind ungefähr so heimelig wie eine öffentliche Herrentoilette in der Mitte einer Renovierungsphase.

Es gab keinen Privatbesitz, wie er für uns geläufig ist. Das Land, das bewirtschaftet wurde, gehörte allen. Das Haus aber gehörte immer der Mutter. Dennoch gab es so etwas wie einen Begriff für Besitz, denn das, was allen gehörte, gehörte gleichzeitig auch der Mutter, die es in weiblicher Linie an eine Tochter weitervererbte. In manchen Kulturen erbte die jüngste Tochter, in anderen die älteste. Darunter wurde verstanden, daß die freie Frau der alten Zeiten die Verantwortung trug für das, was allen gehörte. Sie war so etwas wie eine Leitziege. Ihre Führungsposition diente nicht der Sicherung ihrer Privilegien, sondern dank ihrer Entscheidungskraft oder -befugnis dem besseren Leben der Sippe. Ihre Kompetenz resultierte aus den Erfahrungen, die Jüngere noch nicht gemacht hatten.

Sie hatte keine Macht *über* die Sippe und kannte keine Befehlsgewalt. Das heißt, sie hätte also niemals die Möglichkeit gehabt, einem Teil ihrer Kinder etwas zu befehlen, was diese nicht gewollt hätten. Sie hätte aber auch niemals einen Anlaß dazu gesehen, wie auch ihre Kinder und alle Angehörigen der Sippe keinen Grund hatten, ihren Entscheidungen zu mißtrauen oder sich ihnen zu widersetzen, denn ihre Erfahrungen waren die Erfahrungen einer Frau, die sich auf dem Weg zu ihrer Vollendung befand. Führung bedeutete nicht, zu herrschen, sondern zu leiten. Der Unterschied liegt in der Fähigkeit zur Korrespondenz mit denen, die von den Entscheidungen betroffen sind, und in der Zielrichtung der Entscheidungen. Entscheidungen, die zur Folge hatten, daß alle Opfer bringen mußten, konnte es nicht geben.

Es gab daher kein geschriebenes Gesetz. Zum einen sind Gesetze nur da notwendig, wo es Verstöße gegen die Regeln gibt, und zum anderen verurteilt ein Gesetz die damit zu schützenden Regeln zur Starrheit. Weder konnten noch sollten Gesetze irgendwelche Kontrollfunktion haben. Wo eine Gesellschaft auf Konsens basiert, ist Kontrolle nicht sinnvoll. Wo Verstöße häufig vorkommen, weisen sie darauf hin, daß mit der Regel etwas nicht stimmen kann. Die rigide Durchsetzung eines Gesetzes würde die Sinnhaftigkeit einer Regel nicht erhöhen. Die Gerichtsbarkeit oblag der Frau und konnte niemals von einem Mann ausgeübt werden.

Wir sehen also die eklatanten Unterschiede zu den Vorstellungen des gescheiterten Sozialismus. Das Wirtschaftssystem einer matriarchalen Sippe war Subsistenz und damit dem sozialistischen System verwandt, d.h. sie produzierten die Güter, die sie benötigten, weitgehend selbst. Die Verteilung erfolgte nach Bedürftigkeit und dem Prinzip „Soviel wie nötig"; was nicht selbst hergestellt werden konnte, wurde im Tauschhandel erworben.

Die Verteilung nach Bedürftigkeit inkludierte ein selbstverständliches Versorgungssystem für die, die nicht arbeiten konnten, weil sie entweder schwanger oder alt waren. Der Begriff Fleiß war mit Bestimmtheit unbekannt. Die Notwendigkeit einer Arbeit ergab sich aus dem Sinn, den sie machte, und aus der Freude, die eine dabei hatte. Wenn wir die strotzende, prachtvolle Fülle der Malereien auf Kreta und Santorin sehen, aus denen hervorgeht, daß offenbar mit der gleichen Lust gearbeitet wie getanzt wurde, dann erhalten wir durch die Art der Malerei wie durch die abgebildeten Themen eine Ahnung davon, was mit dem Paradies gemeint war.

Wenn auch durch Untersuchungen bekannt ist, daß es Krankheiten schon vor zigtausenden Jahren im Paradies gab, ist unsere selbstverständliche Voraussetzung von Krankheit als Weg in den Tod doch eher die ungewöhnliche Ausnahme. Der Umgang mit dem Tod war weitaus unkomplizierter und das Sterben keine so große Sache wie in unseren Zeiten. Wenn wir eine ungefähre Vorstellung davon entwickeln wollen, wie in den matriarchalen Zeiten mit dem Tod umgegangen wurde, finden wir Anhaltspunkte dafür in der Art, wie buddhistische TibeterInnen heute noch damit umgehen. Sie konnten den Übergang in die unsichtbare Welt steuern, indem sie einfach aufhörten zu essen und zu trinken, wenn ihre Zeit gekommen war. Auch waren sie dazu durchaus bereit, denn nicht nur erwarteten sie sich ein interessantes Leben in der unsichtbaren Welt, sie konnten ja jederzeit wiedergeboren werden. Das Wissen, daß für einen Menschen die Zeit für den Übergang gekommen war, war nicht annähernd mit soviel Leid und Schmerz verbunden wie in unseren Zeiten, denn sie wußten von der Wiederkehr und der Verbundenheit aller Lebewesen als Eines. Der nicht mehr benötigte Körper wurde der Erde zurückgegeben, in anderen Kulturen wurde er verbrannt.

Sie hatten Kenntnis, daß alles, was existiert, beseelt und sich seiner selbst bewußt ist. Dieser Auffassung von Leben nähern sich am Ende unserer Zivilisation Physiker, die sich getrauen, bis in die Metaphysik weiterzudenken. Während Wissenschaftler mit derartigen Erkenntnissen heute für ungläubige Überraschung sorgen, war eine solche Ansicht in der Zeit der Frauen ganz selbstverständlich. Wir sind gewöhnt, diesen Umgang mit der Welt als „primitiven" Animismus anzusehen. Allerdings haben wir als TäterInnen in Vatis Fortschrittszoo keinerlei Anlaß zu gönnerhafter Geringschätzung, denn selbst wenn nicht wahr wäre, daß alles beseelt und bewußt ist, führt diese Annahme in jedem Fall doch zu einem gedeihlicheren Aufenthalt für Menschen und alles andere Leben auf Erden als der Technodogmatismus unserer Epoche der Aufklärung mit allen uns bestens bekannten Folgen.

Das matriarchale System war keineswegs nur die Organisationsform menschlichen Zusammenlebens in der Steinzeit. Wir verbinden damit Bilder wie die in den Höhlen von Altamira und Lascaux und halten diese vielleicht auch noch für primitiv. Nicht nur zeugen diese Bilder der Steinzeitfrauen von höchstem künstlerischem Können und sind daher Beweise für den hohen Grad an Bewußtheit der damaligen Menschen; frauendominierte Gesellschaften sind keineswegs auf die Zeit der Cromagnon-Frau, der Neandertalerin oder auf die Völker der Jungsteinzeit beschränkt. Zu den Zeiten, als die Frauen auf der britischen Insel Stonehenge bauten, war die Kultur der Frauen in Çatal Hüyük möglicherweise schon untergegangen. Aber die sagenhaften Amazonenreiche in Nordafrika existierten noch, und auch auf Kreta gab es diese bemerkenswerte Frauenkultur. Sowohl die nordafrikanischen Amazonen, die ich als die Erbauerinnen und Bewohnerinnen des religiösen Zentrums auf Malta ansehe, als auch die Frauen von Keftiu, wie Kreta von den Ägyptern genannt wurde, waren städtische Frauen. Von einem steinzeitlichen Höhlenleben, auch wenn dieses nicht annähernd so primitiv war, wie die allgemeine Vorstellung es will, waren sie ebenso weit entfernt wie wir.

Die Minoerinnen lebten in mehrstöckigen Häusern. Sie waren lange vor den Phöniziern ein Seefahrervolk, das seine zahlreichen Güter in alle Welt verkaufte, bis hinauf nach Großbritannien und Skandinavien. Sie trugen Stöckelschuhe und raffiniert geschnittene Kleider. Sie pflegten ihre Haare und Zähne. Sie waren Malerinnen, vor denen keine Wand sicher war. Ihre Häuser hatten Wasserleitungen und Abwassersystem. Sie produzierten Balsamöle für Ägyptens Mumien und Farben zum Malen, und wenn wir ihre Bilder anschauen, scheint es, als wäre ihr Leben ein ewig dauerndes Fest gewesen. Männer werden auf ihren Bildern selten und wenn, dann assistierend, arbeitend abgebildet. Es gab den Minos, ein Titel, den eine Art König tragen durfte.

Diesen Minos müssen wir uns wohl eher wie einen Frühstücksdirektor vorstellen. Sehr wichtig kann er nicht gewesen sein, denn es ist kein individueller Name eines Minos überliefert. Die Entscheidungen traf dem Frauenrecht gerecht werdend ein Priesterinnenkollegium von neun Frauen. Dennoch mußte der Minos sich nach 99 Monaten im Amt im hundertsten Monat in eine Erdhöhle begeben, um der Göttin in der Abgeschiedenheit Rechenschaft über sein Tun abzulegen.

Die Welt der minoischen Frauen zeigt uns, daß nicht nur Religion und die Künste in den Händen der Frauen lagen. Sie waren auch die Erbauerinnen der Häuser, sie stellten das Geschirr her, das benötigt wurde. Sie nähten die Kleidung. Und trotz allem hatten sie mehr Zeit zum Leben als wir heutigen Frauen, die das meiste, das sie zum Leben brauchen, fertig in Geschäften kaufen. Die Zeit nutzten sie zum Geschichtenerzählen. Die Geschichten dienten nicht der Unterhaltung, sondern der Weitergabe von Historie und dem Erlernen von Magie. Mit Magie ist in diesem Zusammenhang die Kunst gemeint, das Wesen der Dinge zu erfahren.

Abrakadabra ist eine Verballhornung von Frauensprache, der Rest eines echten Zauberspruchs. Daß Frauensprache sich von Männersprache unterscheidet, ist mittlerweile bekannt. Frauensprache war aber auch die erste, die ursprüngliche, die Muttersprache in des Wortes direkter Bedeutung. Was Herr Klaproth nicht wissen konnte, war, daß die Gemeinsamkeit einiger Ur-Wörter sich weltweit finden läßt. Am Anfang war das Wort, und es kam aus dem Mund der Ur-Mutter aller Völker.

Richard Fester weist in seinem Buch „Weib und Macht" auf die Ergebnisse der paläolinguistischen Wissenschaft hin, wonach Sprache nicht nur ein Protokoll der frühen Geschichte des Menschen ist, sondern auch in den Anfängen sich überall auf der Welt gleicht. Den Ursprung sieht er in der Kommunikation zwischen Mutter und Kind. Sämtliche Ur-Wörter sind mit der Frau und ihren Tätigkeiten verbunden.

Die Sprache diente als Mittel der Mitteilung dem differenzierten Lernen und beschleunigte die Entwicklung der uns bekannten Kulturen erheblich. In schweren Zeiten hatte sie auch den Zweck, in Geschichten, Liedern und Versen verpackt notwendiges Frauenwissen an der Kontrolle patriarchaler Eroberer vorbei zu erhalten. In der jüngsten, relativ nahen Historie ist die Macht des in Verse und Musik verpackten Wortes noch nachweisbar: In den finsteren Zeiten der Sklaverei in Amerika entstand die Gospelmusik. Viele Gospels waren keineswegs nur Ausdruck der großen Musikalität oder christlichen Hingabe der afrikastämmigen SklavInnen, sondern dienten versteckt im Text der Weitergabe von Fluchtmöglichkeiten, der Beschreibung von Fluchtwegen, enthielten Angaben, wohin sich eine AusbrecherIn wenden konnte, um sich zu verstecken oder Hilfe auf ihrem Weg in die Freiheit zu erlangen.

Wir hier in Westeuropa singen heutzutage mit unseren Kindern Verse wie „Dreimal mußt du rummarschieren, das viertemal den Kopf verlieren, das fünftemal komm mit, Frau Schmidt" und halten die Dame ob ihres gewöhnlichen Namens für harmlos. Aber wer weiß? Die Zeiten haben sich geändert. Früher hieß sie vielleicht Gaja, dann Habunde und Diana. Warum soll sie heutzutage nicht Schmidt heißen?

So hat sich einiges Wissen bis in unsere Zeit retten können. Seitdem uns die Augen geöffnet sind, entdecken wir plötzlich, daß es auch in der Gegenwart überall auf der Welt Völker und Gruppen gibt, die matriarchal organisiert sind. Das ist mehr als nur ein Beweis für die Unnatürlichkeit des Patriarchats. Matriarchal organisierte Frauen in Fleisch und Blut können uns helfen, aus der Beziehungszwanghaftigkeit auszusteigen, weil wir plötzlich natürlichen Alternativen begegnen.

4. KAPITEL

WO HEUTE NOCH DIE FREIEN FRAUEN LEBEN

Wenn ich mit dem Zug unterwegs bin zu Vorträgen, Lesungen oder Seminaren, bin ich immer erpicht darauf, möglichst allein zu bleiben. Ich benötige diese Zeit zur Sammlung und Konzentration. So war ich eigentlich gar nicht erfreut, als ich auf einer Reise von Graz nach Vorarlberg mein Schlafwagenabteil nicht für mich allein hatte. Die Frau, die gemeinsam mit mir durch die Nacht fuhr, war genauso schwarz gekleidet wie ich. Wir fanden das beide eine Bemerkung wert. Dadurch siegte meine Neugierde über mein Bedürfnis nach Rückzug. „Ich arbeite", so erzählte sie, „als Bibliothekarin bei den Tibetern in Zürich." Mit den Tibetern waren die gemeint, die vor langen Jahren mitsamt dem Dalai Lama aus ihrem Land vor den chinesischen Eroberern geflüchtet und seitdem in der Schweiz ansässig waren, eine Gruppe Menschen von beträchtlicher Anzahl.

Sie hatten nicht nur ihre Religion, den Buddhismus, mitgebracht, sondern auch ihre Lebensweise, die so matriarchal ist wie nur bei wenigen anderen Völkern der Gegenwart noch. Natürlich finden sich bei den Tibetern, ob hier in Europa oder in ihrem Heimatland, keine rein matriarchalen Strukturen mehr. Der Buddhismus ist eine patriarchale Religion, auch wenn sie keinen Herrgott anerkennt, und hat klare frauenphobe, frauenfeindliche Züge aufzuweisen. Trotzdem hat sich bei den TibeterInnen offenbar noch bemerkenswerte Frauenlebensart erhalten.

„Schweizer Männer, die eine Tibeterin geheiratet haben, haben es schwer", berichtete meine Gesprächspartnerin. „Diese Frauen sind so selbstverständlich selbstbewußt und so daran gewöhnt, die Führung zu haben, daß ein durchschnittlicher mitteleuropäischer Mann damit nicht zurechtkommt." Das fand ich hochinteressant.

Von meiner Reise zurückgekehrt, begann ich, Informationen über das Leben der Tibeterinnen zu suchen. Ich stieß vor allem bei Heide Göttner-Abendroth auf viele wesentliche Fakten. Tibeter-Innen ist die monogame 1:1-Ehe und damit der Begriff der Familie unbekannt. Statt dessen gibt es viele verschiedene Formen der Eheschließung, die alle auf die ursprüngliche Gruppenehe zurück-gehen, eine alte, zu den matriarchalen Formen gehörende Verbin-dung. Am verbreitetsten ist die polyandrische Ehe, bei der eine Frau alle Brüder einer anderen Sippe heiratet. Da TibeterInnen nicht viele Kinder haben, finden sich häufig Verbindungen zweier Brüder, die eine Frau haben. Die Frau erhält das gesamte Erbe und Einkommen der Brüder als Treuhänderin, und nur sie allein ent-scheidet, wie damit verfahren wird.

Nach Göttner-Abendroth wird die Frau von ihren Gatten re-spektiert und verehrt. Ihr Rat ist bei Unternehmungen der Männer unverzichtbar. Wenn sie sich nicht genügend versorgt findet, steht es ihr frei, sich noch andere Gatten zu suchen. Wenn dagegen einer der Brüder sich eine andere Frau sucht, muß er den Haushalt verlassen, seinen Besitz kann er nicht mitnehmen. Jüngere, mitge-heiratete Brüder werden häufig in den zahlreichen buddhistischen Klöstern untergebracht. Diese Klöster scheinen mir sowieso Tibets Antwort auf die Frage „Wohin mit den Männern?" zu sein. Schon immer schien der Buddhismus mir die einzige Männerreligion zu sein, die es noch am ehesten schafft, menschliche Qualitäten in Männern zu entwickeln. Stirbt ein älterer Bruder-Gatte, muß der jüngere, der im Kloster lebt, in die Sippe zurückkehren und an die Stelle des toten Bruders treten. Männern wie Frauen steht es frei, außerhalb der Ehe weitere sexuelle Kontakte zu pflegen. Solche Ereignisse ziehen offenbar kein eifersüchtiges Getöse nach sich wie bei uns. Es scheint aber auch nicht eine so verschwitzte, sab-bernde Fixierung auf die mit dem Begriff Sexualität bezeichneten Paarungsrituale zu geben wie bei uns.

Es gibt keine patrilinearen Familiennamen. Die Kinder werden nach der Mutter genannt. Die Feststellung der Vaterschaft ist völlig unwesentlich. Das erscheint mir angesichts der Beziehungsvarian-ten und Verbindungsvielfalt auch unmöglich und vor allem sinnlos. Die tibetische Form der Ehe ist eine der matriarchalen Formen, die für die bereits erwähnte biologische Dichteregelung sorgen. Sie beschränkt automatisch die Zahl der Kinder und verhindert die Teilung von Land und Herden. Tibet ist eines der glücklichen Länder, das eine konstante Populationsdichte kennt – eigentlich sollte ich besser von Populationsdünne sprechen –, ganz im Gegensatz zur patriarchalen Besatzungsmacht China, das trotz erzwungener Ein-Kind-Ehe unter seiner fortgesetzten Bevölkerungsexplosion leidet. Die tibetische Lebensart beweist außerdem, daß die Kenntnis über die Rolle der Spermie bei der Fortpflanzung nicht zum männlichen Bedürfnis nach Vaterschaft führt und daher tatsächlich bei dem Entstehen der Patriarchate in den vergangenen Zeiten keine Rolle gespielt hat. Das ist sehr wesentlich, denn es befreit uns Frauen davon, uns auch heute noch dem Samenspender verpflichtet zu fühlen. Ich erinnere mich da an eine öffentliche Debatte in den späten siebziger Jahren in Deutschland um die Klage eines Mannes, der vor Gericht erreichen wollte, daß die Frau, die er geschwängert hatte, ihre Schwangerschaft nicht abbrach. Er habe das gleiche Recht der Entscheidung wie die Mutter, da er der Vater sei, war sein Argument.

Um ihrem Sohn gegenüber der Vaterschaft im Vergleich zur Mutterschaft die ihr gebührende Bedeutung zuzuweisen, benutzte eine Frau, die ich kenne, folgendes Beispiel. Sie sagte, das sei ungefähr so, als wenn ein Mann, der ein Haus betritt und den Lichtschalter betätigt, sich einbildet, er habe das Haus erleuchtet. Ich habe dieses Beispiel oft benutzt, wenn ich vor Frauen spreche. Bei den meisten Frauen führt es nicht zu einem selbstbewußten Lachen, sondern zu leiser Erschrecktheit, als hätte ich einen blasphemischen Witz gemacht. Kaum eine traut sich zuzugeben, wie unwichtig die Spermie ist.

Und damit noch nicht genug. Unsere Ansicht, daß Kinder einen Vater als Bezugsperson benötigen, um seelisch gesunde Erwachsene zu werden, erweist sich als alberner Trugschluß. Die „vaterlose Gesellschaft" der westlichen Patriarchate leidet nicht an zuwenig, sondern ganz im Gegenteil an viel zuviel Vater. Wir brauchen nicht noch mehr davon, sondern gar keinen. Was Kinder statt dessen für eine glückliche Kindheit brauchen, sind stabile Verhältnisse, und die kann ihnen im Grunde nur eine starke Frau und ihr Umfeld bieten, wie wir bei den Tibeterinnen sehen. Eine in die emotionalen Widrigkeiten einer Ehe verwickelte, wirtschaftlich abhängige, durch diese Lebensform von anderen Frauen isolierte Frau kann das nicht.

Auch wenn die tibetische Eheform der Frau große Freiheit, Selbständigkeit, Entscheidungskraft und ein unerschüttertes Selbst ermöglicht, scheint es mir nicht gerade nachahmenswert, gleich mehrere Männer heiraten zu müssen. Mir wäre ja einer schon zuviel, selbst wenn ich berücksichtige, daß ein tibetischer Ehemann möglicherweise keine so nichtsnutzige Last wie der mitteleuropäische ist. Allerdings heiratet die tibetische Frau zwar mehrere Männer, aber sie definiert sich nicht durch ihre Beziehung zu Männern. Und dies ist der entscheidende Unterschied zu uns westlichen patriarchal gesteuerten Frauen. Sie ist der Mittelpunkt ihres Lebens und damit nicht nur als Halterin des Hauses erkennbar, sondern in allen wirtschaftlichen und gesellschaftlichen Bereichen in großer Bewegungsfreiheit und Unabhängigkeit tätig. Sie arbeitet auf den Feldern, sie jagt und trägt schwere Lasten, denn ihre körperliche Kraft ist häufig größer als die der Männer.

Letzteres nun erscheint mir von allem, was ich über die Tibeterinnen in Erfahrung bringen konnte, von beinahe der größten Bedeutung, wenn ich daran denke, wie und auf welche Weise wir Auswege aus dem Patriarchat finden können. Frauen lernen ja nicht aus Zufall die falschen Dinge, um im Leben eben nicht zurechtkommen zu können. Eine körperlich starke Frau läßt sich nicht nur nicht mehr so einfach prügeln oder vergewaltigen; sie führt außerdem die körperliche Überlegenheit des Mannes als letzten Beweis seiner überlegenen Position ad absurdum.

Ich hatte in den letzten Jahren immer wieder Gelegenheit, meine Erfahrungen damit zu machen, daß das, was ein Mann in den Armen hat, ihm genauso wichtig ist wie das, was er zwischen den Beinen hat. Sein Bizeps ist und bleibt offenbar die letzte Basis seines Selbstbewußtseins, das er sich knapp, aber doch zu erhalten versucht.

Wann immer ein Mann meine patriarchatsfreie Zone betritt, bereitet ihm offenbar vor allem Kopfzerbrechen, daß er hier nicht als körperlich stärker und handwerklich versierter angesehen wird, wie er es von anderswo gewöhnt ist, sobald er sich unter Frauen befindet. Und er reagiert in der Regel beleidigt wie ein Provinzschauspieler in der Großstadt, den niemand auf der Straße erkennt.

Männliche Versuche, mich dennoch von ihrer diesbezüglichen Überlegenheit überzeugen zu wollen, enden stets im Desaster. Das ist zwar im Moment ein wenig öde in der Zuverlässigkeit des voraussagbaren Ergebnisses, hat aber doch später in den langen Winternächten einen gewissen Unterhaltungswert, wenn wir uns daran erinnern, wie beispielsweise einer die tiefen Spurrillen unseres Waldweges auf bemerkenswerten 500 Metern in fünftägiger Arbeit zu je acht Stunden gegen unseren Willen, aber fleißig plattgeschaufelt hat. Zugegeben, es sah richtig ordentlich und gepflegt aus. Er reiste ab in dem erhebenden Gefühl, uns eine Menge Arbeit erspart zu haben, die wir uns selbst allerdings sowieso nicht gemacht hätten. Ein unersetzlicher Mann. Einen Tag später gab es heftige Regenfälle, und noch einen Tag später sauste unser bedauernswerter Briefträger in der Schlammhölle des plattgemachten Wegs ohne den schienenartigen Schutz der Spurrillen mit seinem Geländewagen den Berg hinunter und ist nur deshalb noch am Leben, weil ein paar mitleidige Bäume ihn aufgehalten haben. Wir haben ihn dann mit zwei Traktoren heraufziehen müssen.

Es gibt inzwischen nichts, was wir nicht können, vom Betonmischen bis zum Aufstellen eines Dachstuhls. Wir graben schneller, ausdauernder und genauer als ein Mann, wir schleppen Lasten wie er, wir ziehen Zäune, hämmern, bauen, reparieren. Und das alles in Hanglage. Ich erinnere mich an die Jahre, als der Hof, der anfänglich nur aus einem Haufen baufälliger Bruchbuden bestand, saniert wurde. Die ewig schmerzenden Muskeln, die geschundenen Knochen habe ich nicht vergessen. Aber ich habe viel gelernt. Vor allem eins: Meine rückeroberte körperliche Kraft hat etwas mit Freiheit zu tun. Auch sie ist ein Weg aus den Abhängigkeiten. Daher erscheint mir die körperlich überlegene Tibeterin, von der berichtet wird, sie habe die Angewohnheit, sich auf unwegsamem Gelände einen Mann auf die Schultern zu laden, um ihn über einen Fluß zu tragen, ein hilfreiches Vorbild.

Nicht daß ich das Tragen von Männern für eine sinnvolle Beschäftigung für Frauen halte. Da haben wir Besseres zu tun. Unsere Herren sollen nur schön selber klettern. So war die Frauenbewegung ja nun auch wieder nicht gemeint. Aber die körperlich starken Tibeterinnen bleiben uns ein Vorbild, und sie können uns noch mehr zeigen.

In den alten Zeiten regelte in Tibet eine Art Frauenrat den gesamten Handel. Und noch bis vor kurzem hatten die Frauen den gesamten Gütertransport zu den Märkten und den Verkauf in der Hand. Die chinesischen Besatzer, die nur unterwürfige, gehorsame Frauen akzeptieren und in der Durchsetzung ihrer Vorstellungen ja durchaus nicht zimperlich sind, sind wahrscheinlich der Grund, daß die Tibeterinnen sich seit einigen Jahren immer mehr aus diesem Bereich zurückgezogen haben. Das Patriarchat hat sich immer gewaltsam etabliert und war noch nie und nirgendwo Ergebnis einer friedlichen Evolution, wie wir jetzt in Tibet sehen können.

An einem anderen Ort dieser Erde, im Süden Mexikos, gibt es eine Stadt namens Juchitán, in der die Frauen in wirtschaftlicher Hinsicht den Tibeterinnen kaum nachstehen. Wenn es auch umstritten ist, ob es sich in Juchitán um wirklich matriarchale Verhältnisse handelt, wie sie Veronika Bennholdt-Thomsen in ihrem Buch „Juchitán – Stadt der Frauen" deutet, ist die ökonomische Situation der Frauen dort doch unvergleichlich stark und ganz offensichtlich noch als ein Rest aus matriarchaler Vergangenheit erhalten.

Nicht der Mann verdient und verwaltet das Geld, sondern die Frau. Juchitekische Frauen sind ganz selbstverständlich berufstätig, vor allem als Selbständige. Sie sind Tortillabäckerin, Heilerin, Betreiberin einer Taverne, Schneiderin, Stickerin, Bäuerin, Marktfrau, sie räuchern Fisch und trocknen Garnelen. Sie verkaufen, was sie herstellen. Der Handel ist in ihrer Hand. Ihr Bestreben ist es, ein Haus zu bauen. Dieses gehört in erster Linie der Frau. Es ist Zentrum des Lebens, in dem sie mit ihren Kindern lebt, der Ort, an dem sie arbeitet und Geld verdient und sich das gesamte soziale Leben abspielt.

Auffallend ist, daß die Stadt Juchitán und ihre Umgebung vergleichsweise wohlhabend ist und keine Armen kennt, die hungern, während die Region, in der die Stadt liegt, zu den ärmsten Mexikos zählt.

Die Händlerinnennatur der Juchitekinnen und Tibeterinnen und aller freien Marktfrauen des afrikanischen Kontinents bedeutet viel für uns, die wir Vatis Fortschrittszoo zu verlassen wünschen und dies auf richtige Weise tun wollen. Im Gegensatz zur westlichen Unternehmerin, die einfach bloß in Vatis Fußstapfen getreten ist und ihm Terrain abtrotzt, haben uns die im matriarchalen Sinn selbständigen, wirtschaftlich unabhängigen Frauen viel zu zeigen. Während besagte Unternehmerin die Gesetze von Vatis Gewinnmaximierung anerkennen muß und eigentlich nur die buntgekleidete Variante im „Global Club of Ausbeutung" darstellt, garantiert die wirtschaftliche Selbständigkeit der matriarchal lebenden Frau ihre Unabhängigkeit vom Mann. Damit hat er auf einem weiteren Gebiet keine Bedeutung für die weibliche Existenz.

Auch die Hopi, die seit mehr als zehntausend Jahren auf dem Tafelgebirge im Nordosten Arizonas leben, weisen noch weitgehend matriarchale Strukturen auf. Sie haben ein matrilineares Verwandtschaftssystem, d.h. sie benennen sich nach der Mutter und vererben in weiblicher Linie. Sie sind außerdem matrilokal, d.h. die Frauen besitzen die Häuser. Das Haus der Mutter ist Sitz der Sippe. Soziale Verantwortung, nicht Privilegien werden betont. Die älteste Frau ist als Clanmutter verantwortlich für den Haushalt, die erwirtschafteten Überschüsse und Problemlösungen. Zudem befinden sich geheiligte Gegenstände des Clans in ihrer Obhut. Ihr Bruder, nicht ihr Mann, ist als Zeremonienmeister für die meisten religiösen Zeremonien verantwortlich. Hauseinrichtung, Ernten, Lagerhäuser und Saatgut gehören den Frauen. Tiere und Obstbäume sind Besitz der Männer. Das gemeinsame Land und die Quellen werden den einzelnen Haushalten von der Clanmutter zugeteilt.

Elaine Hofmann Baruch und Ruby Rohrlich schildern in „Weder Arkadien noch Metropolis", daß Frauen bei den Hopi nicht verheiratet sein müssen, um wirtschaftlich abgesichert zu sein oder ein Kind aufzuziehen. Im allgemeinen empfindet die Hopi-Frau ihren Mann als relativ unwichtig für ihr Leben. Auf die emotionale Abhängigkeit weißer Frauen von ihren Männern sieht sie herab. Die Scheidungsrate ist sehr hoch, beinahe 50 Prozent. Wiederverheiratung ist leicht möglich, und dennoch gibt es nichts Vergleichbares wie die soziale Zerrüttung nach der Scheidung bei uns. Die Beständigkeit des sozialen Lebens wird durch den Clan abgesichert. Ein in Ungnade gefallener Mann wird mit seiner Habe einfach vor die Tür gesetzt und geht zu seiner Mutter zurück. Sein Abgang hat keine größeren sozialen, wirtschaftlichen oder emotionalen Folgen. Eine Frau kann nicht in Ungnade fallen.

Vor allem produziert die Trennung eines Paares keine „Scheidungswaisen". Die Erziehung der Kinder sieht ebenfalls ganz anders aus als in unserer patriarchalen Welt. Die Kinder werden dazu angehalten, nicht zu konkurrieren. Die Gemeinschaft wird höher bewertet als der individuelle Erfolg. Sie werden als außergewöhnlich kreativ und intelligent beschrieben.

Das Wort *Hopi* bedeutet „friedfertiges Volk". Darunter verstehen sie die Achtsamkeit im Umgang miteinander und mit allen anderen Lebewesen. Diese Friedfertigkeit wird vor allem von Männern erwartet. Hopi erachten Frauen als natürlich aggressiv. Natürlich deshalb, weil eine Mutter ihre Kinder beschützen können muß. Aggression innerhalb der Gemeinschaft wird bedauert. Wenn Männer körperlich miteinander kämpfen, ist das noch für lange Zeit Gesprächsstoff. Auch Kämpfe unter Frauen gibt es, meist durch einen eifersüchtigen Mann angestachelt. Die Kampf- und Streitlust von Frauen wird als weniger negativ angesehen als bei den Männern.

Diese Sicht der Geschlechter hat auf den Umgang mit Kindern, je nachdem ob es sich um Mädchen oder Buben handelt, großen Einfluß. Mädchen werden bevorzugt, denn sie bleiben im Bereich der Mutter, während Buben in andere Haushalte überwechseln. Während sich das Erziehungsverhalten in den ersten Jahren des Kindes durch große Milde auszeichnet und vor allem darin zu bestehen scheint, die Kinder im Auge zu behalten, werden bei den größeren Kindern Buben strenger bestraft als Mädchen. Diesen wird vieles nachgesehen, denn sie sind es, die als Erwachsene die Maiswaffeln backen und allen zu essen geben, wie es heißt.

Diese drei Beispiele matriarchaler Strukturen in heutiger Zeit sind beileibe nicht die einzigen, die existieren. Die in dieser Hinsicht beispiellos fleißige Heide Göttner-Abendroth hat viel mehr Material über heutige Matriarchate gesammelt. Sie fand Matriarchate bei den Bergvölkern Chinas. Sie berichtet von den Schamaninnen in Korea. Sie verweist auf die Ainu in Nordjapan. Sie erinnert an die Matriarchate in Melanesien und den Kulturen des Pazifischen Ozeans. Und selbst Göttner-Abendroth führt nicht alle auf, die es gibt. Die Frauen der Tuareg haben eine Stellung in ihrer Gesellschaft, die sie als Nachfahrinnen der legendären nordafrikanischen Amazonenkönigin Medusa in Frage kommen läßt. Angola hat seinen Namen von der legendären Königin N'Gola, die sich kämpfend den portugiesischen Eroberern in den Weg stellte.

Afrika kannte viele große Königinnenreiche, die durch die Kolonisierung der weißen Europäer so sehr zerstört wurden, daß ihre matriarchalen Strukturen sich nicht erhielten. Dennoch finden wir bei vielen afrikanischen Völkern immer noch Frauen in starken Positionen, wobei vor allem der Handel die weibliche Domäne geblieben ist. Außerdem will ich als Beispiel afrikanischer matriarchaler Gesellschaften an die Yoruba und ihre starke Religion erinnern. Von ihnen stammt der beinahe ausschließlich von Frauen praktizierte Kult des Candomblé in Brasilien, den offenbar zu den Yoruba gehörende SklavInnen auf dem neuen Kontinent entstehen ließen.

Die Bedeutung, die heute noch matriarchal organisierte Gesellschaften für uns Sucherinnen haben, ist groß. Es geht nicht allein darum, daß diese Völker und die Art, wie sie leben, beweisen, daß es auch in der Vergangenheit Matriarchate gegeben haben muß. Auch wenn mit ihrer Existenz die Unausweichlichkeit einer patriarchalen Struktur nicht mehr so gedankenlos vorausgesetzt werden kann, haben wir auch mit diesem Gedanken noch nicht den wesentlichen Punkt erwischt. Es geht um viel mehr.

Es geht vor allem darum, daß unser Bild von Weiblichkeit von dort die notwendigen Ergänzungen und Bereicherungen erfährt, und zwar ohne jede Diskussion leib- und wahrhaftig. Das ganze Gedröhne der Gender-Diskussion können wir uns sparen, denn die läuft darauf hinaus, daß eine Sorte der vom Patriarchat verstümmelten Frauen mit einer anderen Sorte beschädigter Frauen darum streitet, wer von ihnen die wahren Frauen sind. Wir finden in diesen heutigen matriarchalen Gesellschaften viele Rollenvorbilder und eine reichhaltige Anzahl an Handlungsmöglichkeiten, wie wir sie innerhalb unserer eigenen patriarchalen Strukturen nicht kennen und daher nur mit Schwierigkeiten aus unserer Beschädigung heraus selbst entwickeln können.

Es geht zuerst einmal also nicht so sehr um die Formen und Strukturen, die sich eine neue matriarchale Lebensweise geben muß. Es geht um die Frage: Wie soll, kann und will eine Frau sein, damit sie frei und selbstbestimmt leben kann, ohne alle Abhängigkeiten, die ihr das Leben stehlen und sie mit künstlichem Ersatz abspeisen? Erst die zweite Frage lautet: Welche Bedingungen muß eine solche Frau vorfinden, um frei und selbstbestimmt zu bleiben, und wie kann sie diese Bedingungen schaffen, falls sie nicht vorhanden sind? (Was sie nicht sind, wie wir wissen.) Der Inhalt ist immer wichtiger als die Form und bestimmt diese in jedem Fall. Umgekehrt funktioniert es nicht. Die Form kann den Inhalt nicht bestimmen. Anders gesagt: Nicht die Strukturen einer Gesellschaft bringen eine bestimmte Sorte Menschen hervor, sondern umgekehrt, die Menschen machen die gesellschaftlichen Strukturen.

Die körperliche Überlegenheit der Tibeterinnen hebt die Determinierung der schwachen, muskellosen Dame auf, die immer irgendeinen starken Buben mit den schweren Arbeiten beauftragen muß. Es leuchtet ein, daß das Ausweichen auf die Dienste einer starken Bubin zu den gleichen Ergebnissen führt. Hier liegt die Lösung nicht.

Wir sehen, daß wir ohne die Arbeit an der eigenen Veränderung dazu neigen, immer wieder die gleichen Strukturen zu schaffen. In unserem Fall führt das dazu, daß wir in Frauenkreisen patriarchales Sein imitieren, nur daß die bisher von Männern besetzten Plätze von Frauen ausgefüllt sind. Das schafft zwar mehr Beschäftigung für Frauen, aber es ändert nichts an der Hierarchie, die ein wesentliches Hindernis auf dem Weg in die Freiheit ist.

Die Hopi zeigen uns, daß Aggression bei Frauen etwas Natürliches ist. Das empfinde ich als große Erleichterung. Wenn ich daran denke, wie oft in meinem Leben mir geraten wurde, mir meine Streitbarkeit wegtherapieren zu lassen, weil diese als krankhaft und vor allem unweiblich angesehen wurde, dann erfüllt mich das Wissen über die streitbaren Hopi-Frauen mit großer Genugtuung. Xanthippe ist endlich als Vollweib rehabilitiert. Das ist ein Gefühl, als hätte ich plötzlich entdeckt, daß ich als Adlerin versehentlich mein ganzes Leben in einem Hühnerstall unter Hühnern verbracht habe. Dies um so mehr, als die Hopi ja als friedfertiges Volk berühmt sind und trotz der Bejahung weiblicher Aggressivität ihre Kriminalitäts- und Gewaltrate bei Null liegt.

Die Hopi beweisen mit ihrem ganz realen Leben mehr als alle Argumente und theoretische feministische Philosophie, daß ein Leben in den Händen der Frauen und die Anerkennung einer aktiven, führungsfähigen und streitbaren Weiblichkeit zu Liebe und Achtung führt und nicht einfach bloß zu einer Umkehrung der Rollen und daher gleichen Destruktionen wie in der männerdominierten Welt. Margaret Thatcher ist endlich als eine monströse Erscheinung der Männerwelt entlarvt, und die große Zahl der über die eigene Zornesfähigkeit wütenden, erschrockenen und beschämten Frauen kann aufhören, sich über sich Sorgen zu machen, und zu ihrer vollen Weiblichkeit zurückfinden.

Ein weiteres, besonders kostbares Geschenk machen uns die amerikanischen Hopi-Frauen wie die Tibeterinnen: Sie zeigen, daß es ein Leben außerhalb der emotionalen Abhängigkeit von einem Mann gibt. Ihre Art zu leben beweist, daß das Weltbild der durchschnittlichen Mitteleuropäerin, wonach sie die unvollkommene Hälfte eines Ganzen ist und daher danach trachten muß, eine entsprechende männliche Ergänzung zu suchen, ein unnatürliches Wahngebilde ist. Yin und Yang hat sich endgültig erledigt. Diesem Diktat, eine emotional bedürftige Hälfte zu bilden, die durch einen Mann ergänzt werden muß, um glücklich leben zu können, kann sich ja kaum ein Mädchen entziehen, das in unseren Kulturkreisen heranwächst. Bis sie als halbwegs erwachsene Frau fähig ist, ihren Verstand zu gebrauchen, ist dieser ihr schon verklebt. Obwohl sie sich ein Leben in wirtschaftlicher Unabhängigkeit bieten kann und weiß, daß es ihr in den Zeiten ohne einen Mann seelisch besser geht, folgt sie wie ferngesteuert noch immer der Maxime des 19. Jahrhunderts, die da lautete: *Ohne Mann kein Leben.* Und zahlt dafür manch hohen Preis. Er lautet in jedem Fall: Preisgabe.

Die Frauen der heutigen Matriarchate beweisen uns, daß ein Leben außerhalb dieser auf nichts begründeten emotionalen Abhängigkeit reicher und voller ist, als sich je eine patriarchal hypnotisierte Frau vorstellen kann, solange ihr die Augen noch nicht geöffnet sind.

Die Frauen von Juchitán wiederum bieten uns Erfahrungen der Selbständigkeit im wirtschaftlichen Bereich an. Die vermeintliche Ausweglosigkeit in einer Welt, in der das Patriarchat und seine Alpha-Männchen das Machtmonopol auf Geld und Arbeit und damit auf das Überleben aller einzelnen Menschen haben, ist damit aufhebbar geworden. Wir leben ja in der Erfahrung, daß wir uns entweder auf dieses System einlassen müssen, indem wir uns einen Job suchen oder einen heiraten, der einen Job hat, und kostenlos für diesen Vertragspartner arbeiten – oder im existentiellen Aus landen.

In ihrem Buch „Auswärts Reisen" erzählt Mary Daly von ihren existentiellen Kämpfen mit dem Boston College, das ihr Anerkennung und Geld zu verweigern suchte. „Der Plan, mich so arm wie möglich zu halten, der in den frühen achtziger Jahren erkennbar geworden war, war offensichtlicher denn je." Dalys Erkenntnis galt nicht nur ihrem persönlichen Schicksal. Dieser Plan entspringt nicht allein der bösen Absicht des Boston College, Mary Daly zu schaden. Er ist weltweit gegen alle Frauen wirksam.

Seit dem Frauengenozid, seit den Jahrhunderten der Hexenverfolgung also, wird der Plan, Frauen so arm wie möglich zu halten, erfolgreich verfolgt und erfüllt. Bis dahin hatten die Frauen in Westeuropa ähnliche wirtschaftliche Freiheit wie die Frauen von Juchitán. Seither werden alle Möglichkeiten, Geld zu verdienen, zu essen zu haben, Kleidung und ein Dach über dem Kopf, auch bei uns von Männern kontrolliert. Wirtschaftliche Armut ist das Mittel, mit dem die Kraft der Frauen gebrochen, ihre Macht verhindert wird. Auch in diesem Sinn darf das Abendland eine multinationale kriminelle Vereinigung genannt werden. Alle wirtschaftlichen Kontrollinstanzen liegen in den Händen der Männer.

Wie groß damit die Macht über alles Leben ist, ist den meisten Menschen, vor allem aber den meisten Frauen während ihres ganzen Lebens überhaupt nicht klar. Und den wenigsten ist bewußt, daß an dieser Macht alle Männer interessiert sind, auch der eigene. Zweiflerinnen mögen sich ins Bewußtsein rufen, daß auch fortschrittliche Männer mit Depressionen und Impotenz reagieren, wenn ihre Frauen mehr verdienen als sie selbst (professionelle Zuhälter ausgenommen). Daher sind heute wirtschaftlich unabhängige, selbständige Frauen, deren wirtschaftliche Unabhängigkeit etwas mit unseren matriarchalen Wurzeln zu tun hat, eine große Hilfe. Bei genauerer Untersuchung, wie diese Frauenwirtschaft funktioniert, wird sich die Hilfe in viele verschiedene Handlungsmöglichkeiten auffächern.

Mit diesen Erkenntnissen bereichert, kehren wir von unserer Expedition zu den versunkenen und den noch existierenden Frauenreichen zurück. Am Anfang stand die Frage, ob Frauen die besseren Menschen sind. Auf der Suche nach einem Konzept, das auf der Idee von der Gleichheit aller Menschen beruht, auf der Heiligkeit des Lebens und dem Recht aller Lebewesen auf ihren

Anteil an den Früchten der Natur, haben wir bei den Frauen und nur bei ihnen Antworten gefunden.

Wenn es hier um Matriarchate gegangen ist und wiederholt vom Mutterrecht die Rede war, müssen wir dabei bedenken, daß das nicht mit der patriarchalen Mutter in Verbindung gebracht werden kann. Das ursprüngliche Mutterrecht ist Frauenrecht. Mutterschaft ist dabei nur ein Teil der weiblichen Kraft und Identität. Die Kraft der Amazone und die Kraft der weisen Alten sind zu gleichen Teilen wirksam. Ich halte den Begriff Matriarchat deshalb für annehmbar, weil sich darin ausdrückt, daß wir von der Mutter abstammen.

Überall, wo Frauenrecht galt und gilt, zeigt sich ein vollkommen anderes Bild der Mutter, als wir es kennen. Wir fanden statt aufopfernder Fürsorglichkeit für andere die Kraft schöpferischer Potenz, statt rezeptiver Passivität die Kraft, gedeihen zu lassen, statt Häkeldeckchen-Betulichkeit den stolzen Besitz des Hauses, statt unterdrückerischer Macht natürliche Autorität und statt Unterwürfigkeit gesunde Kampfkraft. Die vorgriechische Göttin der Geburt hieß Eilythia. Dieses Wort bedeutet auch heute noch in der neugriechischen Sprache *Wahrheit*.

Die Wahrheit ist, daß die Menschheit der Frau alles zu verdanken hat, was sie menschlich gemacht hat. Die Kräfte, die die Welt im Innersten zusammenhalten, sind weiblich. Aus dieser Tatsache wollen wir einen Anspruch ableiten, der weit über die Forderungen nach Gleichstellung und Anerkennung hinausgeht. Er geht dahin, daß die ganze Welt uns gehört, nicht die Hälfte des Himmels und nicht irgendein Anteil, *sondern alles*. Ich will, daß weibliche Bedingungen gelten. Der weibliche Maßstab soll es sein und kein anderer. Und bei diesem Anspruch geht es wiederum auch um mehr als nur um das Bekenntnis. Da es offensichtlich ist, daß das Patriarchat sich unseren Bedingungen nicht ergibt, müssen wir uns anders durchsetzen. Weil wir nicht abwarten wollen, bis wir von den Wellen des Zusammenbruchs erfaßt werden, haben wir keine Zeit mehr zu verlieren und müssen jetzt handeln. Es geht also darum, ganz konkret, heute, jetzt in eine Welt abzureisen, die außerhalb des Patriarchats liegt und in der nur die Gesetze der Frauen gelten. Welches die Gesetze der Frauen sind, haben wir auf unserer Expedition erfahren. Der Aufbruch ist ein machtvoller Akt.

Wohin wir aufbrechen, werden wir im weiteren Verlauf dieses Buchs erfahren.

Wenn wir nun abreisen, loslassen, fallenlassen, was uns behindert, muß es mit ganzem Herzen geschehen. Da soll keine Bitterkeit sein, und auch alle Bedenken, ob es nicht an uns gelegen hat, daß wir sie nicht überzeugen konnten, sollten zerstreut sein. Mann kann uns nicht nachsagen, daß wir keine Geduld gehabt hätten. Mann kann uns nicht nachsagen, daß wir uns nicht bemüht hätten, im Hintergrund zu bleiben. Die Männer haben ihre Chance gehabt. Immerhin ein paar tausend Jahre lang. Was am Ende bestenfalls dabei herausgekommen ist, faßt eine Geschichte zusammen, die justament in Graz passiert ist. Sie bringt es auf den Punkt, ohne daß ich noch einmal Vatis gesamten Fortschrittszoo vorführen muß.

Da haben drei Schwerverbrecher, ein palästinensischer Terrorist und zwei Österreicher, der eine ein Mörder und Zuhälter, der andere ein Raubmörder, in der Gefängniskantine zwei dort tätige Frauen als Geiseln genommen, um sich ihre Freiheit zu erpressen. Das ist ihnen nicht gelungen. Die Geiseln wurden nach beinahe einem Tag aus den Händen der Verbrecher befreit, die damit gedroht hatten, die Frauen mit einer Nitrolösung in die Luft zu jagen. Beide Frauen waren in entsprechend labiler psychischer Verfassung, als sie der schrecklichen Bedrohung endlich entronnen waren.

Wieder zurück im sicheren Heim, wurde die eine der beiden über ihre Erlebnisse interviewt. Neben ihr saß ihr Gatte. Nachdem die Frau weinend geschildert hatte, durch welche Hölle sie gegangen war, sprach nämlicher Gatte die goldenen Worte: „Mir ist es hier draußen ja noch viel schlechter gegangen als meiner Frau." Wir können sicher sein, daß sie ihm das sogar geglaubt hat. Wahrscheinlich hat sie ihm anschließend ein gutes Essen gekocht, damit er sich von den wahren Strapazen des Lebens wieder erholt.

Die großartige Christa Reinig, die über den schwärzesten Witz verfügt, der jemals zwischen zwei Buchdeckeln gelandet ist, beschreibt in einer Kurzgeschichte in ihrem Buch „Der Wolf und die Witwen", wie die Männer durch einen Virus, der das Y im männlichen XY-Chromosom angreift, alle tödlich erkranken und ziemlich plötzlich von der Bildfläche verschwinden. Die Frauen mit ihrem XX-Chromosom dagegen bleiben verschont. Mit einem Mal ist es völlig ungefährlich, nachts in den Parks spazierenzugehen, und nicht nur das. Kein Kindesmißbrauch, keine Vergewaltigungen, keine Frauenprügel. Genüßlich schildert Christa Reinig, wie die Frauen sich an die Arbeit machen, die Welt aufzuräumen, und unbemannt weiterleben. Obwohl diese Lösung nicht unwahrscheinlich ist, wird es wohl doch nicht so passieren. Vielleicht wäre sie auch zu einfach. Oder sagen wir, es würde uns damit zu leicht gemacht, enthöbe uns doch der Virus dem Ringen um die eigene Entscheidung.

Zumindest wäre es wohl mancher auch gar nicht so recht, wenn die Ursache all unserer Weltprobleme auf diese umfassende Weise entsorgt würde. Die eine hängt an ihrem Ausnahmemann und schwört, daß an seiner Seite alles ganz anders ist. Die andere kann die Suche nach dem Ausnahmemann nicht aufgeben, wenn auch die Jahre enteilen. Die dritte braucht ihre Zeit, bis sie soweit ist, selbst die Entscheidung zu treffen, *allein*stehend und allein*stehend* zu werden. Es geht auch nicht unbedingt zwangsläufig darum, den Männern gleich ganz ihre Existenzberechtigung abzusprechen. Es gibt sicherlich auch unter ihnen Menschen mit großem Herzen, klarem Verstand und einer wahren Liebe zum Leben. Aber es gibt keinen Mann, der das automatische patriarchale Angebot der unnatürlichen Aufwertung des Mannes als obszön zurückweist und sich klaglos in die hinteren Reihen begibt, wohin er gehört. Und das ist das Problem.

Hinter der Hemmung der Frauen, den Mann auf seinen Platz in den hinteren Reihen zu verweisen, steht die Angst, ohne Mann nicht zu sein, ein Nichts zu sein. Immerhin sind die Machtverhältnisse ja so verteilt, daß alle Macht bei ihm liegt und keine bei ihr. Dies hindert sie daran, den Mut aufzubringen, nicht mehr wegzuschauen, sondern mit aller Kraft hinzusehen, wahrzunehmen und die Zusammenhänge zwischen dem Zustand unserer Welt und dem Patriarchat zu erkennen. Es ist wohl auch nicht ganz so leicht und für manche beinahe unerträglich zu erkennen, daß viele von uns ihre Seele verkauft haben. Für das Gefühl der Zugehörigkeit; für die Sehnsucht nach Anerkennung; für Bequemlichkeit und Geld; aus einem Gefühl der Verlorenheit; aus Angst vor Einsamkeit. Da melden sich Schuldgefühle und gaukeln uns angsteinflößende Trugbilder vor. Da gibt es die Spaltung zwischen dem, was eine Frau privat erträgt, und dem, was sie öffentlich für falsch erkennt und anprangert. Manche fühlt sich dem Patriarchat nicht mehr zugehörig, aber sie vermag es nicht zu verlassen. So sucht sie nach Zwischenlösungen und braucht Hilfen, um zu überleben, weiterzuleben.

Ich will mit meinen Worten auch diese Frauen erreichen. Mein Leben kannte viele faule Kompromisse, die ich in der Vergangenheit in gutem Glauben schloß, auch wenn mir das heute unverständlich ist. Keine von uns wird als radikale Feministin geboren. Dennoch habe ich mich unbeirrt auf mich zubewegt, denn mein Bedürfnis nach Selbstachtung war groß. Und eine radikale Feministin zu werden, ist ein Prozeß der Ent-Wicklung und vor allem Ent-Faltung des Federkleids, um im Bild der Adlerin zu bleiben.

Keine von uns kann sagen, wann und wodurch in einer Frau das Bewußtsein geweckt wurde oder wird. Keine Frau ist im Besitz des wahren Weges. Wenn es um den Aufbruch in ein anderes Leben geht, dann kann es durchaus sein, daß die eine oder andere Frau diesen Schritt nicht vollziehen kann. Noch nicht. Oder nur auf andere, auf eigene Weise. Die jetzt noch nicht soweit sind, werden es zu anderen Zeiten erleben. Wenn es dann aber soweit ist, sollte eine Frau wissen, wohin sie sich wenden soll, wohin sie gehen kann und in welche Richtung es hinaus in die Freiheit führt. Damit befaßt sich der dritte Teil meines Buchs.

DRITTER TEIL

Aufbruch in weibliche Gegenwelten
unter Mitnahme aller Fragen
und ohne daß wir die Antworten kennen,
denn die werden sich finden

1. Kapitel

Wohin des Wegs?

Eine Frau, die hört, sieht, fühlt und denkt, kann mit dem Zustand dieser Welt nicht einverstanden sein. Es ist völlig ausgeschlossen, daß eine derart wache und im Vollbesitz ihrer Sinne befindliche Frau nicht wahrnimmt, worauf das Elend dieser Welt beruht. Hat sie auch nur ein einziges Mal zugelassen, Zusammenhänge zu sehen zwischen Umweltverschmutzung und Kindesmißbrauch, zwischen Gewaltverbrechen gegen Frauen und dem Frauenhaß der monotheistischen Religionen, zwischen der Existenz von Atomkraftwerken und der Krebserkrankung von Kindern, zwischen der berechnenden Chuzpe von Politikern und der immer dreister werdenden Ausbeutung durch Großkonzerne, zwischen Pythagoras und Adolf Hitler, dann wird sie niemals mehr damit aufhören können. Das wäre, als würde sie versuchen, wieder Analphabetin zu werden, nachdem sie Lesen gelernt hat.

Sie wird sich umschauen auf dem Feld alternativer Ausweichmöglichkeiten und wird erstaunliche Parallelen entdecken. Aleister Crowley wünschte sich, er könne einmal eine Jungfrau töten und häuten, der Moraltheologe Paul Tillich begnügte sich damit, sich Pornos mit gekreuzigten Jungfrauen anzusehen (nachzulesen bei Mary Daly, „Auswärts Reisen"). Rudolf Steiner war ein übler und überzeugter Rassist, und seine JüngerInnen können mit dem Dogmatismus der katholischen Kirche mühelos mithalten. Nicht nur die Scientologen waschen Gehirne wie Geld, und im Bereich Esoterik tummeln sich große und kleine Gurus, die ihr Männchengehabe mit Karma erklären. Die Grünen wiederum scheuen sich nicht, für die Schließung von Frauenkulturhäusern zu stimmen, naja, sie sind ja auch nur für ökologische Fragen zuständig. Und

Greenpeace keilt Spendengelder mit Methoden, die früher die Drücker von billigen Zeitschriftenverlagen einsetzten.

Wenn sie aber erst einmal wahrgenommen hat, wie alles zusammenhängt, dann wird sie kaum imstande sein, sich wieder ihrem Privatleben zuzuwenden, als hätte dieses Elend der Welt nichts mit ihr zu tun und als könnte sie, ausgerechnet sie, daran nichts ändern. Sondern sie wird statt dessen wahrnehmen und erkennen, daß ihr auch privat irgendwie die Motten ins Mehl geraten sind.

Plötzlich ist der Job weg. Und weder Gewerkschaft noch Arbeitsamt zaubern einen neuen her. Oder ihr wird klar, daß der neue Lebensgefährte jetzt schon zeigt, daß er morgen der Schnee von gestern sein und so den Weg seiner Vorgänger gehen wird. Vielleicht weiß sie auf einmal, daß ihr Therapeut mehr als falsch liegt, wenn er für ihr Geld daran arbeitet, daß sie noch mehr Verständnis für ihren lieblosen, bösartigen Gatten aufbringt. Kann auch sein, daß sie nicht mehr umhin kann, zu erkennen, warum sie dauernd krank ist. Die Obdachlosen, denen sie auf dem Heimweg begegnet, erkennt sie eventuell als ihre ehemaligen Nachbarn wieder. Unter Umständen findet sie im Kinderzimmer ihres Sohnes Hakenkreuz und rechtsradikale Schriften. „Scheißhure", schreit der kleine Heros seine Göttin an, wenn sie ihm Vorhaltungen macht. Oder es wird ihr zur Gewißheit, daß es nicht Vaterliebe ist, wenn der Papa der Tochter abends so ausführlich Gute Nacht sagt. Wer weiß, da hängt sie nun mit Handschellen am Bettpfosten, und es will und will ihr nicht gelingen, dem Spiel mit Schmerz und Gewalt Lust abzugewinnen, auch wenn die neuen Strapse totschick sind und statt ihres dickbäuchigen Gatten der hübsche Typ vom Männerstriptease die Peitsche schwingt. Ist sie eine Lesbe, die mit Handschellen am Bettpfosten hängt, dann kann es sein, daß sie sich plötzlich von einer Sekunde auf die andere zu fragen beginnt, was Frauenliebe mit der Imitation von männlichen Unterwerfungsritualen zu tun haben soll.

Es ist nicht auszuschließen, daß sie, an diesem Punkt in ihrem Leben angekommen, in Tränen ausbricht und viele Stunden weinen wird. Und sie wird wissen, daß es diesmal nichts mehr hilft, wenn sie versucht, die Motten einzeln aus dem Mehl zu klauben. Das ist ja gar nicht so schlecht, daß einer die Augen übergehen, wenn sie ihr erst einmal aufgegangen sind. Aber irgendwann ist

Schluß mit der Heulerei, und die Klage muß ein Ende nehmen. Danach muß es zur Sache gehen. Es ist an der Zeit, weibliche Gegenwelten entstehen zu lassen.

Es ist eine alte Erfahrung, daß politisch und wirtschaftlich unruhige Zeiten einen starken Rückzug ins Privatleben hervorrufen. Das ist inzwischen einfach nicht mehr möglich. Vati Fortschritt ist zu einem globalen System angewachsen wie ein Primärkrebs und hat im Orwellschen Sinn Einzug in alle Wohnstuben gehalten. Eine Welt in den Händen der Männer gerät nun einmal in den Zustand, in dem sie ist, und ich hoffe, es ist mir gelungen, klarzumachen, daß es kein kleines privates Inselglück inmitten dieses Wahnsinns geben kann. Die alte feministische Auffassung, daß das Private politisch ist, ist mit den Jahren ein wenig aus der Mode gekommen. Aber sie war trotz alledem resistent gegen den allgemeinen Mottenfraß und bewahrheitet sich nun zum Ende des zweiten Jahrtausends mehr denn je.

Diese willkürliche, aber nicht zusammenhanglose kleine Auflistung möglicher Verbindungsstellen des Privaten mit dem Politischen, d.h. dem Patriarchalen, ist als zusammenfassender Hinweis gemeint. Es könnten auch ganz andere sein. Die Erinnerung, sexuell mißbraucht worden zu sein. Oder die Leere, die sich auftut, wenn eine Frau nicht mehr gebraucht wird. Oder das blöde Gequatsche des Gatten, mit dem er ernste Bemühungen seiner Frau kommentiert. Jede hat solche Verbindungsstellen, und jede kommt zu irgendeinem Zeitpunkt drauf, daß es nicht mehr so weitergehen kann wie bisher. Die Motten sind drin.

Am Anfang steht immer das Bedürfnis, die eigenen Probleme privat zu lösen. Aber irgendwann wird klar, privat läßt sich da gar nichts machen. Es geht ja um mehr als nur um einen ganz persönlichen Wendepunkt. Das wäre ein viel zu bescheidener Anspruch. Es geht vielmehr darum, die ganze Welt zu verändern. Für bequeme Gefühle der Ohnmacht, die darin gipfeln, daß eine sich sagt, daß sie allein dem nicht entgegentreten kann, ist es nun auch schon zu spät. Den Zustand des Alleinseins kann eine, ja muß eine verändern. Das ist jeder Frau zuzumuten.

Manche müssen sich auf die Suche machen. Manche müssen sich finden lassen. Und das ist bereits der erste Schritt in die ganz große Veränderung. Das sind aufregende Zeiten, die einer Frau bevorstehen, wenn sie sich auf den Weg hinaus ins Freie macht, wenn sie Vatis Fortschrittszoo verläßt und in Zukunft ihre Angelegenheiten selbst im Auge behält. Die wesentliche Frage, die am Anfang steht, ist: *Wohin des Wegs?*

Erfreulicherweise fangen wir nicht bei Null an und marschieren auch nicht ins Blaue hinein. Wir wissen ja nun, wie es sein kann und wie es werden soll. Die Gefühle, die unsere Expedition in die matriarchalen Frauenreiche hervorgerufen hat, sollten uns bestärkt haben, Visionen über ein lebbares Frauenleben zu entwickeln. Aber auch dieses lebbare Frauenleben ist nicht die kleine private Insel des Glücks, auf der uns der Horror des Patriarchats nicht erreichen soll. Nicht einmal als Subkultur will ich es mehr bezeichnen müssen. Darin liegt ja noch die Akzeptierung, daß *die* Kultur anderen gehört und von anderen geschaffen wird, während wir uns bescheiden mit dem Untergrund zufriedengeben.

Auch bei den Hopis oder in Tibet oder Mexiko liegt das Paradies nicht. Die Geschenke, die uns ihre Art von Leben gemacht hat, dürfen auf keinen Fall zur Folge haben, daß wir uns unverzüglich dorthin begeben, um endlich im richtigen Leben anzukommen. Ich kann vor diesem modernen Kulturkolonialismus nur warnen. Wir müssen hier Matriarchate schaffen, hier, wo wir leben, mitten im Herzen des Patriarchats.

Wir wollen erreichen, daß das Spiel des Lebens in Zukunft nach unseren Spielregeln läuft. Dies erreichen wir nicht, wenn wir bei den alten Methoden der politischen Frauenarbeit bleiben. Wobei wir diese aber auch nicht aufgeben. Wir arbeiten in Zukunft mit doppeltem Boden, tanzen auf mehreren Hochzeiten, doppelt hält besser. Ich erinnere mich an eine Lehrerin aus Norddeutschland, die mir erzählte, daß der Schulleiter ihrer Schule allen Ernstes vorgeschlagen hatte, als Frauenbeauftragte einen Mann zu wählen, da dieser doch wüßte, wie man sich in der Männerwelt durchsetzt, und daher die Sache der Frauen viel effektiver vertreten könne als eine Frau. Wenn wir die politischen Spielregeln des Patriarchats akzeptieren und innerhalb dieser versuchen, Veränderung zu erreichen, werden wir weiterhin an solchen unverschämten Idioten scheitern, weil sie bestimmen und nicht wir.

Dieser Schulleiter ist ja keine Ausnahmeerscheinung. Wir finden geistig derart bescheiden bedachte, seelisch unterentwickelte und charakterlich minderwertige Männer an allen wesentlichen kleineren, größeren und ganz großen Schaltstellen des Patriarchats. Machen wir uns nichts vor. Ein intelligenter, warmherziger, sensibler Mann sitzt nicht auf solchen Posten. (Und wenn, dann nicht für lange.) Die Nullen und Flaschen sind die Männer, die in allen gesellschaftlichen Bereichen das Niveau bestimmen, auf dem wir wieder und wieder von vorn beginnen müssen und niemals ein für uns annehmbares Ergebnis erzielen werden. So will es das patriarchale System und sein Gesetz der Spermie. Haben wir einen Mores gelehrt, stehen sogleich zwei andere seiner Sorte da. Und da sind die vielen Mannsfrauen, wie Christa Reinig die patriarchalen Mittäterinnen nennt, noch gar nicht eingerechnet. Die Männerwelt besteht schließlich nicht nur aus Männern.

Da außerdem die Möglichkeit einer Revolution im altmodischen Sinn aus Gründen, die ich schon in den ersten Kapiteln dieses Buches benannt habe, zu verwerfen ist, müssen wir uns darauf besinnen, worin unsere, der Frauen Macht besteht, um die Gesetze der Frauen wirksam werden zu lassen.

Sie besteht darin, Kampfkraft zu entwickeln. Sie besteht darin, auch ohne Männer leben zu können. Sie besteht darin, nur noch auf eigene Rechnung zu arbeiten. Mag sein, daß es so manchem Mann das Herz bricht, aber der Frau brechen nur die Eisen, die ihr um das ihre gelegt worden sind. Luisa Francia nennt es: den eigenen Raum einnehmen. Ich nenne es: sich breitmachen. Wir können nicht nur vieles nicht mehr tun, wir können auch vieles tun. Einen guten Ratschlag gibt uns eine unserer Vor-Mütter, die große, unvergessene Claire Waldoff, die am 29. Juni 1926 folgende Lösung singend vorschlug:

Raus mit den Männer aus'm Reichstag!
Raus mit den Männern aus'm Landtag!
Raus mit den Männern aus'm Herrenhaus!
Wir machen draus
Ein Frauenhaus.
Raus mit den Männern aus'm Dasein!
Raus mit den Männern aus'm Dortsein!
Die müßten längst schon fortsein!
Raus mit den Männern aus'm Bau!
Und rin in die Dinger mit der Frau.

Das Patriarchat existiert nur, weil wir Frauen mitmachen. Besagter Schulleiter kehrt heim aus dem öffentlichen Bau und findet im privaten Bau mit Sicherheit eine Gattin vor, die diesem Idioten zu essen gibt und ihn am Abend in ihr Bett läßt. Dazwischen wird sie ihm zuhören, ihn für seine guten Ideen bewundern und ihr Unverständnis über die wirklichkeitsfremden Lehrerinnen zum Ausdruck bringen, ohne rot zu werden.

Diese Art von Verrat an sich selbst ist uns Frauen ja bitter vertraut. Viel ist darüber schon geschrieben worden, auch von mir. Ich will mich daher an dieser Stelle damit begnügen, nur eine kleine Handvoll Salz in diese Wunde zu streuen, denn es geht darum, aus dieser Tatsache zu etwas Positivem zu kommen. Das Positive ist in diesem Fall ein negatives Wort, es heißt *Nein.* Dieses Nein bedeutet: Die Küche bleibt kalt, das Bett unbemannt, im Badezimmer fliegt das Rasierzeug raus. Auch der Gang zum Notar zwecks Festschreibung der neuen Besitzverhältnisse für Haus und Hausrat wäre zu empfehlen. Eheverträge können auch nach der Eheschließung noch abgeschlossen werden. Dazwischen setzt es längere Informationsvorträge über die Rechte von Frauen, wann immer es offensichtlich ist, daß er einen braucht. Dabei setzen wir nicht auf Überzeugung, sondern auf Zermürbung.

Es geht nicht darum, daß der Schulleiter davon überzeugt wird, daß seine Überzeugung dumm ist, sondern darum, daß er in Zukunft den Mund hält und sich nicht traut, danach zu handeln. Mehr können wir nicht erwarten, und mehr erreichen zu wollen, wäre eine sinnlose Vergeudung kostbarer Kräfte der Frauen.

So ist es eine wirklich wirksame Waffe, nicht mehr mitzumachen. Das gilt nicht nur für die Frau des Schulleiters, aber auch für sie. Der Schlüssel, der in die Tür nach draußen paßt, heißt *Dissidenz.* Es kann ja sein, daß eine Frau in Abhängigkeiten steckt, aus denen sie so schnell nicht herauskommt. In der Regel verlaufen Bemühungen um neue Verhältnisse nicht ganz kampflos und bringen vielleicht nur schrittweise Ergebnisse. Darüber dürfen wir nicht verzweifeln und schon gar nicht resignieren. Eine tätige Form der Dissidenz bringt eine Frau ihren Visionen von einer lebendigen Frauenwelt täglich ein gutes Stück näher. Tätige Dissidenz bedeutet, sich nicht mit den Verhältnissen abzufinden, sich nicht, so gut es geht, einzurichten und nicht abzuwarten, bis bessere Zeiten kommen, sich keiner Macht zu beugen, sondern sich überall und jetzt nur nach den weiblichen Gesetzen zu richten. Im Großen und im Kleinen. Täglich.

Daraus folgt, daß wir einen neuen Begriff in unser Repertoire aufnehmen. Diesen Begriff kennen wir bisher nur als Objekte. Er lautet: *Mißachtung.* Da wir den Schmerz, mißachtet zu werden, nur allzu gut kennen, reagieren viele Frauen auf diesen Begriff wie ein gebranntes Kind auf das Feuer. Frauen sind durch gezielte Mißachtung ihrer Integrität darauf dressiert worden, gefällig zu sein in des Wortes vielfacher Bedeutung. Gefälligkeit ist nicht nur einfach eine Art von Gehorsam. Es bedeutet blinde Gefügigkeit. Lebende Automaten, die den oder die bedienen, die den richtigen Knopf zu drücken wissen. Das Gegenteil von Selbstbewußtsein und Widerborstigkeit. Nun aber, beseelt von matriarchalen Visionen, gewärmt, weil wir nicht mehr allein sind, und gestärkt durch tätige Dissidenz, bemächtigen wir uns der Mißachtung. Es ist an uns zu mißachten.

In Österreich ist zur Mißachtung von Gesetzen aufzurufen eine strafbare Handlung. Tatsächlich ist in unseren Zeiten ein Abgeordneter der Grünen zu einer Gefängnisstrafe von einem Jahr bedingt (d.h. auf Bewährung) verurteilt worden, weil er zur Mißachtung eines Gesetzes aufgerufen hat. Andererseits denke ich an dieser Stelle öffentlich darüber nach, daß es im nationalsozialistischen Reich Gesetze gegeben hat, die unbedingt mißachtet hätten werden sollen. Wenn damals viele Menschen gewisse und nicht wenige Gesetze mißachtet und auch dazu aufgerufen hätten, wer weiß, was es bewirkt hätte. Und ich frage mich weiter, ob irgendein demokratisches Parlament – in Österreich, Deutschland oder anderswo – so anmaßend sein kann und sich in seiner Gesetzgebung Unfehlbarkeit attestiert, worauf ja so ein Gesetz gegen den Aufruf zur Mißachtung von Gesetzen hinausläuft.

Ich horche in mich hinein, und ich stelle fest, daß ich mich an überhaupt kein Gesetz halte. Zwar morde ich nicht, aber nur, weil ich das weder kann noch will. Ich stehle nicht, weil ich darin keinen Sinn sehe. Ich lüge nicht einmal mehr, obwohl es kein Gesetz gibt, das mich zur Ehrlichkeit zwingt, wie es überhaupt unsere herrschenden Gesetze sicherlich nicht sind, die mich zu meiner um Weisheit bemühten Lebenshaltung gebracht haben. Wenn ich einem Gesetz begegne, so prüfe ich, ob dieses einen Sinn macht, und falls nein, wäge ich klug und realistisch ab, was mir passieren würde, wenn ich es nicht beachte.

So besitze ich selbstverständlich einen Paß, der mich als Bürgerin eines Landes auf diesem Planeten ausweist, und zeige diesen auch auf Verlangen an jeder Grenze her. Aber ich halte die Existenz von Nationen für künstlich und absurd und für ein Machwerk von Leuten, die Angst vor der Freiheit haben. Die Erde gehört niemandem, schon gar nicht uns Menschen. Ich bin eine feministische Dissidentin und von daher der Ansicht, daß Vater Staat uns noch unter Mutter Erde bringen wird. Darum räume ich dem Staat nur soviel Recht mir gegenüber ein, daß mein Leben und meine materielle Existenz im Fall einer Zuwiderhandlung nicht gefährdet sind. Darüber hinaus kann ich keine Anerkennung aussprechen, denn das Patriarchat und seine Staaten haben zu vielem, das mir kostbar ist, die Würde genommen.

Als feministische Dissidentin taste ich daher selbstverständlich die Würde des Mannes an, wo es geht, denn ich messe ihn an seinen Taten und höre erst damit auf, wenn die christlichen Kirchen öffentlich das Verbrechen des jahrhundertelangen Frauengenozids sühnen. Das will ich aus dem Mund des Papstes hören, möglichst zu Ostern, gern mehrsprachig und in einer Haltung, an der seine tiefe Reue zu erkennen ist. Ich höre erst dann auf, wenn alle Männer aller Parteien öffentlich ihre Beschämung darüber ausdrücken, daß Hitler, Stalin, Karadczic und alle Kinderschänder und Frauenmörder ihre *Geschlechtsgenossen* sind und sie sich daher für deren Taten nicht nur schämen, sondern verantwortlich fühlen, und ich höre erst auf, wenn der Papst sich nur noch um Seinesgleichen kümmert und ein für allemal die Damenkleider auszieht.

Es gibt vieles zu mißachten. Im Grunde alle Regeln, die Frauen nicht guttun. Das einzige, das eine Frau wirklich daran hindert, tätige Dissidentin zu werden, ist Kleinmut. Die Angst vor dem Mißfallen der Männerwelt sollte sie schon lange aufgelöst haben. Aber der Kleinmut könnte sein Unwesen noch treiben. Kleinmut ist säuerlich, mißgünstig, resignativ. Er ist phantasielos, lustlos, tatenlos. Kleinmütige Frauen sagen: „Ach, das haben wir ja noch nie gemacht.“ Oder: „Und das soll funktionieren? Kann ich mir gar nicht vorstellen.“ Oder: „Naja, im Urlaub vielleicht, aber zu Hause, wo uns alle kennen?" Oder: „Die hat gut reden, und wovon soll ich leben?" Oder: „Warum muß das denn gleich so radikal sein. Geht das denn nicht auch in netter Form?" Und besonders kleinmütig: „Das kann ich nicht."

Kleinmut sorgt dafür, daß kein Proteststurm losgeht, wenn Frauenzentren öffentliche Mittel gestrichen werden. Kleinmut verhindert Gegenwehr, weil eine nicht als Emanze, Lesbe, Flintenweib angesehen werden will. Kleinmut prüft nicht, was hinter allem steckt. Kleinmut macht Frauen klein.

Was dagegen hilft, sind Großmut und andere Frauen, die schon Erfahrung in Dissidenz haben. Dissidente Frauen müssen gar nicht unbedingt so brachial vorgehen, wie eine Kleinmütige befürchtet. Das Patriarchat hat uns schließlich zu Anmut und Eleganz erzogen, und beides kann eine Frau in den neuen dissidenten Zeiten bestens einsetzen.

Auf diese Weise kommen beispielsweise viele Psychotechniken, die ich gelernt habe, zum feministischen Einsatz und erzielen ganz erstaunliche Wirkungen. Eine ziemlich gemeine Waffe ist das Geschichtenerzählen. Es ist unmöglich, daß jemand eine Geschichte hört, ohne das, was darin berichtet wird, auf sich zu beziehen. Wo direkte Konfrontation die psychische Abwehr des Gegenübers mobilisiert oder unangenehme Reaktionen befürchten läßt, erreicht eine Frau mit einer Geschichte, daß ihr ahnungsloses Gegenüber zuhört, alles wehrlos auf sich bezieht, was sie darin untergebracht hat, und keine Möglichkeit zu Sanktionen hat.

So kann eine also zum Beispiel auf ebenso unterhaltsame wie nachhaltige Weise ihre Wut auf einen Vorgesetzten anbringen, ohne daß dieser weiß, wie ihm geschieht, und sich folglich auch nicht wehren kann.

Das geht so: Nehmen wir einmal an, eine Frau wollte ihrem Chef schon immer mal sagen, was für ein Volltrottel er ist. Als Realistin wartet sie nicht auf den Lottosechser, der ihr als Ersatz für Selbstbewußtsein den Mut zum Handeln gibt, sondern schreitet gleich zur Tat. Sie tritt in einem passenden Augenblick vor ihren Chef, schaut ihm durchdringend in die Augen und sagt: „Stellen Sie sich vor, was mir eben auf der Straße geschehen ist. Da kam ein Mann auf mich zu und sagt mir doch glatt ins Gesicht: ‚Sie sind ein Vollidiot.' Ich habe ganz perplex zurückgefragt, ob er mich meine, und er hat gesagt: ‚Ja, ich meine Sie, Sie wissen ganz genau, daß ich Sie meine. Sie sind ein Vollidiot.' Ich bin dann einfach weitergegangen, damit ich pünktlich hier bin."

Der Chef wird über diese uninteressante, pointenlose Geschichte ein wenig verwundert sein, aber er wird sich seltsam fühlen, als hätte ihm jemand einen Dämpfer verpaßt. Was ist passiert?

Die Frau hat die Geschichte natürlich erfunden, und sie hat ihre Worte ganz bewußt gewählt. Der Leserin wird aufgefallen sein, daß sie die Äußerungen des Mannes auf der Straße als wörtliche Rede wiedergegeben hat. Genau das ist der Trick. Sie hat dem Chef damit ins Gesicht gesagt, was sie von ihm hält, hat seinem Unterbewußtsein versichert, daß sie wirklich den Chef meint, während sein Wachbewußtsein glaubte, einer Geschichte zu lauschen, die nichts mit ihm zu tun hat. Es ist dabei besonders wichtig, daß die Geschichte nichts Besonderes ist, so daß er nicht nur zuhört, sondern seine Aufmerksamkeit in vergeblicher Erwartung einer Pointe gefangengehalten ist. Das Wachbewußtsein sieht keine Veranlassung, sich zu wehren. Es ist mit dem Hören einer wirren Geschichte beschäftigt und lenkt sich ab, indem es Geringschätzung für eine Frau produziert, die nicht mal richtig erzählen kann. Aber sein Unterbewußtsein hat die Botschaft empfangen, nur findet es keinen Zugang zum unaufmerksamen Wachbewußtsein.

Außerdem hat eine solche Tat natürlich eine ausgesprochen angenehme Wirkung für die auf ihren Chef zornige Frau. Sie hat nicht nur „Gefühlshygiene" betrieben, indem sie ihren Gefühlen Worte verlieh, sie hat außerdem ein diebisches Gefühl von Genugtuung, weil sie schlauer war als der von ihr nicht ganz unberechtigt als Volltrottel eingeschätzte Chef. Das stärkt ihr Selbstwertgefühl.

Dies ist nur ein Beispiel, wie Mißachtung von Machtverhältnissen erfolgreich angewendet werden kann. Es gibt unendlich viele Möglichkeiten, Metakommunikation ganz bewußt einzusetzen. Ich habe früher in meinen jüngeren Jahren mit Vorliebe Polizisten verwirrt, indem ich sie mit Hilfe von Double-bind dazu gebracht habe, ihre Vorschriften zu verletzen. Das brachte viel bessere Ergebnisse, als sich mit ihnen auf der Straße zu prügeln, wie ich es in meinen ganz jungen Jahren gemacht habe.

Ein Polizist, der seine Vorschriften verletzt hat, um einer Frau behilflich zu sein, ist nicht mehr derselbe wie vor seiner Pflichtvergessenheit. Vor allem dann nicht, wenn ihn ein gezielt gesetztes Double-bind zum Handeln zwingt. Das gilt nicht nur für Polizisten.

Um ein beliebiges Beispiel für Double-bind zu geben: Angenommen, jemand teilt mir mit, sie könne nicht *Nein* sagen. Ich könnte diese Person dazu auffordern, auf die Straße zu gehen, um der nächstbesten Person gegenüberzutreten und unvermittelt *Nein* zu sagen. Diese Person hat nunmehr nur noch zwei Möglichkeiten zu handeln: Entweder tut sie, wozu ich sie aufgefordert habe, dann habe ich sie dazu gebracht, das Wort auszusprechen, das sie angeblich nicht sagen kann. Oder sie weigert sich, dann aber hat sie mir damit ihr Nein geschenkt.

Double-bind in der Therapie einzusetzen, gehört schon zur hohen Schule dieser Kunst. Als Waffe für die Durchsetzung weiblicher Interessen ist sie das Wirksamste, das ich kenne. Aber auch direktere Techniken aus der Psychotherapie können im Alltag angewendet werden. Da war eine Frau in Köln, der irgendein Juwelier irgendein Erbstück nicht zurückgab und sie über Monate mit fadenscheinigen Ausreden hinhielt. Ich halte es für völlig legitim, einen solchen Mann in Begleitung mehrerer, sagen wir mal, fünf bis zehn, rethorisch geschulter, an die Durchsetzung von Interessen gewöhnter Frauen aufzusuchen. Deshalb gab ich ihr den Rat, sich solche Frauen zu suchen und den Juwelier doch mal mit dieser Frauenpower zu überraschen.

In der Frauentherapie ist das übliche Praxis, wenn ein Sexualtäter von seinem ehemaligen Opfer gestellt wird. Warum soll das nicht auch in weniger spektakulären, aber dennoch auf Machtmißbrauch beruhenden Situationen seine Anwendung finden? Frauentherapie ist – im Gegensatz zur üblichen Psychotherapie – immer persönlich und politisch zugleich. Sie macht die Frauen stark und dissident.

Allerdings macht die Anwendung solcher Praktiken es notwendig, daß wir das alte Bedürfnis aufgeben, patriarchale Widersacher von der Menschlichkeit feministischer Ziele zu überzeugen, und statt dessen dazu übergehen, ohne Wenn und Aber neue Verhältnisse und Situationen zu schaffen, mit denen sich selbige Widersacher abfinden, zumindest auseinandersetzen müssen. Wenn eine Frau das fertigbringt, dann ist der Augenblick des Wandels erreicht. Das Ruder ist herumgeworfen. Nun wissen wir, wohin des Wegs.

Nichts spricht dagegen, daß eine Frau alle ihre Fähigkeiten einsetzt, um als Dissidentin wirken zu können. Das können geistige, religiöse und magische Kräfte sein. Das können handwerkliche Fähigkeiten sein oder rhetorische. Alles, was ihr nicht nur dazu verhilft, Widerstand zu leisten, sondern erlaubt, aktiv zu handeln, kann angewendet werden. Wenn sie glaubt, daß sie keine entsprechenden Fähigkeiten hat, dann muß sie welche erlernen. Das ist viel einfacher, als die meisten glauben.

Es spricht alles dagegen, weiterhin gefällig, gehorsam und gefügig zu sein. Allerdings geht es nicht einfach bloß darum, ein böses Mädchen zu werden. Es geht darum, die Welt zu verändern und die Verantwortung in weibliche Hände zu legen. Das größte Hemmnis ist dabei stets die Macht der Tabus.

Ein wesentliches, ein sehr wirksames Tabu ist der Gehorsam der Frauen. Ein anderes ist Geld und Frauen. Das dritte ist Macht und Frauen. Das allen anderen übergeordnete Tabu jedoch ist, daß Frauen niemals die Regeln verletzen dürfen. Dieses Tabu muß vor allen anderen gebrochen werden, denn wer auch immer diese Regeln aufgestellt hat, Frauen waren es nicht. Es sind nicht unsere Regeln, es ist nicht unser Recht, es ist nicht unser Staat, sie dienen nicht unseren Interessen.

2. Kapitel

Mama ante portas!

Wir werden die Entstehung matriarchaler Gesellschaften noch erleben. Dies ist eine sich selbst erfüllende Prophezeiung. Wenn ich diese Worte schreibe, dann mit starkem Herzklopfen, aber in großer Freude. Mama ante portas!

Vati Fortschritt hat schon seit längerem befürchtet, daß seine Zeit abgelaufen ist. Er hat wirklich alles versucht, um sich auf seinem Posten zu halten. Wenn wir es genau betrachten, dann begann sein Abstieg schon in dem ersten Augenblick, nachdem die letzte Hexe von ihm ermordet worden war. Was er seither als Siegeszug betrachtet und in den Geschichtsbüchern auch so bezeichnet, war der Abstieg, denn mit der Vernichtung der zyklischen Sicht wurde sein lineares Weltbild gültig, das nur Aufstieg und Fall kennt. Er ist nun bald ganz unten angekommen. In Wahrheit hat er inzwischen die Kontrolle über die Frauen schon lange wieder verloren. Hat er geglaubt, daß er das Universum kontrollieren und beherrschen kann? Hat er sich wirklich eingebildet, daß er stärker ist als wir? Die Frauen weichen nicht mehr und sind noch immer groß im Kommen. Uns hält kein *backlash* mehr auf. Die Mütter stehen vor der Tür und wollen den ganzen Laden übernehmen. Der zweite Sündenfall steht unmittelbar bevor.

Einstmals hieß es, „Hannibal ante portas", als der nordafrikanische Feldherr an die Tore Roms klopfte. Dann machte Loriot in beißender Satire mit seinem Film „Papa ante portas" die Lächerlichkeit der Feldherren auch im Kleinformat deutlich. Die Botschaft haben wir wohl vernommen, und nun lasse ich mit dem erneut gewandelten Spruch die Zeit der Frauen beginnen, die wir seit hundert Jahren geistig vorbereitet haben.

Jede von uns ist, was sie denkt und sich vorstellt. Diejenigen von uns, die Erfahrungen mit der Anderswelt gesammelt haben, wissen, daß dort die Matrix für alles ist, was sich in unserer Wahrnehmung realisiert; sich in Raum und Zeit materialisiert. In der vergangenen Zeit haben ausreichend viele Frauen die Übergänge in die Anderswelt wiedergefunden. Sie sind wieder und wieder dort gewesen und haben im fruchtbaren Chaos sehnsuchtsvolle Träume von einer Welt der Frauen geträumt und alle unsichtbaren Kräfte zu Hilfe gerufen. Wir werden es noch erleben.

Vielen mag diese Prophezeiung unrealistisch erscheinen, besonders wenn wir daran denken, daß der global zunehmende Konservatismus das Geschehen zu bestimmen scheint. Feministinnen wissen, daß in den achtziger Jahren der *backlash* des Patriarchats begonnen hat. Im Okzident wie im Orient. Seitdem haben wir hinnehmen müssen, daß uns viele Errungenschaften der Frauenbewegung wieder genommen wurden. Die einzige echte feministische Politikerin des deutschsprachigen Raums, Österreichs ehemalige Frauenministerin Johanna Dohnal, hat kämpferisch und zäh durchgesetzt, was sie konnte, und mußte in den neunziger Jahren – rüde aus dem Kabinett geworfen – mitansehen, wie die Ergebnisse ihrer jahrelangen Arbeit innerhalb einer Legislaturperiode wieder zunichte gemacht wurden.

Dies alles könnte uns verführen, anzunehmen, wir kämpften einen vergeblichen Kampf. Was aber tatsächlich seit den achtziger Jahren mit den Frauen geschehen ist, war ein bis heute andauernder bedeutender Prozeß, der sich weitgehend unbemerkt von der Öffentlichkeit vollzogen hat. Nicht nur, daß die Frauenbewegung einen gesellschaftlichen Bewußtseinswandel in Gang gesetzt hat, der so umfassend ist, daß heute jüngere Frauen kaum noch nachvollziehen können, wie finster die Zeiten waren, als wir anfingen, uns zum lauten Protest zu erheben. Ich will hier nur daran erinnern, daß anfänglich ein ganzes Volk uns mit unserem Verlangen nach „Gleichberechtigung", wie wir das damals nannten, der Lächerlichkeit preiszugeben versuchte. Nein, auch nach dem Ende der ersten großen Protestwellen, das gern als Ende der Frauenbewegung postuliert wurde, ging es weiter.

Frauen, die aufgewacht waren, blieben auch weiterhin nicht untätig. Nur verlagerten die Kräfte sich vom Protest und Widerstand auf andere und vor allem viele verschiedene Gebiete. Nicht nur in den Frauengruppen waren Frauen an der Arbeit. Auch im bürgerlichen Lager machten sich die Frauen auf die Suche. Manche machten allein weiter, andere blieben locker verbunden. Während es aussah, als hätte die Frauenszene sich beruhigt und etabliert, sammelten Frauen vielfältige Erfahrungen, die für zukünftige matriarchale Gesellschaftsordnungen unerläßlich sind. Es war harte Arbeit, und manches haben wir unter Schmerzen und Angst lernen müssen. Viele Fehler wurden gemacht und wiederholt. Und wieder gemacht und noch einmal wiederholt. Nicht alle Frauen überlebten. Manche Frau hielt dem lebensfeindlichen System nicht stand. Noch heute ist die Zahl der leidenden Frauen übergroß. Aber wir sind stark geworden.

Die Kämpfe innerhalb der Frauengruppen zeigten uns das ganze Ausmaß der Beschädigungen, die unsere Seelen im Patriarchat genommen hatten. Selbsthaß und Selbstzerstörung standen trennend zwischen unserer Sehnsucht nach Verbundenheit und unserer Unfähigkeit dazu. Daher trainierten wir uns in den folgenden Jahren in tätiger Solidarität. Wir lernten, daß rechthaberische Kämpfe um den „wahren" Weg unakzeptable Polaritäten erzeugten. Inzwischen haben wir uns darin geübt, die unterschiedlichen Erfahrungen von Frauen in ein feministisches Weltbild zu integrieren. Wir bemerkten, daß sich überall und immer wieder Hierarchie einschlich. Mit den Jahren erreichten wir, auf Achtsamkeit zu achten, und suchten nach herrschaftsfreien Umgangsformen.

Wir erreichten, daß Lesben gesellschaftlich sichtbar wurden. Lesben erklärten sich als Angehörige der weltweiten Lesbischen Nation. Vor allem sie haben verschiedene Formen von Lebensgemeinschaften erträumt, erdacht und erprobt, die außerhalb der patriarchalen Standardlösung liegen.

Wir entwickelten eine fundierte Frauentherapie, deren Vertreterinnen sich auf regelmäßig stattfindenden Kongressen austauschen. Wir machten den sexuellen Mißbrauch an Kindern durch ihre Väter, Brüder, Onkel, Großväter sichtbar. Wir bauten vielfache Netzwerke auf. Beinahe jede Stadt hat heute einen Frauennotruf. Es gibt Frauenhäuser, Frauenzentren, Frauen- und Lesbenarchive, Frauencafés, Frauendiscos, Frauenhotels, Frauenferienhäuser, Frauenverlage, Frauenbuchläden, Frauenbranchenbücher... Wir lernten, daß aus einer Frau etwas werden kann. Viele Frauen machten seit den sechziger Jahren viele Karriere. Die Fenster in meinem alten Haus wurden von Stuttgarts bester Malermeisterin restauriert, die in ihrem Betrieb nur Frauen beschäftigt. In vielen Berufsausbildungsstätten bilden Frauen inzwischen die Mehrheit.

Frauen zogen aus der Kirche aus. Wir entdeckten unsere Wurzeln in der Spiritualität des Universums und holten die Göttinnen zurück ins Leben. Wir erinnerten uns an die alten Matriarchate und fanden unseren Stolz und unsere Selbstachtung wieder. Wir bildeten uns als Heilerinnen aus, an den Universitäten und in magischen Konventen. Wir fielen in den Wahnsinn und tauchten als Schamaninnen wieder auf. Wir sind Fachfrauen für Konsens und überschreiten Grenzen, wo immer es uns richtig erscheint. So ist es kein Widerspruch mehr, daß eine Wissenschaftlerin ist und außerdem Astrologin. Oder Therapeutin und Magierin.

Wir können Strategien entwickeln und verfolgen. Die Kleinfamilie hat trotz aller patriarchalen Unterstützung an Status verloren, und die Ehe ist eine vielfach angezweifelte Institution geworden. Uneheliche Kinder sind kein Makel mehr, sondern vielfach gezielt erwünscht. Die Klagen über die rapide zunehmende Impotenz der Männer als Angstreaktion auf die immer stärker werdenden Frauen häufen sich. Der „neue Mann" ist durchschaut als der alte Nutznießer des Patriarchats. Er kann von der Macht über andere nicht lassen. Zwar agiert er äußerlich zustimmend partnerschaftlich, innerlich aber entwickelt er eine Form der passiven Aggressivität. Er nutzt auch weiterhin Schwächen aus und manipuliert auf Teufel komm raus. Er kann nicht anders. Nun, nach so vielen Jahren, in denen wir guten Willen gezeigt haben, wissen wir es ganz genau und vergeuden unsere Kraft nicht mehr in falschen Erwartungen.

Das, was über Jahrtausende unser Problem war, wird jetzt zu unserer Stärke werden. Wie haben unsere Mütter und Großmütter unter der Vereinzelung, Vereinsamung und Isolation gelitten! Noch bis in die heutige Zeit hinein ist die Einsamkeit der einzelnen Frau die große Waffe des Patriarchats. Nun kehrt sich diese Waffe gegen das Patriarchat. Jetzt findet der Wandel in vielen einzelnen Frauenköpfen und -herzen auf eine nicht einheitliche Weise statt, und so wird diese Kraft ungreifbar. Dadurch läßt sich das, was sich zu wandeln begonnen hat, nicht mehr aufhalten, denn es ist nicht bekämpfbar. Wir sind keine Partei, wir sind kein Verein, wir sind keine klar umgrenzte Gruppe. Wir werden nicht einmal mehr als Frauen-„Bewegung" bezeichnet. Als diese sind wir ja angeblich auch schon lange tot. Wenn ich mir anschaue, welche Ergebnisse diese Leiche erzielt hat, erfüllt mich das mit Stolz.

Aber wir wären nicht das schöpferische, das übermännliche Geschlecht, wenn die Frauenbewegung der letzten dreißig Jahre schon alles gewesen sein soll, was wir im Talon haben.

Eigentlich geht es jetzt ja erst so richtig los. Eine neue Zeit beginnt. Auch diese macht sich zuerst einmal auf unangenehme Weise bemerkbar. Veränderungen haben es an sich, das alte Bestehende aufzulösen und vertraute Koordinaten unzuverlässig zu machen. Viele autonome Fraueninstitutionen – ob Frauenbuchläden oder Frauenkulturhäuser – werden gezwungen, aufzugeben. Es sieht so aus, als ob die Zeit der alten Kollektive unwiederbringlich zu Ende geht. Wo immer Frauen auf öffentliche Gelder angewiesen waren, schauen sie jetzt durch die Finger.

Zwar ist dies als eines der Anzeichen zu betrachten, daß das Patriarchat immer und vor allem versucht, Frauenräume zu vernichten, ich nehme es aber darüber hinaus als einen Hinweis, daß wir Frauen als nächstes gezwungen sein werden, über Materielles gründlich nachzudenken und unser Verhältnis zu Arbeit, Besitz und Geld neu zu ordnen. Wenn Geld auf Papier gedruckte Energie ist und so wenig von dieser Energie in den Händen der Frauen hängenbleibt, obwohl wir unsere ganze Kraft in unser Leben legen, dann stimmt etwas nicht. Weder ist es sinnvoll, darüber Klage zu führen, daß Frauen entweder in Abhängigkeit oder in Armut gehalten werden (vielfach auch beides), noch bringt es uns weiter, wenn wir uns bescheiden und versuchen, hauszuhalten mit dem, was man uns gibt.

Es ist Zeit für einen nächsten umfassenden Tabubruch. Altes stirbt, und Neues wächst. Alles kommt und geht. Nichts ist sicher. Aber ohne eine materielle Basis kann kein Matriarchat entstehen. Haben wir bisher viel Zeit damit verbracht, uns unseres Selbst bewußt zu werden, so müssen wir uns jetzt um den Selbstwert kümmern. Also her mit der Marie! Aber wie?

Tatsache ist, daß wir die ganze Welt gegen uns haben, wenn wir nach Geld greifen, sogar uns selbst. Das mangelnde Selbstwertgefühl von Frauen sagt auch etwas darüber aus, daß wir einen Mangel an Geld für völlig normal oder unabänderlich halten. Ich kenne keine Frau, die frank und frei ihren Wert kennt, nennt und verlangt. Solche Frauen gelten als berechnend. Berechnende Frauen gelten als lieblos. Frauen, die einem Mann ihre Seele schenken, ihm den Haushalt kostenlos führen und ohne Bezahlung Kinder aufziehen, gelten keineswegs als dumm, sondern als hingebend und fürsorglich. Wir verbergen nicht nur Besitz, sondern auch Qualitäten und Kenntnisse. Eine reiche Frau – reich an Geist, Können und Materie – kennen wir nur als Negativfigur. Die entbehrungsfähige Frau aber wird uns als leuchtendes Vorbild gepriesen.

Schon seit den frühesten Kindertagen des Feminismus haben Frauen darauf hingewiesen, daß Hausfrauen und Mütter kostenlos arbeiten. Noch immer erhalten Frauen in vielen Branchen für gleiche Arbeit weniger Lohn als Männer. Es ist eigentlich eine Binsenwahrheit, aber geändert hat sich daran nichts. Das faule Geschlecht schafft es immer wieder, daß wir Frauen für es arbeiten. Das Geld jedoch fließt in Männertaschen. Es ist offensichtlich, daß wir diesen Fluß in andere Richtung lenken müssen. Das Patriarchat trockenzulegen, ist auch eine Form des Widerstands.

Das wirft die Frage auf, warum wir das mit uns machen lassen. Die Antwort ist schnell gefunden: Frauen werden dazu erzogen, Abhängigkeitsbedürfnisse zu entwickeln. Es wird ihnen beigebracht, von Geburt an und weiter ohne Pause bis zum Tod, daß sie dieses Abhängigkeitsbedürfnis auf den Mann zu konzentrieren haben. Was das freie Spiel der Liebe genannt wird, hat in Wahrheit einen anderen Hintergrund.

„Jeder mann hat gegen jede frau die doppelfigur des bedrohers und des beschützers. Die frau darf sich aus der masse der männlichen bedroher einen beschützer auswählen, der sie gegen die gewalt der anderen männer abschirmt und dem sie in lebenslänglicher leibeigenschaft dienstbar ist, ihm söhne gebärt, die ebenfalls den frauen (ihren töchtern) bedroher sein werden, und abermals aus der lebens- und arbeitskraft von leibeigenen sich ernähren werden, den leibeigenen frauen, denen sie beschützer sind." (Christa Reinig, „Der Wolf und die Witwen")

Nun scheint sich in dieser Sache immerhin in kleinen Schritten, aber stetig, das Wunschbild zu wandeln. Der Mann als Beschützer gegen die Gewalt anderer Männer ist in Verruf geraten. Es hat sich gezeigt, daß er die Ungestörtheit in den eigenen vier Wänden dazu benutzt, selbst zum Bedroher zu werden. Das ist inzwischen sogar einer großen Zahl ganz unverdächtig bürgerlicher Frauen aufgefallen und hat zu einer breitgestreuten Nachdenklichkeit über Sinn und Unsinn männlicher Existenz geführt. Solcherart desillusionierte Frauen sind eher bereit, weiterzudenken und sich auch in materieller Hinsicht zu entromantisieren.

Wenn ich auf meine Erfahrungen zurückgreife, die ich während meiner Vorträge, Lesungen und Seminare in der Begegnung mit vielen Frauen mache, dann ist das Interesse, dieses Abhängigkeitsbedürfnis aufzulösen, gewaltig. Es sind nur wenige Frauen, die die Form der üblichen monogamen Zweierbeziehung mit einem Mann noch für erstrebenswert halten. Das Problem, an dem die Mehrheit der Frauen, die nicht mehr der Ansicht sind, sie müßten gleich die ganze Kuh kaufen, wenn sie mal einen Liter Milch trinken wollen, herumlaboriert, besteht darin, nicht zu wissen, welche anderen Lebensformen denn noch in Frage kommen. Wenn mehr Frauen wüßten, wie sie der Einsamkeit entgehen, würde kaum eine wohl noch eine Abhängigkeit schaffende Verbindung zu einem Mann eingehen. Auf diese Frage komme ich im Kapitel „Lebensgemeinschaften" noch zurück.

Hier geht es jetzt darum, wie eine Frau ihr Verhältnis zu Arbeit, Besitz und Geld neu ordnen kann; wie sie es anstellen kann, daß die auf Papier gedruckte Energie zu ihr hinfließt und ihr und einem lebensbejahenden Leben zugute kommt.

Zuerst einmal muß sie es wirklich wollen. Daß ihr das so schwerfällt, hängt meiner Ansicht nach mit dem abgründigen Schrecken zusammen, den die Inquisition unseren Vor-Müttern bereitet hat. Wohlstand, eigener und nicht den Männern zu verdankender Wohlstand, macht Frauen sichtbar. Eine, die gesehen wird, kann getroffen werden. Aber es hilft nichts, eine Frau muß wissen, was sie will, und dann muß sie es wollen, von ganzem Herzen. „Wenn ich nicht weiß, was ich will, ist alles, was mir zur Verfügung stehen könnte, mir nicht nützlich." (Christa Reinig, „Der Wolf und die Witwen") Damit einher geht die Fähigkeit, Entscheidungen treffen zu können; eine Fähigkeit, die sich lernen läßt, ganz gleich, wie alt eine ist, wenn sie sich dazu entschließt.

Hat sie das geschafft, muß sie ertragen, daß ihre Wünsche in Erfüllung gehen. Sie muß lernen zu nehmen, ohne ein schlechtes Gewissen zu haben, ohne Demut und ohne Dankbarkeit. „Du bist ja nicht viel besser als ein Mann", ist die unausgesprochene Botschaft, die ich in der Reaktion auf meine klaren Vorstellungen vom Wert meiner Arbeit immer wieder erfahre. In Wahrheit bin ich viel besser als ein Mann. Daher kenne ich meinen Wert.

Geschäftssinn halte ich für eine urweibliche Eigenschaft. Der Unterschied zur Ausbeutung ist groß, aber für viele Frauen anscheinend nicht so leicht zu erkennen. Ich habe jedenfalls lieber mit Frauen zu tun, die einen Sinn fürs Geschäft entwickelt haben, als mit Frauen, die glauben, andere wären ihnen etwas schuldig und müßten sie versorgen. In Zukunft könnten die Geschichten auch so enden: Dornröschen zeigt den Prinzen wegen sexueller Belästigung und Hausfriedensbruch an. Dann wechselt sie das verschlafene Personal aus und macht aus dem Schloß ein Frauenhotel.

Es geht darum, Besitz zu erwerben. Matriarchate brauchen Raum, einen Ort; etwas, das sich von dem sogenannten „Freiraum", der Frauen in der Ehe und anderswo im Patriarchat eingeräumt wird, sehr unterscheidet. „Mein Mann und ich lassen uns gegenseitig einen Freiraum", sagte mir einmal eine Leserin. Die arme Frau. Ich sprach ihr mein Bedauern aus, denn ich denke mir, daß nur ein unfreies Leben die Schaffung eines Freiraums notwendig macht. Wäre es nicht wunderbar, wenn diese Frau den Freiraum so weit ausdehnt, daß er ihr ganzes Leben umfaßt?

Freiraum als Frauenraum ist viel zuwenig. Es geht also darum, Besitz zu erwerben. Der verhilft uns in die Eigenständigkeit. Wenn eine Frau sich damit schwertut, weil es mit ihren ihr anerzogenen Vorstellungen kollidiert, dann schlage ich vor, daß sie sich vorstellt, daß der Besitz von etwas ihr die Möglichkeit gibt, die Verantwortung für dieses Etwas zu übernehmen. Seit ich die Dinge auf diese Weise betrachte, habe ich ein unbeschwertes Verhältnis zu dem Besitz meines kleinen Bauernhofes. Ich finde mich weder spießig noch habgierig. Diesen Teil der Welt mit allem, was darauf lebt – von der Ameise bis zur steirischen Edelsau –, kann ich beschützen, so klein dieser Teil auch sein mag. Er ist, so weit es möglich ist, der Macht und Kontrolle von Vati Fortschritt entzogen. Hier gibt es keine Insektizide, keine Pestizide, keine Bodenverdichtung und keine tierquälerische Nutztierhaltung. Doch die praktizierte Ökologie läßt sich nur aufrechterhalten, weil sie im Zusammenhang mit Frauenmacht steht. Wir leben zyklisch. Kein Mann macht sich hier wichtig. Auch die gutgemeinten Anschläge auf den ahnungslosen Postboten haben aufgehört.

Daß ich die Verantwortung für dieses Stück Land so verstehe, daß hier kein Männergesetz gilt, hat Auswirkungen, die weit über die Grenze meines Grundes hinausgehen. Die Jäger haben nach dreijährigem Nervenkrieg aufgegeben. Ihr Jagdrevier ist durch den Zaun um meinen patriarchatsfreien Besitz sehr viel kleiner geworden, weil er wie ein dicker Knödel mittendrin liegt, was beispielsweise Treibjagden auf dieser Seite der Hügelkette unmöglich macht. Auch hat ihnen ihre oberste Jagdbehörde als Ergebnis unseres juristischen Gezeters aufgetragen, dieses Anwesen großräumig zu umgehen. Diese Ermahnung wäre fast nicht nötig gewesen, denn das Jagen ist hier sowieso nicht mehr möglich. Dort, wo sich einst der einzige Jägersitz weit und breit befand, von dem aus sich das Wild des diesseitigen Waldes der Hügelkette schießen ließ, steht jetzt die patriarchatsfreie Zone mit einem langen und festen Zaun drumherum.

Dies ist ein Raum für Frauen geworden. Manchmal kommt eine Frau und steigt ins Labyrinth, um ihre inneren Angelegenheiten zu ordnen und eine notwendige Grenze zu überschreiten. Andere Frauen kommen zu Seminaren zusammen, in denen es um ihre Macht und Energie geht. Hier werden Strategien ausgebrütet und Kräfte gesammelt. Und ich stelle mir vor, daß Frauen viele solche Räume schaffen. Es muß sich nicht immer unbedingt um landwirtschaftlichen Besitz handeln. Auch in der Stadt können Frauen sich auf unübersehbare Weise breitmachen, wie wir im Verlauf des Buches noch sehen werden. Vieles gibt es, das wir der Macht und Kontrolle des Patriarchats und seines Staates entziehen können, um in aller Ruhe unsere eigenen Wertmaßstäbe zu etablieren.

Frauenmacht wird Gesellschaften schaffen, die Arbeit anders definieren als bisher. Die unsichtbare, bisher wertlose und daher unbezahlte Arbeit wird genausoviel zählen wie jede Arbeit, die Geld bringt. Geld wird als wichtige Substanz betrachtet werden, die uns den Rücken von so mancher Mühsal freihalten kann. Es wird aber aus der Begehrlichkeitsschraube gelöst werden können.

Das beste Geld ist daher das, das gar nicht erst verdient werden muß. Alles, was aus der Selbstversorgung kommt, und alles, was durch den guten alten Tauschhandel wieder in Bewegung gerät, ist viel wertvoller als diese seltsamen bedruckten Zettel, nach denen alle gieren. Neue Muster der Zusammenarbeit sind bereits entstanden und werden sich weiterentwickeln. Frauenerwerbsgemeinschaften sind möglicherweise eine viel kraftvollere Lösung für das, was jetzt kommt, als die Kollektive der siebziger Jahre.

Die „Doppelbelastung", also Arbeit im fremdbestimmten Job, damit Geld hereinkommt, und Arbeit zu Hause, damit Mann und Kinder versorgt sind, ist in den neuen Formen von Lebensgemeinschaften nicht mehr möglich. Kindererziehung und Kinderbetreuung sind in Frauengemeinschaften nicht mehr der einzelnen Mutter auf die Schultern geladen. Wo mehrere Frauen zusammenleben, haben Mütter mehr persönliche Freiheit und Kinder mehr Bezugspersonen. In Frauengemeinschaften kann sexueller Mißbrauch und legale Vergewaltigung nicht mehr geschehen, wie im separierten Privatbereich von Vati Fortschritt, gleich ob diese Frauengemeinschaften sich dafür entscheiden, Männer auch weiterhin in ihrem Lebensbereich zu belassen, oder ein männerloses Leben vorziehen. Frauenzentrisches Leben wird die Beziehung zwischen Mutter und Kind wieder als eine Quelle der Stärke sehen, und den Müttern wird es leicht gemacht, gute und starke Mütter zu sein.

In Ländern wie Österreich, die glücklicherweise keine Schulpflicht haben, sondern nur eine Unterrichtspflicht kennen, können Schulen gegründet werden, die sich an den Werten matriarchaler Strukturen orientieren. In Ländern wie Deutschland werden Frauen sich etwas anderes einfallen lassen müssen, und sei es, daß sie ihren Kindern nachmittags Unterricht in matriarchaler Weltsicht erteilen. Männliche Kinder erhalten Förderkurse in sozialem Verhalten und Einfühlsamkeit. Zusätzlicher Unterricht in eigener Sache als Alternative zu eigenen Schulen hat sich bei Kindern von Gastarbeitern in den vergangenen Jahrzehnten bestens bewährt. Warum also nicht auch bei den Kindern feministischer Frauen?

Wir sollten keine Angst haben, daß wir damit aus unseren Kindern gesellschaftliche Außenseiter machen. Hier geht es um die Frage der Gewalt und wie wir ihr entgegentreten können. Alle Versuche seit den siebziger Jahren, Kinder keine Außenseiter werden zu lassen, haben nur dazu geführt, daß sie sich an den Wahnsinn angepaßt haben. Während wir in dem Bedürfnis, unsere Kinder nicht zu indoktrinieren, uns vornehm zurückhielten, weil wir uns mit dem indoktrinierenden Patriarchat nicht gemein machen wollten, hat das Patriarchat die Gehirne der Kleinen nach üblicher Manier gewaschen. In Zukunft werden wir unsere Kinder nicht mehr verraten. Sie haben starke Mütter verdient, und sie werden sie bekommen.

Frauenzentrische Gesellschaften werden den Sprung ins Wasser fördern. Sie werden auf der Anerkennung von Veränderung basieren, weil sie der Auffassung folgen, daß das Leben ein sich entwickelnder Prozeß ist, der einen zyklischen Kreis vollendet. Das ist vom Fortschrittsdenken so verschieden wie eine liebevoll ökologisch betreute Karotte von einer Tonne vergifteter Gewächshauskarotten.

Die weibliche Macht ist eine Heilerin. Das ist auch metaphorisch gemeint, aber nicht nur. Das schöpferische, das übermännliche Geschlecht hat die Fähigkeit zur Erneuerung. Jetzt kommt es nur noch darauf an, die Sache mit dem Kommen und Gehen, dem Geben und Nehmen auf eigen-sinnige Weise zu betreiben. Raum für Spiel zu schaffen, für eine *matria ludens*, ein spielerisches, verspieltes Mutterland, das den Leistungsgedanken realistisch, kühl und nüchtern betrachtet und auf keinen Fall überschätzt.

Frauenraum bietet auch den wilden Kräften Raum zu leben, denn Chaos wird als fruchtbar begriffen, das alte, veraltete Anschauungen aufhebt und alles neu entstehen läßt. Das Wachstum der wilden Kräfte in der Natur und in den Seelen wird dem Wachstumswahn in der Wirtschaftswelt entgegengesetzt werden müssen. „Wovon sollen wir denn leben?" höre ich die Kleinmütigen fragen, und: „Wer soll denn später unsere Renten und Pensionen zahlen?" Das sind interessante Fragen, deren Antworten ich in den folgenden Kapiteln nachspüren möchte.

Reich werden kann in den Matriarchaten allerdings keine, jedenfalls nicht so, wie wir es in Vati Fortschritts Welt gekannt haben. Aber wir dürfen nicht vergessen, daß der Überfluß in den Ländern der westlichen Welt auf der hemmungslosen Ausbeutung von Leben bestand. Wenn wir nun durch gemeinsame Schwingung viele machtfreie frauenzentrische Bereiche erschaffen, dann zieht das eine Umverteilung nach sich, die nicht bedeutet, daß die Videorekorder billiger werden, sondern daß das Leben wieder uns gehört.

Es wird ein authentisches Leben sein. Viele patriarchatsfreie Zonen werden noch weit über ihre Grenzen hinaus wirken. Je mehr entstehen, um so eher werden wir zusammenwachsen. Keine wird der anderen gleichen. Es ist Raum für alle Vorstellungen, die realisierbar sind. Es wird separatistische Lebensformen geben, die keine Berührung mit dem Restpatriarchat und Männern wünschen. Andere werden von Frauen belebt werden, die Männer zulassen. Waren werden auf kleinen, regionalen Märkten gehandelt werden. Austausch und Verbundenheit werden den Umgang miteinander prägen.

Alles, was wir brauchen, sind zehn Prozent. Nur zehn Prozent einer Gruppe oder einer Gesellschaft sind notwendig, um die gesamte Gesellschaft zu verändern. Ich darf daran erinnern, daß wir nicht bei Null Prozent anfangen.

3. KAPITEL

DIE FRÖSTE DER FREIHEIT

Ein selbstbestimmtes, selbstverantwortliches Leben in Freiheit ist sehr unbequem. Es ist eine Entscheidung gegen die herrschende Norm, das bedeutet, daß eine Frau sich auf ungesichertem Gelände bewegt. Sie hat keine Landkarten, und bereits geländekundige Führerinnen sind rar. Nicht alle Frauen sind Entdeckernaturen. Auch nützt uns das meiste, das wir in Vatis Fortschrittszoo gelernt haben, jetzt für die Freiheit nichts.

Alle alten Erfahrungen, alle bisherige Logistik gelten nicht mehr. Sie wird viele Gegner haben und muß damit rechnen, auf Unverständnis zu stoßen. Sie verläßt das Energiefeld der Männer, in dem sie – gegen gewisse Selbstverleugnung, patriarchale Frauen nennen das Anpassung, patriarchale Männer nennen es Hingabe – an den materiellen Ergebnissen seiner Macht teilhat, das bedeutet an gutem Essen, viel Urlaub, guter Kleidung, Anerkennung als die Frau von Icks Üpsilon, gesellschaftlichen Kontakten, Auto, Freizeitgestaltung etc. Zwar hat sie ihm zu dieser Macht und ihren materiellen Ergebnissen verholfen, als Ausgleich für den Schutz, den er ihr vor den anderen Männern gewährte, aber sie gehören ihr nicht, und Zugang zu diesen Sicherheiten der Zivilisation erhält sie nur über ihn und nur, solange sie sich in den männlichen Energiefeldern aufhält. Wenn sie diese verläßt, geht sie in eine Welt ohne Protektion und in einen minderen Status.

Es bedeutet ein gutes Stück Wirklichkeitsanpassung, wenn eine das alles verläßt und sich nur noch aus eigener Kraft fortbewegen will, so seltsam das auch vorerst scheinen mag. Wirklichkeit ist, was die klaren Verhältnisse, die wir mit dem Verlassen der männlichen Energiefelder nun geschaffen haben, zum Vorschein bringen.

Einiges mag überraschen, anderes ist eher Bestätigung dessen, was wir schon immer gewußt haben. Zwar dürften die männlichen Energiefelder ohne die Kraft der Frauen in kürzester Zeit entscheidend geschwächt sein, aber wir haben da auch noch einiges vor uns, das es zu bewältigen gibt.

Wirklich ist ja nicht nur unsere große Kraft und Lebenslust und unsere Sehnsucht nach einem echten Leben, sondern unerfreulicherweise auch der Druck des Drecks um uns herum. Ich meine mit Dreck alles, was wir zum Überleben gelernt haben, das uns jetzt hinderlich ist wie eine alte Schmutzspur, die wir hinter uns her schleppen. Eine gewisse Gespaltenheit oder sagen wir besser Ignoranz gegenüber der Wirklichkeit war das Wesentlichste, das vielen Frauen im Patriarchat geholfen hat, zu überleben. Wir nannten das irgendwann, mit den Widersprüchen leben lernen. Das war und ist noch immer nicht ganz falsch, obwohl wir uns in bezug auf bereits überwundene Widersprüche oft fragen, wieso wir da so blind waren und dort so zauderten.

Radikalität besteht ja nicht darin, die eine, einzig wahre Form des Lebens zu leben, sondern sich ohne Umwege und unter Vermeidung von Sackgassen direkt und klar auf den Weg zu sich selbst zu begeben, auf diesem zu bleiben und dabei soviel Wahrheit auszuhalten wie möglich. Das braucht seine Zeit, denn radikal zu leben folgt den Gesetzen der Wandlung. Der direkte Weg und die Vermeidung von Umwegen bedeuten nicht, sich auf männlich lineare Weise auf einer Geraden zu bewegen, die sich zwischen Ausgangspunkt und Ziel befindet. Zielführend im Sinn der Spermie sind unsere Wege sowieso nicht. Daher dürfen sie kurvenreich sein und über Berg und Tal führen. Manchmal sind diese Wege so unübersichtlich wie der Weg ins Innerste des Labyrinths und wieder hinaus. Es bedeutet Unbeirrbarkeit und Beharrlichkeit. So manche (aber nicht jede) widersprüchliche, vielleicht sogar selbstzerstörerische Überlebensstrategie, die andere vielleicht gar nicht verstehen können, entpuppt sich am Ende als Hilfe zum Quantensprung in der eigenen Entwicklung, wenn wir ihr Achtung entgegenbringen und den richtigen Augenblick zum Sprung erwischen. Sie war daher kein Widerspruch, sondern die Tür hinaus ins Freie.

Was ich damit meine, soll dieses Beispiel erläutern: Es nützt einer Frau, die beispielsweise Tabak raucht und damit eine gründliche Form der Selbstzerstörung betreibt, gar nichts, wenn sie vernünftig ist und sich zwingt, damit aufzuhören, weil das ja so ungesund ist. Sie muß wissen, daß sie einen großen seelischen Schmerz in ihrem Inneren einnebelt und betäubt, weil sie (zeitweise nicht ganz zu unrecht) glaubt, ihn ansonsten nicht ertragen zu können. Es kann sein, daß, eingeklemmt in ihrer eigenen Furcht, sie der spätere Lungenkrebs oder der Herzinfarkt weniger schrecken als die Begegnung mit dem Leid der Vergangenheit, das sich in ihr vergraben hat. Es braucht viel Arbeit, bis sie erkennen kann, daß sie mit den Zigaretten einen doppelten Mißbrauch betreibt. Zum einen wiederholt sie mit jedem Lungenzug den aggressiven, lieblosen Angriff auf ihre Person, den sie seit ihrer Geburt wiederholt von anderen Menschen erlitten hat, und außerdem mißbraucht sie ein ehemals heiliges Kraut, das ursprünglich nur zu gewissen Anlässen bei der Begegnung mit der Anderswelt behilflich war, durch die Banalität ihres täglichen Konsums, von der Bejahung der entweihenden industriellen Massenproduktion ganz zu schweigen.

Erst wenn eine Frau bis zu dieser Erkenntnis gelangt ist und nachdem sie sich anschließend dem Schmerz in ihrem Inneren zugewandt hat, wird es ihr möglich sein, aus tiefstem Herzen den Entschluß zu fassen, aus simpler Selbstverantwortung mit der Vergiftung aufzuhören. Dies trifft auch auf sämtliche anderen Formen der Selbstzerstörung, d.h. des Selbstmißbrauchs zu. Es ist als Beispiel darüber hinaus aber auch eine Metapher für den Weg aus den patriarchalen Strukturen und für die Voraussetzungen, wie eine Frau stark wird, um in den Frösten der Freiheit mehr als zu überleben, nämlich leben zu können.

Es ist ein Stück Freiheit, wenn sie lernt, den inneren Schmerz zu befreien. Es ist auch ein Stück Freiheit, dafür zu sorgen, daß ihr kein weiterer Schmerz zugefügt wird. Wirkliche Freiheit ist es, wenn sie lernt, den Schutz ihres Selbst wie einen Mantel zu tragen, den sie an- und ausziehen kann, der aber niemals mehr mit ihrem Wesen, ihrer Natur, ihrem Selbst verwächst, bis sie wieder im eigenen Panzer eingesperrt ist. Die Frage ist natürlich, wie eine das lernt und wie eine in der Zukunft frei bleibt. Die Antwort ist, daß es dafür kein Rezept gibt, sondern nur die Unbequemlichkeit, bei Sinnen zu bleiben, d.h. in Verbindung mit der eigenen Wahrnehmung und der Wahrnehmung anderer Frauen.

Das Unbequeme an der Freiheit besteht aber nicht nur darin, daß wir das wahre Gesicht des Patriarchats aushalten, ohne weiterhin in Selbstlügen zu verharren. Es ist außerdem mehr als die Leichtigkeit nach der seelischen Katharsis. Freiheit, die ich meine, heißt, daß eine Frau sich den Gesetzmäßigkeiten des irdischen Lebens stellt.

Ich begegnete der Unbequemlichkeit außerhalb des Patriarchats in meiner davon freien Zone von dem Augenblick an, als ich beschlossen hatte, sie zu besitzen. Plötzlich mußte ich mich in des Wortes direkter Bedeutung um meinen eigenen Scheiß kümmern. Ich bin ein Großstadtkind und als solches an viele Formen der Ignoranz gewöhnt. Mit einem Mal hatte ich in meiner Wildnis keine Toilette mehr (nicht einmal ein Plumpsklo!), sondern nur den Wald. Das gab mir die Gelegenheit, die menschliche Anwesenheit auf diesem Planeten auch als Schmutzfaktor zu begreifen, denn ich konnte mir ausrechnen, wie der Wald bald aussehen würde, wenn ich und die Meinen ihn mit unseren Stoffwechselrückständen zupflastern würden. Ganz abgesehen von der wenig verlockenden Aussicht, bei jedem Wetter mit einem unaufschiebbaren Anliegen in den Wald rennen zu müssen. In der Stadt hat man diese weißen ovalen Porzellanbecken und eine Wasserspülung. Beides sehr ästhetisch und bequem. Beides zusammen eine verführerische Ignoranz, an die ich mich in meinem Leben gewöhnt hatte wie alle anderen in der Zivilisation auch, die jedoch dazu führt, daß wir zu globalen Dreckfinken werden, wie ich erst in meiner Wildnis nicht mehr übersehen konnte. Sobald alles hinuntergespült ist, geht es uns nichts mehr an.

Zwar habe ich jetzt hier draußen auch so ein hübsches ovales Becken und eine Wasserspülung, bequemerweise kann ich jetzt zwar alles hinunterspülen, aber hundert Meter weiter kommt das Ganze wieder zum Vorschein, denn es gibt in der Wildnis keine Kanalisation, die mich in der ignoranten Annahme unterstützen würde, das Zeug ließe sich zum Verschwinden bringen. Das trifft auch auf die Wasch- und Putzmittel zu, die im Abwasser landen. Außer mir ist niemand da, den das etwas anginge. Niemand nahm mir meine Scheiße ab. Als nächste Lösung kam eine Senkgrube hin. Eines Tages war sie voll. Nach langem Suchen fand sich ein Bauer, der Abhilfe wußte. Er kam mit dem Vakuum-Pumpenwagen und pumpte die Grube leer. Jedoch anstatt damit zur nächsten Kläranlage zu fahren, wie ich angenommen hatte, leerte er den Inhalt keine hundert Meter weiter in den Wald. Ich verbeugte mich innerlich vor diesem Lehrmeister und bedankte mich für die Lektion. Es war klar, auch die Kläranlage ist in Wahrheit keine Lösung, sondern nur eine Abschiebung der eigenen Aufgabe. Nur das richtige Verhältnis von natürlichen, giftfreien Feststoffen und ausreichend Wasser als Verdünnung, um es als Dünger verwerten zu können, der die Felder und seine Früchte weder verbrennt noch vergiftet, ist die Lösung des Problems.

So, wie ich jetzt lebe, geht mich alles etwas an. Das kaputte Dach oder die gefährdete Ernte oder ein krankes Tier, die Montage von Schneeketten, die Organisierung meiner Veranstaltungen, die Planung meines Einkommens, die schlechte Laune meiner Freundin, der Tod, das Leben und alles dazwischen.

Als ich mir einen lebenslangen Wunsch erfüllte und ein Schwein, ein ganz normales Schwein, statt zum Schlachten als befreundetes Haustier kaufte, da hatte ich ganz typische Bilder vor meinem inneren Auge von einem kleinen Stall und darin einer Box und darin einem Schwein, das glücklich ist, weil ich es liebe. Lupita wurde meine große Lehrerin (300 Kilo) in Fragen des Aufgebens von gedankenloser Ignoranz und der flexiblen Gewöhnung an die Unberechenbarkeit von Freiheit, hauptsächlich der Freiheit von Schweinen, aber sie läßt Analogien auf andere Lebewesen, Zusammenhänge und Situationen durchaus zu.

Als erstes ließ sie mich wissen, daß ein Schwein in einer Box in einem Stall das Gegenteil von glücklich ist. Das überzeugte mich sehr schnell, denn ich hatte die Menschen-Boxen in der Großstadt ja auch als nicht lebenswert hinter mir gelassen. Ich entfernte die Kinderbücherromantik aus meiner visuellen Vorstellung. Sie bekam einen großen Holzschuppen ganz für sich allein und ohne Box zum Einsperren. Dann zeigte sie mir, wie viele Kilometer freie Schweine laufen können, wenn sie sich einsam fühlen und daher auf der Suche nach Unterhaltung fortlaufen müssen. So bewies sie mir, daß meine Verantwortlichkeit für Tiere mehr umfaßt als nur einen guten Stall und gutes Futter. Die Buße für meine Gedankenlosigkeit bestand mehr als einmal in vielen Kilometern Rückweg zu Fuß mit einem gedankenverlorenen und daher entsprechend langsam schlendernden Schwein, wenn ich eigentlich viel lieber das Schlußkapitel meines Buches noch einmal überarbeitet hätte.

„Nenn es Beziehungspflege", war ihr diesbezüglicher Kommentar. Und: „Was eine liebt, das muß sie hüten." Und als Krönung: „Lerne, dich auf alles in deinem Leben wirklich einzulassen." Daß sie bei ihrem Ausflug keine zwei Meter mehr vom Fleischhaken eines Nachbarbauern getrennt haben, will sie allerdings nicht wahrhaben. Schweine wissen auch nicht immer alles.

Sie lehrte mich, daß sie Sommer wie Winter, Tag und Nacht jederzeit nach draußen gehen können muß. Noch jede Tür an ihrem Stall verarbeitete sie mit einem Rüsselschlag zu Kleinholz. Daraus schloß ich, daß Schweine sehr wißbegierig sind und jederzeit in der Lage sein müssen, nachzusehen, was draußen los ist. „Neugierde macht intelligent", und: „Vom Wegschauen kann keine Sau was lernen", sind ihre entsprechenden Lehrsätze, die ich seitdem auch beherzige.

In ihrem Stall riecht es sauber nach Waldlaub, Stroh und Holz, denn sie benutzt für ihre Stoffwechselrückstände den Wald und nicht das eigene Bett. Auch bei minus 20 Grad ist sie im Freien unterwegs und war noch niemals krank. Im Winter wachsen ihr dichte lange Borsten. So zeigte sie mir, daß die übliche Stallhaltung von Schweinen ein Verbrechen ist. Ich trage seither diese Botschaft in die Welt, vorzugsweise dorthin, wo Schweine noch gefressen werden.

Sie ist eine widerborstige Anarchistin, und das bedeutet in ihrem Fall, daß sie sich an keine Abmachung hält, die ihr sinnlos erscheint, es sei denn, ich habe überzeugende Argumente, etwa Stahlbetonabsperrungen oder so. Schweineanarchie besteht darin, in einem unbeobachteten Moment in den Außenkeller zu marschieren, weil sie auf telepathische Weise mitbekommen hat, daß die Tür nicht mehr richtig schließt, und mit dem Rüssel den Hebel des Wasserhahns zu betätigen, bis der Keller unter Wasser steht und wir keines mehr in der Zisterne haben. Ihr Sinn für solche Witze ist sehr ausgeprägt. Eigentlich geht ihr Humor immer in Richtung Terrassenmöbel zerbeißen und unbewachte Lederjacken als Unterlage in ihren Stall schleppen.

Ihre kostbarsten Lehren offenbarte sie mir aber erst, als sie am nächsten Tag einen unbeobachteten Augenblick dazu benutzte, denselben Streich gleich noch einmal zu spielen und den Keller wieder zu fluten und als Zugabe noch eine Kiste zu zertrampeln. „Rechne in der Freiheit nicht mehr mit dem Selbstverständlichen, sondern immer mit dem Unwahrscheinlichen, die Welt ist voller Wunder", lautet ihre Botschaft. Ihr zweiter Lehrsatz: „Gib nicht dauernd irgendeinem anderen Schwein die Schuld, sondern greif dir selbst an den Rüssel", außerdem: „Wenn es dir nicht paßt, dann beweg dich. Tu etwas!" Sie hat recht. Die Tür hätte schon lange repariert gehört, der Wasserhahn seit dem Herbst zugesperrt. Wenn ich es nicht tue, tut es niemand. Auch haben wir jetzt einen tonnenschweren Terrassentisch gebaut, an dem mittlerweile nur die Ecken ein ganz kleines bißchen abgebissen sind, mehr nicht.

Lupita zeigt mir jeden Tag aufs neue, was es wirklich ganz real und nicht nur so dahergesagt bedeutet, alle alten Anschauungen aufzuheben und sich in fruchtbares Chaos zu stürzen. „Laß dir was einfallen", lautet ihre Devise.

Ich hatte noch mehr LehrerInnen, die mir etwas über die Freiheit und ihre Bedingungen beibrachten. Einer – vielleicht der wichtigste – kam vor sieben Jahren als Wirtschaftsflüchtling aus dem ehemaligen Jugoslawien. Er war erst vier Tage alt, ein Hundebaby undefinierbarer Rasse. Eigentlich hatte ich nur angeboten, das mutterlose Tier stundenweise bei meiner alten Hündin zu lassen, damit er wenigstens die Mindest-Hundesozialisation erhält. Aber die mir nur entfernt bekannte Besitzerin holte ihn gleich beim erstenmal nicht wieder ab, und so blieb Pauli bei mir. Ich fütterte ihn mit dem Fläschchen, bis er ein lustiger Welpe von drei Monaten war, und dann kam er zu meiner Tochter, die sich schon immer einen Hund gewünscht hatte.

Pauli wurde kein normaler, domestizierter Hund, obwohl er in der Hundeschule war und sogar beim Agility-Training mitmachte. Er sah aus wie ein Kojote und hatte auch viel von dessen Charakter. Er war ein Kind der Freiheit aus dem südlichen Europa und blieb es sein Leben lang. Als Stadthund war er sehr unglücklich und sehr anstrengend für seine Menschen. Um ihm ein besseres Hundeleben zu bieten, bekam er von meiner Tochter ein Haus mit Garten. Doch auch das war ihm noch ein viel zu enges Leben. Er wollte nicht Gassi gehen, und selbst tägliche, ausführliche Waldspaziergänge blieben für ihn eben nur Spaziergänge. Er wollte keinen Freiraum, sondern Freiheit. Herumziehen, mal hier, mal da, wie ein südlicher Hund nun einmal lebt. So nahm ich ihn eines Tages zurück, und überglücklich nahm er sein Leben in der Wildnis auf. Er hatte einen Orientierungssinn wie ein Zugvogel und kannte das Areal im Umkreis von vielen Kilometern genauestens. Es konnte passieren, daß er uns zum zehn Kilometer entfernten Gasthof vorauseilte und uns dort erwartete. Auf weit entfernten Höfen war er zu Gast und war mit vielen befreundet. Doch schon bald kollidierte seine Freiheit mit der Zivilisation, vor der wir auch hier in der Wildnis nicht geschützt sind, denn in den westlichen reichen Ländern wird jeder Baum und Strauch verwaltet, und kein Käfer kann darauf herumkrabbeln ohne eine behördliche Käferkrabbelgenehmigung.

Pauli tat niemandem etwas zuleide. Er war freundlich, lustig, charmant und harmlos. Aber er war frei. Wir wurden aufgefordert, ihn an die Kette zu legen, um ihn am Herumlaufen zu hindern. Das wäre sein Tod gewesen. So bauten wir einen langen, festen Zaun um die ganzen 15000 Quadratmeter und nahmen an, daß ihm ein Areal dieser Größe reichen müßte, zumal er langsam in ein Alter kam, in dem Hunde ruhiger werden. Er hat es versucht, immerhin ganze zweieinhalb Jahre lang. Wir paßten auf ihn auf wie auf unsere Augäpfel. Dann ließ er uns wissen, daß auch das nicht die Freiheit war, die er brauchte.

„Du wirst dort draußen sterben", warnten wir ihn. „Jäger können dich erschießen. Autos überfahren. Böse Menschen locken dich und quälen dich dann, denn du Trottel gehst zu jedem, der freundlich tut oder dir ein Stück Wurst hinhält."

„Ich weiß", seufzte er. „Aber ich kann nicht anders."

Wir machten den Zaun noch fester. Spielten viel mit ihm. Ließen ihn täglich rennen, bis er müde war. Auf die Dauer konnten wir ihn nicht vor sich selbst beschützen.

„Ich brauche die Freiheit, auch wenn ich in der nächsten Sekunde sterben muß", ließ er uns wissen. Am nächsten Tag war der Kojote fort und kam nie wieder. Sein Ende blieb im Dunkeln, jedoch scheint sicher, daß die Jäger ihn nicht erwischten. Es sieht aus, als sei er so schnell so lange gerannt, bis er zusammenbrach und starb.

Alle diese Geschichten aus meinem ländlichen Lebenshintergrund sind keine bloßen Aussteigergeschichten. Es geht hier nicht um den Kontrast von Stadt und Land, auch nicht um den von Zivilisation und Wildnis, sondern diese Geschichten sollen zeigen, wie sehr patriarchale Wirklichkeit die Begegnung mit den Bedingungen auf diesem Planeten Erde verhindert und wie anders diese Bedingungen der Freiheit sind im Vergleich zu dem, was wir normalerweise für Leben halten, weil das Patriarchat Unmündige im Geist und im Handeln hervorbringt. Es ist meine Absicht, deutlich zu machen, daß ein eigenständiges Leben keine Sicherheit kennt und auch nicht kennen darf.

Herrschaftsfreiheit, die in Zentren kultureller und geistiger Entwicklung praktiziert wird, wo sich Frauen von dem Druck und dem Dreck reinigen können, den sie sich in patriarchalen Energiefeldern aufgeladen haben, gedeiht nur in Umfeldern der Eigenständigkeit und Unabhängigkeit. Und diese ist, wenn sie gelebt wird, in der Tat manchmal recht mühsam. Einen machtfreien Bereich durch gemeinsame Schwingung aufzubauen, ist nicht durch Meditation mit Duftlämpchen und Bergkristall zu erreichen, sondern durch Tatkraft und die Bereitschaft, die Fröste der Freiheit zu überstehen. Das soll die Bedeutung von Meditation nicht schmälern, sondern ihr den Platz zuweisen, den sie hat, und darüber hinaus anderen Kräften Raum geben, die in diesen Zusammenhängen wirkungsvoller sind.

Welche Kräfte das sind, beschreibt die indianische Autorin Velma Wallis in ihrem Buch „Zwei alte Frauen". Es ist die Geschichte von zwei Alten, die in einem der bitterkalten Hungerwinter Alaskas von ihrem Stamm zurückgelassen und damit dem sicheren Tod ausgesetzt werden. Alleingelassen in der Wildnis, geschieht das Erstaunliche. Die Frauen geben sich nicht auf und beginnen, um ihr Leben zu kämpfen. „Laß uns handelnd sterben", sagt die eine zur anderen. Sie erinnern sich an alle alten Techniken, Fallen zu bauen. Sie öffnen sämtliche vergessen geglaubten alten Wissensladen in ihrem Kopf. Sie arbeiten hart. Die körperliche Arbeit belebt die müden Muskeln und alten Knochen wieder, die erinnerten Überlebenstechniken funktionieren, und sie überleben. Am Ende des Winters sind sie die einzigen, die gut zu essen haben. In ihrem Stamm sind viele verhungert, und der Häuptling schickt zu ihnen und bittet um Essen für seine Leute. Er bietet ihnen an, zurückzukehren und wieder Teil des Stammes zu werden. Sie geben den Leuten zu essen, aber eine Rückkehr verweigern sie. Sie genießen ihre Unabhängigkeit und ihre Freiheit. Sie nehmen keinen Tag mehr für selbstverständlich.

Es sind Kräfte solcher Art, die wir benötigen, um die matriarchalen Strukturen aufzubauen und zu erhalten. Das hat nicht nur mit der Bereitschaft, anzupacken und mit den Dingen fertigzuwerden, zu tun, sondern auch damit, wie eine für sich selbst verantwortlich ist und damit auch für andere.

Viele Frauen wollen ein freies und selbstbestimmtes Leben, aber sie bleiben in ihrer Bedürftigkeit stecken und oftmals auch noch in den Tarnungen dieser Tatsache. So kann es dann kommen, daß Freiräume zu Freiheit umbehauptet werden. Oder eine zur Fachfrau für alles wird, ganz besonders für das, was sie nicht kennt und nicht weiß. So kann es passieren, daß eine mir Ratschläge gibt, wie ich meine Ziegen halten sollte. Oder eine andere mich für dumm erklärt, weil ich meinem Schwein die Mutterschaft verwehre, um nicht mit vierzehn weiteren Schweinen zu leben, da ich sie nicht schlachten möchte. So eine weist mich dann darauf hin, daß es doch so schöne Rituale gibt, und das wäre doch auch für die Ferkel, die geschlachtet würden, ein schönes Erlebnis. Beide haben noch nie eine Ziege oder ein Schwein wirklich je aus der Nähe erlebt. Noch andere wissen ganz genau, daß es Magie nicht gibt, oder sind auch ansonsten darauf spezialisiert, weder über ihren eigenen Schatten zu springen noch zuzulassen, daß andere springen. Alle Frauen, die in weiblichen Energiefeldern unterwegs sind, kennen solche und andere Beispiele. Angesichts von soviel Pseudoweisheit, die allerdings nicht auf Denkfaulheit beruht, sondern einer Art von Lebensbequemlichkeit entspringt, kann eine schon mal müde und angeödet werden.

Das Phänomen des Ausgebranntseins und der zunehmenden Verdrossenheit, über das viele Frauen klagen, die patriarchatsfreie Zonen bewirtschaften, ist auch mir nicht ganz unbekannt. Herrschaftsfreiheit auf herrschaftsfreie Weise zu verteidigen, ist ein anstrengender Kraftakt. Viele Frauen, die auf der Suche nach Frauenland und heilendem Boden in solchen Zonen landen, schleppen ihre Spur aus Druck und Dreck mit, und die wiederholte Auseinandersetzung damit kann ebenso energieraubend wie langweilig sein.

Es ist ein großer, wenn nicht der entscheidende Unterschied, ob eine Frau Geduld und Nachsicht beanspruchen kann, weil sie sich auf ihrem Weg befindet und ihre Zeit braucht, bis sie in der Freiheit angekommen ist, oder ob sie Entwicklung so versteht, daß sie sich zurücklehnt, derweil andere sich damit abmühen, sie auswickeln und dabei ihre mißbilligenden Kommentare still entgegenzunehmen haben.

Ich halte es mittlerweile für eine gesunde Form der Lebenshilfe, den pseudo-weisen Frauen einen entlarvenden Spiegel vorzuhalten und den faulen Weibern die Zuwendung ebenso zu verweigern, wie wir es schon mit dem faulen Geschlecht halten. Frauen neigen dazu, Direktheit in der Kommunikation untereinander zu vermeiden. Darauf müssen wir in der Freiheit verzichten. Wir brauchen unsere Kräfte, um die Verantwortung wirklich zu tragen, und können sie nicht in weiblichen Energieräuberinnen verpuffen lassen.

Zu den Voraussetzungen, um in der Freiheit außerhalb patriarchaler Einflußbereiche leben zu können, gehört auch die Bereitschaft zu einer gewissen Professionalität. Erst diese verschafft unserem Tun eine gewisse Solidität und Dauer. Das kann im Kleinen in der entsprechenden Beschilderung und Öffentlichkeitsarbeit einer Ausstellung von Frauenkunst und -handwerk liegen und im Großen die wirtschaftliche Achtsamkeit und geschäftssinnige Organisierung von Frauenprojekten sein, weil sie das Leben vieler Frauen tragen müssen.

Frauen sind von Natur aus, d.h. von Geburt an schneller beim Erfassen von Sachverhalten, also intelligenter als Männer. Sie sind sprachgewandter, geistig und seelisch belastbarer. Sie sind fähig, an mehreren Aufgaben und auf mehreren Ebenen gleichzeitig konzentriert und handlungsfähig zu sein, was Männer nur in Ausnahmefällen schaffen. Wenn sie sich auf ihren Ehrgeiz einlassen, dann sind sie in schöner Regelmäßigkeit bei den erstklassigen, den Summa-cum-laude-Ausbildungsabschlüssen zu finden. Und dennoch kenne ich keine Frau, die nicht unter dem Hochstaplerinnensyndrom leidet. Darunter wird ein unterschwelliges, aber doch bewußtes Gefühl verstanden, nichts zu können und unfähig zu sein, einhergehend mit der stillen Befürchtung, eines Tages als diese unfähige Person entlarvt zu werden.

Es ist dieses Gefühl, das uns darin behindert, wirklich professionell zu werden. Es rührt aus dem Aufenthalt in Vatis Fortschrittszoo. Es ist ein wenig so, als ob wir ganz genau wüßten, daß wir nur Geduldete in *seinen* Ausbildungsstätten sind, und insgeheim glauben, wir hätten uns all das Wissen widerrechtlich angeeignet und uns stünde nichts, das uns aus dem Gelernten zufällt, auch zu. Alle Frauen haben etwas abgekriegt von dem Druck, den die Ausdehnung des Männlichen in unserer Welt erzeugt. Das Zurückweichen ist uns zur zweiten Natur geworden. Nicht immer handelt es sich daher um patriarchatsfreie Bereiche oder gar frauenzentrische Zonen, wenn Frauen sich zurückziehen, sondern manchmal auch um die Flucht davor, etwas können zu müssen, geschweige denn, etwas langsam und stetig lernen zu müssen.

Frauen können vieles, das verführt sie manchmal zu der Annahme, nichts lernen zu müssen. Das Hochstaplerinnensyndrom trägt dabei durchaus zur Verwirrung bei. Die Sucht nach Lob und Bestätigung und als Gegenseite davon die Furcht vor Kritik tun das ihre dazu. Nur allzu oft verwechseln Frauen Tun und Sein und fühlen sich gleich als ganze Person in Frage gestellt, wenn doch nur ihr Tun zur Diskussion steht. Auch dies steht einem kraftvollen, selbstbewußten Umgang mit matriarchaler Freiheit entgegen.

Der entkrampfte Umgang mit eigenen Fehlern ist jedoch die genaue Bedeutung des Begriffs Entwicklung. Entwicklung verläuft niemals geradlinig und reibungslos. Das, was eine zu lernen hat, findet sich immer nur dort, wo es unbequem, irritierend, mühsam und aufregend wird.

4. Kapitel

Von der Hand in den Mund

Glücklich ist in meinen Augen die Frau, die es geschafft hat, von der Hand in den Mund zu leben. Das widerspricht zwar patriarchalen Vorstellungen von Verantwortlichkeit. In frauenrechtlichem Sinn jedoch ist es Ausdruck höchster Verantwortlichkeit und Achtsamkeit. Eine Frau, die von der Hand in den Mund lebt, befindet sich in Bewegung, im Fluß mit allem Lebendigen. Sie braucht kein Wirtschaftswachstum mehr und keine absurde Beschwörung seiner Steigerung.

Der Abschied vom Gedanken des Wirtschaftswachstums ist ja von ebenso großer Tragweite wie mit dem Rauchen aufzuhören. In beiden Fällen ist eine Frau bereit, Mißbrauch nicht mehr zu akzeptieren, und damit ein Stück weit bereit, in der Wirklichkeit anzukommen und sie auszuhalten. Bei Tabakmißbrauch liegt der Zusammenhang zwischen Mißbrauch und Krebs als eine der Folgen offen vor Augen. Weniger offensichtlich, weil kaum faßbar, ist die Analogie zu Wirtschaftswachstum und Krebs. Das patriarchale Wirtschafts-„Wachstum" ist kein natürliches Wachstum, sondern ein krankes, bösartiges Wuchern, das auf dem Mißbrauch von Menschen, Tieren, Bäumen und unserer ganzen wunderbaren Erde beruht. Vatis Gewinnmaximierung ist für den Hugo und nur für ihn. Was er da maximiert, womit er sich da aufbläst, geht auf unsere Kosten. Was er sich da aneignet, ist unsere Kraft. Den gesamten Kosmos hat er, wie wir gesehen haben, aus seinen Zusammenhängen gerissen, ausgebeutet und ausgeschlachtet, zu Gütern verarbeitet, verpackt und dann verscherbelt und zu Geld gemacht.

„Geld macht nicht glücklich", sagt der Volksmund und hat vollkommen recht damit. An Geld, dieser auf Papier gedruckten Ener-

gie, klebt all das Leid, der Zorn, die Angst, Erniedrigung, Demütigung und alle anderen Gefühle, die Menschen im Zusammenhang
mit seinem Erwerb hervorgebracht haben, von dem, was die zu
Gütern verarbeiteten Tiere, Pflanzen, Steine, Erde etc. an negativen
Gefühlen produzieren, ganz zu schweigen.

Das sind gewaltige Flutwellen an unaufgelösten Gefühlen, die
eine Art geistige Umweltverschmutzung bedeuten, die der realen,
materiellen in nichts nachsteht. Jedes Wirtschafts-„Wachstum" zerstört also nicht nur materiell die Erde, sondern schafft auch kosmischen Müll der unsichtbaren Art.

Da wir auf Geld so schnell nicht verzichten können, auch wenn
wir patriarchatsfrei leben, empfiehlt es sich, aus kosmo-hygieni-
schen Gründen Geld zu waschen, um uns nicht unglücklich zu
machen. Dabei können Banken uns allerdings nicht behilflich sein,
denn von ur-weiblicher Geldwäsche haben die noch nie gehört. Es
gibt Frauen, die zu diesem Zweck Geldscheine, Kontoauszüge,
Rechnungen u.ä. über Nacht in einen magischen Topf legen, wo
das ganze Zeug den Kräften der unsichtbaren Welt, der Anderswelt
überlassen wird. Wie eine zu so einem magischen Topf kommt,
kann sie in Luisa Francias köstlichem Buch „SteinReich" nachlesen.
Anderen Frauen mag das als unglaubwürdiger Hokuspokus erscheinen. Sie haben keinen Zugang zu diesen Dingen und fürchten, für trivial gehalten zu werden, wenn sie sich wie die schöne
Müllerstochter an ein hilfreiches Rumpelstilzchen wenden. Aber
das macht nichts. Die werden sich darauf beschränken müssen,
sich selbst anzustrengen, wie sie den Dreck vom Geld herunter-
bringen. Wie immer, wenn es um Frauen geht, gibt es viele verschiedene Möglichkeiten und Wege, zum Ziel zu kommen. Im
übrigen bin ich der Ansicht, daß bereits der Verlust von Ehrfurcht
vor Geld eine Frau ein gutes Stück weiter auf den Weg bringt. Auf
jeden Fall aber müssen wir jetzt, wiewohl professionell geworden,
dennoch den Gedanken der Effizienz auflösen. Denn Effizienz ist
es, die dem Geld seine Macht über das Leben verleiht.

Effizienz heißt, daß sich etwas rechnen muß. Die Vorstellung,
daß sich etwas rechnen muß, ist der Tod jeder Kreativität. Das
allein schon wäre Grund genug, ihr zu trotzen. Effizienz ist es aber,
die Vatis Taschen füllt, weil ihretwegen die Maschinen laufen.
Wollen wir dem Patriarchat den Saft abdrehen, müssen wir am Ge-

danken der Effizienz ansetzen. Zwar gibt es Unternehmungen, die sich wirklich nicht lohnen, aber das sollte eine Frau eher danach beurteilen, ob sie einen Sinn machen, und dabei nicht nach der urpatriarchalen Kosten-Nutzen-Rechnung schielen. Ob sich eine Sache rechnet, wird auf die althergebrachte Weise in Zukunft keine Rolle mehr spielen, weil wir uns das nicht mehr leisten können.

Unsere eigenen Unternehmungen effizienzfrei zu halten, ist nicht die einzige Chance für ein Matriarchat. Eine weitere besteht darin, sich darauf zu besinnen, was wir wirklich brauchen und was nicht. Ohne deshalb gleich zum biederen Sparefroh zu mutieren, können wir einen großen Teil des patriarchal produzierten Plunders nicht mehr kaufen oder besser gesagt, boykottieren. Es wird uns nicht einmal etwas fehlen. Ein großer, wenn nicht der größte Teil der Waren und Güter, die produziert werden, haben den einen einzigen Zweck, Vatis Taschen mit Geld zu füllen.

Wir müssen damit aufhören, Verbraucherinnen zu sein, und wir müssen es uns verbitten, als solche bezeichnet, angesprochen, statistisch erfaßt und berechnet zu werden. Verbraucherinnen sind passive Mißbraucherinnen. Weil wir Verbraucherinnen sind, gibt es Tierversuche, Tierquälereien, die Armut in der sogenannten Dritten Welt und die Ausschlachtung unseres Planeten. Alles für uns, die Verbraucherinnen. Es ist tätige Dissidenz, darüber nachzudenken, welche Waren und Dienstleistungen für den Hugo sind und nicht für uns.

„Aber wovon sollen wir denn leben, wenn wir weder auf kapitalistische noch auf sozialistische Weise mehr wirtschaften können?" fragen nicht nur die Kleinmütigen. Von der Hand in den Mund, ist meine Antwort. Ein Großteil der Frauen tut das sowieso schon, wenn auch nicht in dem Sinn, wie ich es meine, sondern als zahlenmäßig größte Randgruppe des Patriarchats am Rande des Existenzminimums und am Rande des Nervenzusammenbruchs. Solche Erfahrungen haben immerhin den Vorteil, daß die meisten von uns nicht unbedingt unter Entwöhnungsschmerzen leiden werden, wenn die patriarchale Endzeit uns alle durcheinanderwirbeln wird. Aber darüber hinaus werden wir reichlich umdenken müssen. Denn wir wollen ja nicht bloß überleben.

In matriarchalen Zusammenhängen geht es nicht mehr darum, „soviel wie möglich" zu erreichen, sondern *soviel wie nötig*. Das ist exakt eine der Bedeutungen des Begriffs, von der Hand in den Mund zu leben. Eine weitere ist die, daß alles, was ich mit meinen Händen erarbeite und dann ohne Umwege in meinen Mund stecken und aufessen kann, mich bestens am Leben hält. Wenn ich imstande bin, alle Güter, die ich benötige, selbst herzustellen, dann bin ich eine freie Frau. Ich nehme kein Gift zu mir. Die Nahrung ist nicht genmanipuliert. Ich habe meine Zeit nicht anderswo für Geld in einem sinnlosen Job verplempern müssen. Zwar hat diese subsistente Güterproduktion ihre Grenzen, aber im Großen und Ganzen ist die urbäuerliche Art des Lebensunterhalts ein Stück Freiheit. Sie lebt, wie schon am Anfang dieses Buches erwähnt, von den Fähigkeiten und Kenntnissen, kreativ zu sein, d.h. Dinge entstehen, wachsen und gedeihen zu lassen.

Der dazugehörige Begriff ist Prosperität, der an die Stelle der Effizienz tritt. Damit will ich darauf hinweisen, daß eine Gesellschaft, die nur soviel wie nötig produziert, nicht damit zu vergleichen ist, wie in den ehemaligen sozialistischen Ländern Waren nicht produziert wurden. In einer matriarchalen Welt werden keine Fünf-Jahres-Pläne hierarchisch kontrolliert zu erfüllen versucht, sondern das in seiner Vielfalt kultiviert und angebaut, was uns guttut und wonach es uns gelüstet. Wo die Dinge im Fluß sind, wird auch zeitweiser Überfluß geschaffen. Das weiß jede, die einen Gemüsegarten hat. Ein Großteil davon wird zu Wintervorrat verarbeitet. Ein Teil kann eingetauscht und verkauft werden, um die Güter zu bekommen, die nicht selbst hergestellt werden können. Das funktioniert im übrigen auch mit Dienstleistungen, wie wir zu einem späteren Zeitpunkt sehen werden. Wesentlich dabei ist, daß die zu Gütern gewordene Energie auf kleinen Märkten übersichtlich wirbelnd fließt, wo deshalb ihr Sinn und ihre Qualität nicht aus den Augen verloren wird.

Ich bin immer wieder überrascht, wie viele Frauen, denen ich begegne, sich wünschen, bäuerlich, also von der Hand in den Mund zu leben. Dieser Wunsch scheint mit der üblichen Häuslebauer-Mentalität nichts zu tun zu haben, und auch von der EU-konformen Landwirtschaft ist er weit entfernt. Es ist wohl eher ein Bedürfnis, das sich aus vielen anderen Bedürftigkeiten speist. Es scheint, als gäbe es eine vielen Frauen gemeinsame Sehnsucht nach gelebter Authentizität. Für mich lag die Freiheit eines authentischen Lebens immer außerhalb der städtischen Menschen-Boxen. Da war immer ein Bild in mir, in dem ich, noch ungewaschen, ungekämmt und unangekleidet, mit meinem Kaffeehäferl am frühen Morgen in den Wald hinausspaziere und solcherart verbunden mit dem Sonnenlicht die Tautropfen in Spinnennetzen beobachte, anstatt in der U-Bahn von rasierwassergetränkter Luft benebelt in die leeren Gesichter von Menschenautomaten zu starren.

Inzwischen bin ich bei Kröten, Schlangen, Spinnen und ihren Netzen, bei Hirschkäfern und Gottesanbeterinnen angekommen, die alle hier draußen leben. Wo die Füchsin und ihr Häschen sich Gute Nacht sagen, habe ich jetzt von meiner Hände Arbeit Gemüse, Kartoffeln, Korn – und damit Brot und Nudeln –, Wein, Ziegenmilch und -käse. Dazu Äpfel, Birnen, Zwetschgen und alle daraus herstellbaren Produkte wie Saft, Schnaps und Konfitüre. Außerdem viele angebaute und wild wachsende Heilkräuter und Heu für die Ziegen, auch Mais für das Schwein. Ich könnte mir auch meinen Bedarf an steirischem Kürbiskernöl anbauen. Was mir fehlt und ich nicht selber herstellen kann, aus Mangel an Platz, Zeit, Kraft und Kenntnissen, sind Öle und Butter, Seifen und Hygienemittel, Kleidung und Schuhe. Auch Holz zum Heizen stammt nicht aus dem eigenen Wald. Ebenso müssen Strom und Wasser gekauft werden. Einen Teil davon könnte ich eintauschen gegen die Dinge, die ich auf meinem Hof produziere. Für den Rest muß ich Geld verdienen, von dem auch landwirtschaftliche Geräte finanziert werden müssen und hin und wieder Reparaturen an Haus und Hof.

Auf staatliche Förderungen und Subventionen habe ich verzichtet. Es ist mir unerträglich, mich auf Vorschriften einzulassen, die mich wieder meiner Freiheit berauben, mich in die Gewinnmaximierung zwingen und außerdem mein Tun und Lassen kontrollierbar machen. Ich kenne feministische Bäuerinnen, die gegenteiliger Meinung sind und mit Vergnügen dem Staat jeden Groschen, Pfennig oder Rappen abknöpfen, den dieser hergibt. Nicht ganz zu unrecht sind sie der Ansicht, daß das Patriarchat uns alles schuldet und das Geld besser bei den wilden Frauen landet, als daß es in Waffen und Panzer investiert wird. Wieder einmal zeigt es sich, daß es mehr als nur eine Möglichkeit gibt, die Dinge nach Frauenart zu beurteilen. Es muß jede für sich entscheiden, wie sie mit diesen Fragen umgeht.

Eine Möglichkeit, ohne staatliche Unterstützung zu Geld zu kommen, kann darin bestehen, daß eine freie Bäuerin die Nahrung für zwei, drei, vier oder fünf weitere Frauen, die weder Land noch Zeit für die direkte Art der Nahrungsbeschaffung haben, mit anbaut, wobei diese bereit sein müssen, mindestens bei der Aussaat und Ernte der arbeitsintensiven Nahrungsmittel wie Kartoffeln und Korn mitzuhelfen. Die Grenze landwirtschaftlicher Produktion, die über die Selbstversorgung hinausgeht, ist immer dann erreicht, wenn die bäuerliche Produktion in die Maximierungsschraube gerät, in der mehr und bessere Maschinen mehr Produktion möglich machen, die wiederum mehr und bessere Maschinen benötigt.

Diese Art der Nahrungsbeschaffung ist für die Frau, die nicht selbst Nahrung anbaut, zugegebenermaßen weitaus unbequemer und wahrscheinlich auch teurer, als in den Supermarkt zu gehen und sich dort mit dem Notwendigen zu versorgen. Wir müssen davon ausgehen, daß Kartoffeln und Gemüse, Wein und Brot nicht nur angebaut, gepflegt, geerntet und hergestellt werden müssen, sondern auch noch befördert und gelagert. Dieser Aufwand gibt unserer Nahrung aber die Bedeutung, die ihr eigentlich zukommt.

Die Wertschätzung für Essen und Trinken ist uns in Vatis Fortschrittszoo verlorengegangen und das nicht erst, seit Fast Food uns verfettet und verblödet. Auch teure Edelfreßtempel haben mit der Wertschätzung für Nahrung nichts zu tun. Was diese verkaufen, ist die Illusion, für viel Geld als wichtiger Gockel oder seine wichtige Begleiterin zu gelten. Die kleinen Portionen auf den großen Tellern sind nur eine unbedeutende Beilage in diesem Spiel. Die Alternative der Bioläden ist in Wahrheit ebenfalls keine. In den meisten dieser Geschäfte bekommt eine Frau Lebensmittel, bei denen einfach nur gewisse Grenzwerte an Giften und künstlichem Dünger nicht überschritten wurden. Die Qualität von Nahrungsmitteln ergibt sich aber nicht aus dem, was wir ihnen nicht antun, sondern aus dem, was diese uns Gutes tun. Diese Qualität erreichen Nahrungsmittel, wenn wir vorher Tieren, Pflanzen, Früchten und worin auch immer die „Rohstoffe" bestehen mögen, Gutes getan haben, das dann wieder zu uns zurückkommt.

Echtes Essen und Trinken ist Leben und schenkt uns höchste Lust. Es ist sinnlich und macht sinnlich. Die Beschäftigung damit ist kreativ und schafft Kultur.

Das Überangebot der Supermärkte ist das Gegenteil des matriarchalen Nahrungsüberflusses und damit Ausdruck der Geringschätzung einer so existentiellen, allumfassenden Angelegenheit, wie die Ernährung eigentlich ist. Essen darf bei Vati Fortschritt nicht viel kosten, außer es soll zeigen, was er sich alles leisten kann. Es muß gut aussehen, aber in Wahrheit ist es völlig gleichgültig, wie es schmeckt und wie nahrhaft es ist. Die falsche Pracht und leere Fülle soll das Volk vollstopfen, nicht ernähren oder gar sättigen. Was in den Regalen der Supermärkte steht, ist nichts als eine bewußte Illusion, die die Insassen des Fortschrittszoos glauben machen soll, sie wären auf der Butterseite des Lebens gelandet und so wohlhabend, daß der Aufwand für das Essen nur einen kleinen Teil ihres Budgets ausmacht. Tatsächlich landet das meiste Geld, das nicht verfressen, sondern für sogenannte Lebensqualität ausgegeben wurde, über den Verbraucher als Zwischenträger gewinnmaximiert wieder in Vati Fortschritts Taschen, ohne daß die Insassen des Fortschrittszoos wirklich etwas davon gehabt haben außer Plunder, der schon in dem Augenblick, als er gekauft wurde, keinen Wert mehr hatte. Ganz abgesehen davon, daß die Preise für die schlechten Lebensmittel nur deshalb so niedrig sind, weil sie mit Steuergeldern teuerst subventioniert wurden. In Wahrheit zahlen VerbraucherInnen horrende Preise für den eßbaren Müll.

Ich behaupte, daß die meisten Menschen in den Städten nicht wissen, wie Tomaten wirklich schmecken, noch auch nur annähernd ahnen, wie das ist und sich anfühlt, wenn man den Geist eines echten Apfels oder einer unverfälschten Zucchini in sich aufnimmt, indem man sie lustvoll genießend verspeist. Es gibt Äpfel, die schmecken, wie Rosen duften, was diejenige nicht verwundert, die weiß, daß der Apfelbaum zu den Rosengewächsen gehört. In Niederösterreich gibt es eine Frau, die baut 66 verschiedene Sorten Kartoffeln an. Beinahe alle diese Sorten sind nicht in den Supermärkten und auch nicht in den Bioläden zu finden. Würde Nancy Arrowsmith diese vielen Sorten nicht anbauen, wären sie alle schon ausgestorben. Das gilt auch für viele andere Nutz- und Kulturpflanzen, deren Samen Arrowsmith erzeugt und damit vor der Artenvernichtung durch die Zivilisation rettet und erhält.

Von der Hand in den Mund zu leben, ist mit viel Arbeit verbunden. Ich höre das immer wieder. Das ist wahr und stimmt doch nicht. Wahr ist, daß es Monate dauert, bis so eine Tomate rund und saftig in meiner Hand liegt. Im Jänner beginne ich auszusäen. Die keimenden Pflänzchen muß ich in beheizten Räumen hegen und gießen. Ab März können sie ins Gewächshaus, und ab April werden sie ins Freie gepflanzt. Dann dauert es bis zum August, bis die ersten Früchte rot werden. Mit einem beheizten Gewächshaus könnte ich die Ernte um einen Monat vorziehen. Aber es bedeutet in jedem Fall, nicht das ganze Jahr über Tomaten essen zu können. Bei guter Lagerung sind die letzten Tomaten zu Weihnachten reif. Von da an heißt es warten auf die neue Ernte bis zum nächsten August und Rückgriff auf Eingemachtes. Im Frühjahr zur Saatzeit und im Herbst zur Ernte gibt es mehr Arbeit, als der Tag lang ist. Auch wenn Heu gemacht wird, gibt es viel zu tun, was in der Sommerhitze ein Wahnsinn sein kann. Dazwischen liegen auch eher ruhige Zeiten, wenn es nur darum geht, die Wildpflanzen so weit aus dem Garten herauszuhalten, daß sie Kultur- und Gemüsepflanzen nicht überwuchern und untergehen lassen. Vor allem im Weingarten, der eine starke Hanglage hat, ist das Knochenarbeit, mit dem Balkenmäher durch die Brennesseln schiebend den Rebstöcken ihren Raum zu erhalten.

Doch die, die das Bäuerinnenleben mit „viel Arbeit" kommentieren, meinen im Grunde etwas ganz anderes. Sie reagieren auf die Tatsache, daß es sich um körperliche Arbeit handelt, und die steht auf der Liste der beliebtesten Tätigkeiten nun einmal ganz unten. Wenigstens spare ich das Geld fürs Fitneßcenter. Es ist jedoch weitaus mehr als Fitneß und wesentlich mehr als nur Lebensmittel, was mir diese viele Arbeit einbringt. Sie hält mich in Verbindung mit allem anderen Leben. Sie lehrt mich Geduld und Verbundenheit, zwingt mich zur Achtsamkeit und macht mich bei Wind und Wetter mit dem Lauf der Sterne und des Monds vertraut. Ich weiß, wie Wetter entsteht, und habe gelernt, Zeichen für Wetterumschwünge zu erkennen und zu deuten. Ich erkenne am Bewuchs, wo Erdstrahlungen verlaufen, und habe ein Gespür dafür entwickelt, wo es Wasser gibt oder Geister wohnen. Diese Art der Arbeit verhindert Spaltung, Entfremdung, Kopfigkeit und Gefühlstaubheit. Sie schult die Sinne und fördert die Lust.

5. KAPITEL

FRAUEN HANDELN

Wege aus der Abhängigkeit führen immer in die Selbständigkeit. Für eine freie, nach Frauenwerten lebende Frau bedeutet das ungeheuer viel. Es heißt, daß das Machtmonopol des Mannes auf Geld und Arbeit gebrochen wird. Wenn im Patriarchat bisher für die meisten Frauen die Alternative in der Wahl zwischen dem Hausfrauendasein oder dem eigenes Geld einbringenden Job bestand und als besonders groteske dritte Lösung die sogenannte „Doppelbelastung", so gilt es jetzt, nicht im System zu verbleiben, sondern aus ihm hinauszufinden, und zwar durch selbständige Arbeit, echte Selbständigkeit.

Der Job, der eigenes Geld einbringt, oder das Hausfrauengehalt, das jede Frau per Ehevertrag festlegen sollte (wenn er es nicht akzeptiert, sollte sie ihn auf keinen Fall heiraten; falls es schon passiert ist, sollte sie sich scheiden lassen, denn so einem kann sie nicht über den Weg trauen), ist zwar ein wichtiger Schritt aus der Abhängigkeit, aber es ist nur eine Zwischenlösung. Dennoch macht es einen großen Unterschied, ob eine Frau das Geld ihres Mannes verwaltet, das er für die ganze Familie verdient, oder ob sie von ihm für ihre Tätigkeiten des Familienmanagements ein Gehalt bezieht, von dem sie dann auch ihren Anteil an den laufenden Kosten bestreitet, wobei sie nicht vergessen darf, daß die Verwaltung seines Geldes ebenfalls eine Dienstleistung darstellt, für die sie etwas berechnen muß.

Diese Handhabung, die so aussieht, als ob es sich um eine rein rechnerische Regelung handelt, bei der unterm Strich dasselbe herauskommt, weil ja doch in einem gemeinsamen Haushalt gelebt wird, ermöglicht einer Hausfrau eine ganz andere Einstellung zu ihrer Arbeit. Das ist von viel größerer Bedeutung, als daß ihr Mann die Tätigkeiten einer Hausfrau anders, das heißt wertschätzend betrachtet. Eine Frau, die weiß, was sie wert ist, weiß auch viel besser, was sie will. Sie braucht nicht darauf zu warten, ob irgendeiner dieser Rückständigen, die heute noch gemeinhin Männer genannt werden, kapiert, was sie wert ist, und ihr seine Anerkennung für ihre Leistungen ausspricht. Eigenes Geld fördert die Fähigkeit, Entscheidungen zu treffen, also handlungsfähig zu sein. Es bedeutet das Ende der Selbstausbeutung und Erpreßbarkeit. Es lehrt die Frau, Geld/Arbeit und Liebe nicht miteinander zu verbinden oder gar zu verwechseln. Auf diese Weise wird sie endlich unempfindlich gegenüber dem Spiel mit den Schuldgefühlen. Ohne entsprechende finanzielle Regelung bleibt vieles davon im Bereich der Lippenbekenntnisse stecken. Geld hat in diesem Fall die Kraft, klare Verhältnisse und damit Wirklichkeit zu schaffen.

Dennoch ist das Haufrauengehalt nur eine Zwischenlösung, ebenso wie der Job, der das eigene Geld und damit die Existenzsicherung ermöglicht. Die fremdbestimmte Berufstätigkeit einer Frau ist immer nur Freiraum und nicht Freiheit. Statt der Abhängigkeit vom Gatten gibt es die Abhängigkeit von Vati Fortschritt. Wenn der nun beschließt, die Lohnarbeit abzuschaffen, weil ihn in Wahrheit nur seine Gewinne interessieren und nicht die wirtschaftliche und gesellschaftliche Verantwortung, wie er immer behauptet, sind die Frauen die ersten, die dran glauben müssen, und blitzschnell ist es aus mit der schönen Unabhängigkeit. Es stellt sich heraus, daß die Gleichstellung der Frau nur zum Schein erfolgt war. Das ist aber nicht die einzige Lehre, die eine Frau daraus ziehen sollte. Gleichstellung bedeutet, daß Frauen den Männern gleichgestellt werden, und das heißt nicht „Erhöhung" der Frau auf die Stufe des Mannes, sondern sie begibt sich auf sein Niveau *herab,* um an seinen von ihr geschaffenen Privilegien mitnaschen zu können, bis der große Zampano es sich wieder anders überlegt.

Die wirtschaftliche Bewegungsfreiheit und Unabhängigkeit entscheidet darüber, ob und wieweit eine Frau die Kontrolle über sich selbst, ihren Leib, ihr Haus sowie Wohl und Stand der Ihren wiedererlangt und behält. Wieweit also aus einer Haushälterin eine wird, die ihr Haus wirklich aus eigener Kraft und wirklich halten kann.

Nicht alle Frauen wollen dies durch ein uranfängliches Leben als selbstversorgende Bäuerin erreichen oder sind dafür geeignet. Auch nützt es uns nichts, wenn viele Frauen vieles produzieren und der Überfluß nicht abfließen kann. Es ist in der Tat viel einfacher, etwas zu produzieren, als es an die Frau zu bringen. Jede Frau, die gärtnert, weiß, daß die eigentliche Arbeit von den Pflanzen erledigt wird und der Anbau von Obst und Gemüse außer in den Zeiten von Saat und Ernte gar nicht so viel Arbeit bedeutet, wie viele meinen. In Wahrheit hat eine uranfängliche Bäuerin viel mehr Freizeit als die durchschnittliche, in einem Job gefangene Städterin. Sie hat nur keine geregelten Arbeitszeiten und keinen, den sie für verkaufte Lebenszeit zu Gegenleistungen auffordern muß und zur Kasse bitten kann. (Sie muß aber auch keine Lebenszeit verkaufen.) Es ist völlig klar: Ob eine Frau Kartoffeln anbaut oder Bilder malt, Kleider näht oder Bücher schreibt, sie könnte Tonnen und Aber-Tonnen ihrer Produkte erzeugen, aber wenn sie kein Talent dazu hat, wird sie es in zwanzig Jahren nicht fertigbringen, eine Gurke ihrer Bestimmung als Hauptbestandteil eines Salats zuzuführen.

Nehmen wir zum Beispiel Hühnereier. Zehn Hennen kann jeder Hof leicht unterbringen. Weniger ist sogar ausgesprochen fad für die geselligen Hühner. Zehn Hühner brauchen nicht viel Platz, tagsüber rennen sie einfach herum, und sie legen täglich zehn Eier. Das macht im Monat 300 gesunde, wohlschmeckende Eier von Tieren, die artgerecht leben. Solche Eier schmecken unvergleichlich besser als sogar die Freilandeier von gewinnorientierten Hühnerhöfen, die meist nur die Massenhaltung von der Vertikalen in die Horizontale verlagert haben. Nur, was macht eine mit derart ungeheuren Mengen an Eiern? Diese köstlichen Produkte hühnerlicher Fülle müssen rechtzeitig und regelmäßig dorthin kommen, wo Frauen gern ein solches Ei auf dem Frühstückstisch hätten.

Oder nehmen wir die Bilder meiner Freundin. Sie ist Malerin und bevorzugt die zeitaufwendige Methode, Unikate in Öl herzustellen, die unbezahlbar für die meisten Frauen sind, deren Budget kaum größere Ausgaben für Kunst zuläßt. So stellt sie also zahlenmäßig limitierte, signierte Kunstdrucke her, die Frauen sich leisten können. Die Frage ist, wie diese Bilder ihren Weg bis an die Wände von Käuferinnen finden und wer diesen Weg ebnet. Eine, die

Bilder malen kann, muß deswegen noch lange nicht auch verkaufen können.

Auf die richtige Verteilung kommt es also an. Und auf die Verteilerin und ihre entsprechenden Talente. Produktion und Verteilung sind ein Schwesternpaar, das aufeinander angewiesen ist. Die eine hilft der anderen, und das ist ganz etwas anderes als der merkantile Geist des Patriarchats, der alles durch die Geldbrille beurteilt. Das Horten und Raffen und der dazugehörige Prozeß des Ausschaltens aller Konkurrenten und der Verfolgung eigener Interessen bei gleichzeitiger Verhinderung fremder Interessen, auf dem das patriarchale System basiert, machen aus Produzenten von Gütern, vor allem von bäuerlich erzeugten Grundgütern, bescheidene Dummköpfe und aus den Zwischenhändlern an Macht, Einfluß und Geld reiche Nutznießer. Dieses System schafft die eigenartigen Vorstellungen von der Knappheit der Lebensgrundlagen, von denen alle Menschen im Patriarchat befallen sind. Alle arbeiten sich krumm, und trotzdem machen sich alle ununterbrochen Sorgen, ob, wie weit und wofür das Geld reicht. Und das, obwohl Länder wie Deutschland, Österreich und die Schweiz so reich sind, daß sie gut und gern das Mehrfache ihrer Bevölkerung ernähren könnten.

Frauen sind geborene Händlerinnen. Ich habe schon in „Die wilde Frau" darauf hingewiesen. Die matriarchale Ökonomin kennt und liebt ihre Ware. Wenn sie ihrer Natur folgt, dann verknappt sie nicht, um die Begehrlichkeit zu schüren, und sonnt sich auch nicht in der Macht über die, die bedürftig sind. Sie wirtschaftet aus der Fülle, d.h. sie verteilt das, was da ist, an die, die es brauchen. Was sie dafür als Gegenleistung erhält, ist der Überfluß von anderen Produzentinnen, ob als Geld oder Naturalien. Beides wird nicht besser, wenn es an ihr klebenbliebe. Also verteilt sie auch dieses. Sie kann diesen Fluß der zu Materie gewordenen Energie weiterleiten und hält so die Welt in Bewegung. Immer wird der Fluß auch wieder zu ihr zurückkehren. In einem weiblichen Weltbild ist die Erfahrung von Kommen und Gehen selbstverständlich. Nicht umsonst reimt sich Handel auf Wandel.

Das Erkennen von Bedürftigkeit und Bedürfnissen und deren Befriedigung ist eine Fähigkeit, die aus dem Bereich der großen mütterlichen Potenz stammt. Hieraus ergibt sich die Kompetenz der Frauen im wirtschaftlichen Bereich. Hierin liegt auch bereits die Unterscheidung zwischen dem ökonomischen Kalkül kapitalistischer Wirtschaft und der Art und Weise, wie handelnde Frauen etwas unternehmen.

Auch sind es gerade ihre hausfraulichen Fähigkeiten, die sie gegenüber jedem Top-Manager aus Vatis Fortschrittszoo überlegen machen. Wenn jemand überhaupt den Gedanken der Subsistenz in Wirklichkeit umsetzen kann, dann sind es Hausfrauen, die wirtschaften können. Bei ihnen wird nichts verschwendet, und sie schaffen es immer wieder, aus nichts etwas zu machen. Sie wissen, was die Ihren wollen, und sie sorgen dafür, daß es herbeigeschafft wird. Die biblische Speisung der Fünftausend mit fünf Fischen kann schon deshalb nicht stimmen, weil Jesus keine Hausfrau war, denn nur als solche hätte er das Kunststück fertiggebracht.

Wie kommen Frauen zum raumgreifenden Handeln? Wie finden sie Zugang zu den Mitteln und der Verteilung der Güter? Wie kommen Frauen an das heran, was sie zum Leben brauchen? Indem sie beizeiten lernen zu spinnen. Frauen brauchen Netzwerke, die eigene Märkte schaffen und dafür sorgen, daß die Güter ihren Weg finden. Sie kooperieren mit anderen, anstatt zu konkurrieren. Sie kultivieren ihre Nase für ein gutes Geschäft, was bedeutet, visionär, kreativ und imaginär zu sein. Ein gutes Geschäft zu wittern, ist ein Akt, der größte Aufmerksamkeit verdient, weil eine Frau nur allzu leicht in alte patriarchale Denkweisen der Machbarkeit zurückfallen kann.

Die ersten Jahre auf meinem Hof bin ich immer wieder darauf hereingefallen, ein gutes Geschäft damit zu verwechseln, daß vieles machbar ist. Beinahe hätte ich einen Handel mit Heilkräutern aufgezogen. Dann war es wieder der edle Jahrgangs-Apfelessig. Oder das alternative Weihnachtspaket aus der Steiermark mit Kernöl, Wein, Apfelessig, Konfitüren, Edelbrand. Oder der in Olivenöl und Knoblauch eingelegte Ziegenkäse. Alle Produkte, die mich zu diesen Geschäften inspiriert hatten, waren ausgezeichnet und von guter Qualität. Sie hätten sich alle gut und teuer verkauft, wenn ich ausreichende Mengen davon hergestellt hätte. Und ich hätte eine Menge Geld damit verdienen können. Aber es hätte sich rechnen müssen. Damit es sich rechnet, hätte ich mich darauf konzentrieren müssen, ausschließlich diese Produkte für den Verkauf herzustellen. Ich hätte keine Ziegen. Ich hätte kein Gemüse. Ich hätte keine Zeit. So wird die Grundlage für Monokulturen gebildet.

Tja, hätte, hätte und nicht hat. Erfreulicherweise wurde ich immer wieder rechtzeitig daran erinnert, daß das beste Geschäft, das ich machen kann, in meiner Freiheit besteht. Und der höchste Ausdruck von Freiheit bedeutet für mich, daß ich, statt in den Supermarkt zu fahren, in den Gemüsegarten gehe und mir in aller Ruhe aussuche, was ich denn heute koche. Daß alle Zutaten frisch sein müssen, erzählen die Haubenköche allerorten und haben doch keine blasse Ahnung, wovon sie da eigentlich reden. Die haben noch nie wirklich frischen Spargel gegessen. Zwischen Ernte und Zubereitung sollten möglichst nicht mehr als 50 Minuten vergehen. Das ist kein Luxus, sondern das wahre Leben. Seither halte ich die Balance zwischen der Vielfalt meiner Selbstversorgung und der Verteilung des Überschusses in für mich noch übersichtlichen Mengen zur rechten Zeit, die mir Zeit für mich und andere Beschäftigungen läßt.

Ein gutes Geschäft ist eines, bei dem die richtige Sache mit der richtigen Frau zum richtigen Zeitpunkt zusammenkommt. Das erfordert viel Gespür und Pflege der Wege. Das ist meiner Ansicht nach bei Beziehungen und Freundschaften nicht anders. Es muß bei allen Beteiligten immer ein Mehr an Freude, Energie und Wohlbefinden dabei herauskommen. Wenn das nicht der Fall ist, dann ist die Beziehung faul, die Freundschaft nichts wert, und das Geschäft war ein schlechtes. So einfach sind manchmal die Wahrheiten, die einer Frau weiterhelfen.

Immer gibt es viel mehr Möglichkeiten als nur die patriarchale Standardlösung. Das trifft auch auf die Verteilung von Gütern zu. Patenschaftsähnliche Produktionswirtschaft einer Bäuerin für höchstens eine Handvoll anderer Frauen wäre eine Möglichkeit. Eine andere wäre, landwirtschaftliche Produkte, die im Überfluß produziert sind, per Sammelbestellungen zu verkaufen. Eine Bäuerin kann sich irgendwo in den Städten eine sinnvolle Anzahl Frauen suchen, die bereit sind, Bestellungen von Familienangehörigen, Nahestehenden, Freundinnen und Nachbarinnen zu sammeln. Auf diese Weise kann sich ein Lieferdienst lohnen. Wenn sich die Bäuerin überdies mit anderen Produzentinnen zusammentut, dann wird das Ganze ein noch vielfältigerer und kostensparenderer Handel.

Wesentlich scheint mir, daß Produktion und Handel niemals auf Masse setzen. Kleine Märkte, die übersichtlich sind, garantieren die Qualität, auf die es einer matriarchalen Ökonomin ankommt.

Professionalität heißt, tun, was wir können, und anerkennen, was wir noch lernen müssen. In diesem Sinn wird es für die Zukunft darauf ankommen, daß wir an unseren matriarchalen Schulen Mädchen die Gelegenheit geben, zu lernen, was es heißt, zu handeln. An einer Schule, die nicht auf den Ernst des Lebens vorbereitet, denn der wäre für den Hugo, sondern den zukünftigen Frauen beibringt, sich auf das lustvolle Spiel des Lebens vorzubereiten, stünde auch der Glaube an sich selbst auf dem Lehrplan. Wenn eine Frau sich selbst nicht glaubt, daß sie dieses kann oder jenes tun wird, dann wird sie niemals professionell werden noch imstande sein, den Lauf der Welt zu bestimmen.

Nicht nur ich, viele Frauen finden es ausgesprochen komisch, daß es in Vatis Fortschrittszoo in den letzten Jahren offenbar notwendig geworden zu sein scheint, die sogenannte Innovation zu beschwören. Einfallsreichtum allein reicht nicht mehr, nein, es muß die Innovation sein. Das Problem, das Frauen haben, ist ein ganz anderes. Frauen haben überhaupt keine Schwierigkeiten damit, schöpferisch zu sein. Sie *sind* das schöpferische Prinzip des Lebens. Ihre Schwierigkeit besteht darin, Hemmungen zu überwinden, die ihnen in dreitausend Jahren beinahe zur zweiten Haut geworden sind. Teil dieser Schwierigkeit ist es, Angst zu verlieren, die ihnen seither natürlich erscheint. Ein weiterer Teil, sich um ihren eigenen Scheiß zu kümmern, anstatt die Welt mit Männeraugen zu betrachten, und ein dritter, sich selbst zu glauben, daß sie etwas sind und können.

Ich habe alle meine Klientinnen immer dazu aufgefordert, laut und mit klarer Stimme zu sagen, wer sie sind und was sie wollen, und dann auf das innere Echo zu hören, bzw. auf die Gefühlsreaktionen zu achten. Auf diese Weise zeigt sich unverzüglich, daß das größte Hindernis darin besteht, daß eine sich selbst nicht wirklich glauben kann, was sie will oder sich erträumt, und manchmal sogar, daß sie überhaupt vorhanden ist. Meine Antwort ist immer: Wenn du nicht glaubst, daß du dieses oder jenes kannst oder bist, nimmt es dir auch sonst niemand ab, und du hast es verdient, zu scheitern. Wenn die beiden alten Indianerfrauen aus Alaska sagen:

„Laßt uns handelnd sterben", dann liegt für viele Frauen die Betonung auf *sterben* und nicht auf *handeln*.

Das ist kein Zufall, wie wir wissen. Handelnde Frauen sind gefährliche Frauen. Sie tun, was sie wollen, und sie tun es auf ihre Weise. Sie sind so in Bewegung, daß sie nicht mehr aufzuhalten sind. Und es muß ihnen auch niemand Mut machen, damit sie loslegen. Sie wissen einfach, daß alles immer eine Frage von Leben und Tod ist. Wenn eine nicht mehr Muse sein will, sondern selbst zu malen wünscht, dann braucht sie dazu keinen Mut, sondern Pinsel, Farbe und Leinwand.

„Wir Frauen müssen nicht gefördert werden, wir wollen nur nicht mehr gehindert werden", ist ein Spruch der Frauenbewegung in den Neunzigern. Ich reagiere ausgesprochen bösartig, wenn ich lese oder höre, meine Bücher machten Frauen Mut. Wenn eine Mut braucht, um etwas zu unternehmen, wird ihr weder ein Buch noch ein Seminar weiterhelfen, sondern nur der unbändige Wille, ein starkes, lebendiges Lebewesen zu sein. Die sogenannten Mutmachbücher sind eine infame Veralberung der ernsthaften Auseinandersetzungen mit der patriarchalen Entmündigung weiblichen Geistes und laufen auf eine Entschärfung weiblicher Kampfeskraft hinaus. Alles, was eine Frau braucht, ist der echte Wille. Der Mut zum Handeln kommt dann ganz von allein.

6. Kapitel

Mit einem Schlag

Ich habe mich schon oft gefragt, was wäre, wenn mit einem Schlag alle Männer der Spezies Mensch von diesem Planeten verschwunden wären. Christa Reinig zeichnet in ihrer Kurzgeschichte „Der Wolf und die Witwen" das Szenario einer männerlosen Gesellschaft, messerscharf komisch und bitter wahr. Zwar hat der Penisneid vieler Frauen dazu ausgereicht, den Führerschein zu machen, wie sie schreibt, aber Lastwagen rollen nicht mehr. Auch keine U-Bahn und keine Zug- und Schiffsverbindungen, nicht ein Düsenflieger wäre mehr in Bewegung. Strom gäbe es sowieso nicht mehr. Also auch kein Fernsehen und kein Radio, kein Telefon und kein Fax, und Briefe blieben auch liegen. Brände würden vielerorts entstehen, aber nicht gelöscht werden können. Die ärztliche Versorgung wäre auf ein Minimum reduziert. Wasser, vor allem trinkbares Wasser, würde knapp. Es würde einiger Wohnraum frei, denn nicht nur der gesamte Vatikan stünde plötzlich leer, sondern auch jede Menge Kirchen, Pfarrhäuser, Gefängnisse, Amtsgebäude und Bürogebäude. Das ist gut so, denn alle Bauvorhaben wären gestoppt. Verstopfte Toiletten blieben verstopft, Heimwerkermärkte würden zu Geistergeschäften. Handwerksbetriebe gäbe es kaum. Die industrielle Produktion sämtlicher „hochwertiger" Konsumgüter wäre eingestellt, bereits in den Wohnungen vorhandene Geräte zu sinnlosen Staubfängern heruntergekommen. Geld wäre im Überfluß vorhanden, aber weniger wert als die Tapeten an den Wänden. Eine unübersehbare Menge an giftigem Müll hätte die Bedeutung von tickenden Zeitbomben, und keine Frau wüßte, wie sie damit umgehen soll. Auch ist es fraglich, ob genügend Frauen wissen, wie man die Atomkraftwerke außer Betrieb setzt.

Alle Parks, alle Straßen gehörten den Frauen und könnten gefahrlos bei Tag und bei Nacht spazierend in Besitz genommen werden. Kein sexueller Mißbrauch, keine Vergewaltigungen, ohne Gatten auch keine Prügel, keine Pornos. Keine Parteien, kein Parlament, keine Fußballvereine, kein Raub, kein Mord, keine Mafia, keine Nazis, keine Attentäter, keine Kriege, keine Amigos, denn keine Hand wüsche mehr die andere. Ein paar Herrenimitatorinnen wären wahrscheinlich noch eine Zeitlang darum bemüht, uns den Verlust an männlicher Unterwerfung ersetzen zu wollen, aber das gäbe sich sicherlich bald aufgrund verschiedener Möglichkeiten, sich das zu verbitten, und in Ermangelung der Nachfrage. Auch gäbe es ja genügend Therapeutinnen, die sich ihrer annehmen könnten. Alle Frauen hätten jede Menge Zeit. Keine könnte mehr vor dem Fernseher herumhängen, und den Freizeitstreß könnte sie sich auch sparen.

In Christa Reinigs Geschichte fallen alle Männer auf einen Schlag als Leichen zur Entsorgung an, weil ein Virus das Y im männlichen Chromosom erfolgreich angegriffen hat. So unwahrscheinlich ist das nicht, wenn ich Rüdiger Dahlkes These berücksichtige, alles, was ein Lebewesen geistig-seelisch nicht bearbeite, rutsche in den körperlichen Bereich und müsse dort als Krankheit ausgetragen werden. Warum soll sich männliche Destruktionsfreude nicht als virueller Krieg gegen die Männlichkeit äußern? Wie oft haben wir uns gewünscht, diese gewalttätigen und machtgierigen Typen sollten sich doch gegenseitig umbringen. Anfänglich versuchen die Frauen in Reinigs Geschichte, die toten Männer die Treppen hinunterzuschleppen. Aber zum Schluß werfen sie sie zum Fenster hinaus, es sind einfach zu viele. Die sterblichen Überreste der ehemaligen Herren der Welt werden in den nun nutzlos gewordenen U-Bahnschächten versenkt und diese dann zugemauert. Eine saubere Lösung. Die meisten Frauen gehen aufs Land, wo das Essen aus der Erde wächst.

Was können wir aus dieser Geschichte lernen? Wir sehen, wo es bei den Frauen hapert, wenn wir – ob mit oder ohne Anwesenheit von Männern auf der Erde – die bestimmende Macht sein wollen. Wir sehen aber auch, was in Wahrheit wesentlich ist, um zu leben, und was von dem, was fehlt, wir tatsächlich so dringend brauchen wie einen toten Mann im Haus. Frauen haben keine Mühe, Essen wachsen zu lassen, zu ernten und zuzubereiten. Die Verteilung von Gütern haben sie bald im Griff. Sie sind kompetent in der psychischen Versorgung und emotionalen Unterstützung, denn die meisten Therapeuten sind weiblich, und die ehemaligen Ehefrauen brauchen sowieso wieder jemanden, den sie unter ihre Gefühlsdusche stellen können.

Kunst und Kunsthandwerk bringen Frauen leicht in ihre Hand. Unterrichten ist sowieso ihre Sache. Lastwagenfahren würden sie schnell lernen. Die industrielle Fertigung der meisten Massenwaren wäre dagegen völlig überflüssig. Der Verzicht auf industriell hergestellten Strom würde meiner Ansicht nach leichter fallen, als wir uns das zur Zeit vielleicht vorstellen können. Vergessen wir nicht, daß der weitaus größte Verbrauch von Elektrizität durch die Industrie erfolgt. Dunkle Straßen wären in einer männerlosen Welt überdies völlig unproblematisch, weil im Dunkeln keine Gefahr mehr lauern kann.

Aber das Handwerk, und zwar sowohl Herstellung existentieller Güter wie deren Reparatur, ist wirklich unser Schwachpunkt. Ein Dach über dem Kopf, eine warme Stube, Schuhe, Kleidung, Möbel. Das alles ist notwendig, um die Grundbedürfnisse nach Wärme und Sicherheit zu befriedigen. Auch müssen wir uns sauberhalten, ohne uns gleichzeitig zu vergiften.

Am besten sieht es noch beim Möbelbau aus. Tischlerinnen gibt es und zwar mit steigender Tendenz. Auch gibt es schon Installateurinnen. Zumindest Stuttgart hat eine feministische Malermeisterin. Aber es gibt praktisch keine Maurerinnen, und Zimmerfrauen sind so selten, daß es im Fernsehen live übertragen werden sollte, wenn eine mal wo auftaucht. Seifensiederinnen, die sich auf saubere, wirklich natürliche, wohltuende, nicht industriell gefertigte, nicht durch Tierversuche getestete Kosmetik und Hygieneprodukte verstehen, auf Amazonensalben und Entspannungscremes, auf Shampoos und Dentagerda-Zahnpasta, die nicht nur gesund sind, sondern auch energetisch wirksam, weiß ich immerhin in der Schweiz. Noch besser schaut es aus bei Taschen und Kleidung, aber bei Schuhen stehen wir schon wieder nicht mehr so gut da. Ein weites Feld wartet auf uns Frauen. Das geht nicht mit einem Schlag, aber so peu à peu werden wir in diese Gebiete hineinwachsen müssen.

Das Handwerk ist neben Ernährung und Handel ein weiterer Weg in die matriarchale Unabhängigkeit. Handwerk läßt sich in kleinen Betrieben betreiben und verträgt es gut, wenn Frauen sich zu Erwerbsgemeinschaften zusammenschließen, die eine Ausbeutung von Untergebenen ausschließen und doch verhindern, daß eine klein, einsam und mickrig vor sich hinwurschtelt, ganz abgesehen davon, daß sich auf diese Weise die Kosten für Werkstätten, Büros, Telefon, Computer etc. niedrig halten lassen. Handwerkerinnen können auf den Tausch von Gütern und Dienstleistungen einsteigen, denn sie haben etwas zu bieten.

In meinen Augen sind sie Kulturschaffende, denn sie können und sollten ihre Kraft darein legen, besonders schöne, besonders gute Produkte herzustellen und nicht, wie es im Patriarchat ein Kriterium für Erfolg wäre, besonders viele, was nur auf Kosten der Qualität zu erreichen ist.

Grundsätzlich sollten Frauen bei Frauen kaufen und auch ihresgleichen bevorzugen, wenn es um Dienstleistungen geht. Das hat mehr Bedeutung als nur praktizierte Solidarität. Ich will noch einmal an meinen alten Kumpel erinnern, der mich darauf aufmerksam machte, daß Frauen die interessanteren Menschen sind, und ins Gedächtnis rufen, daß Frauen nur das Beste verdient haben, also sich nur mit den interessantesten und originellsten Menschen umgeben sollten. Aber auch das ist noch nicht alles, weshalb eine Frau Frauen bevorzugen sollte.

Ich muß noch einmal auf die bereits erwähnte Malermeisterin zurückkommen. Es ist also nicht der besonders feminin einfühlsame Pinselstrich, der sie auszeichnet. Es ist auch nicht die Tatsache, daß Frauen im Umgang mit Farben und ihrer Auswahl einfach sicherer sind als Männer. Immerhin bin ich selbst eine Frau und kann die Farben aussuchen, die ich an Türen und Wänden haben will. In diesem Punkt bin ich also nicht unbedingt auf die Hilfe einer anderen Frau angewiesen. Was aber ist es dann? Sie begreift ihr Handwerk nicht als fachlich versierte Erledigung eines Auftrags, sondern sie schafft Lebensumstände, Lebensräume, Energiefelder. Dazu bedient sie sich aller Möglichkeiten, die Frauen sich in den vergangenen Jahrzehnten geschaffen, wiedererobert und aus der Vergangenheit ausgegraben haben. Elektrikerinnen aus Wien kenne ich, die machen das auf ihrem Gebiet mit Donner und Blitz.

Es versteht sich von selbst, daß Frauen in ihrem Handwerk nur zu sauberen, das heißt natürlichen Rohstoffen greifen, und das ist mehr als nur praktizierte Ökologie. Diese energetische Form des Handwerks kann außerdem auch nicht einfach nur als ganzheitlich betrachtet werden. Ganz abgesehen davon, daß dieser seit den achtziger Jahren in Mode gekommene Begriff der Ganzheitlichkeit den männerzentrischen Umgang mit dem Leben auf bestürzende Weise entlarvt, wenn wir darüber nachdenken, welcher Weltsicht denn die sogenannte Ganzheitlichkeit entgegengesetzt werden mußte. Frauensicht und Frauenumgang mit der Welt, gleich ob mit Hammer und Hobel, mit Nadel und Tonscheibe, ist aber nicht bloß ganzheitlich, denn sie ist nicht als komplementär zur Männersicht zu begreifen.

Nach meinen Vorstellungen muß Frauenhandwerk Schwingungen erzeugen können, die sich auf die Schwingungsfrequenzen aller anderen diesseitigen und jenseitigen Lebewesen und der Erde als unserer Mutter einstellen. Die Schwingungen der materiellen und geistigen Welt sind weiblich. Das Leben ist weiblich.

Ich habe schon mehrfach darauf hingewiesen, wieviel Leid sich über die Welt gelegt hat und noch immer täglich weiter legt, seit das Männliche begonnen hat, sich so weit auszudehnen, daß es allem anderen Sein die Luft abdrückt. Dieses Leid liegt über allen Ländern wie eine dicke Schicht aus Bedrückung und Trostlosigkeit. In den Städten ist es zu bestimmten Zeiten ganz besonders elendig spürbar, aber es ist auch dort zu finden, wo wir romantisch schöne Landschaft vermuten und doch nur künstliche Wälder haben, zukünftige Festmeter Holz oder gülleverseuchte Felder oder Jagdgebiete für schießwütige Nichtsnutze oder KZs für Schweine. Matriarchale Zonen sind wie kleine Inseln des Lebens in diesem Meer der Verlorenheit. Ihre Gestaltung und ihre Ausstrahlung werden von denen getragen, die sie am Leben erhalten. Weibliches Handwerk schafft dabei die Voraussetzungen. Das macht es so existentiell für eine frauenzentrische Welt.

Frauenhandwerk bedeutet auch ein Ende der Hilfsbedürftigkeit in der Herstellung der Dinge, die wir zur Befriedigung unserer Grundbedürfnisse benötigen. Trotz unterschiedlichen Talents sollten Frauen sich also nicht scheuen, zu Hammer und Nägeln zu greifen, zu Säge und Schraubzwinge, zu Maurerinnenkelle und

Schraubenzieher, auch wenn eine damit noch nicht Fachfrau für Hausbau, Möbelbau und Straßenbau ist. Erfahrungen im Tiefbau können zu Hochgefühl führen. Es bedeutet ein wesentliches Stück bei der Rückeroberung der Welt. Es besagt: Wo ich bin, da ist Leben, denn ich kann überall und jederzeit für mich sorgen.

Wie Handwerkerinnen, Händlerinnen und uranfängliche Bäuerinnen über ihr Können hinaus zustandebringen, daß die Welt sich wieder im richtigen Lauf dreht, und mit welchen Mitteln sie arbeiten, wird Thema der nächsten Kapitel sein. Es soll ja nicht bei den Inseln bleiben, und Dissidenz ist ja auch nur so lange eine Lebensperspektive, wie es noch etwas gibt, dem es sich zu widersetzen gilt. Darum schaffen wir mehr als nur Arbeitsplätze für Frauen und individuelle Lebensperspektiven. Wir stellen die Verbundenheit mit allem, was lebt, wieder her.

Die Schaltzentren der Macht sind über die bereits berührten Bereiche hinaus Transport und Kommunikation, Medizin und Religion. Die zu besetzen und sich nicht noch einmal von den Männern wegnehmen zu lassen, entscheidet darüber, ob das Gesetz der Spermie wieder Macht über uns erhält oder ob wir matriarchal bleiben. Wenn wir weibliche Gegenwelten entwerfen und entstehen lassen, dann sollten wir unser Augenmerk vor allem auf die Bereiche werfen, die mit dem Hexengenozid vernichtet wurden.

7. KAPITEL

FRAUEN HEILEN

Nichts fällt Frauen leichter als zu heilen. Auf nichts waren die patriarchalen Eroberer, gleich welcher Herkunft, eifersüchtiger als auf die Macht der Heilung. Nichts haben sie trotz großer wissenschaftlicher Erfolge weniger verstanden als die Bedeutung des Begriffs Medizin.

Die Polarität des patriarchalen Denkens bringt nur das Ping-Pong von Licht und Schatten, Krankheit und Gesundheit, Leben und Tod zustande. Da ist ein Mensch krank, und der Doktor, der mittlerweile auch eine Frau sein kann, macht den Menschen wieder gesund. Wenn das nicht klappt, gibt der Doktor den Menschen auf – wenn auch ungern –, denn der Tod ist sein Feind. Darum ist der Doktor auch meist persönlich beleidigt oder sogar tief verletzt, wenn der Mensch stirbt. Ich will hier gar nicht weiter auf die patriarchalen Vorstellungen von Medizin und Heilung eingehen. Den meisten Leserinnen ist die Welt der Weißkittel und ihre Art des Umgangs mit dem Leben bestens bekannt.

Diese Art der Wissenschaft begreift von dem, womit sie da umzugehen glaubt, ungefähr soviel wie ein Theaterkritiker, der ein Theaterstück bespricht, indem er die Bühne Höhe mal Länge mal Breite ausmißt. Der dann die Schauspieler zählt, ihr jeweiliges Alter, Geschlecht, Haarfarbe, Körpergewicht notiert. Und schließlich die Dauer der jeweiligen Auftritte mißt und zählt, wie oft welches Wort gesprochen wurde.

Die Kritik an der naturwissenschaftlichen Medizin, der wir auf der Stelle das Wort „Natur" aus ihrer Wissenschaft streichen wollen, wächst seit Jahrzehnten stetig. Vor allem ihre Fixierung auf die Machbarkeit medizinischer Klempnerei und ihre ungenierte Verlogenheit, wenn einer von ihnen von Ethik spricht, hat besonders die Frauen immer argwöhnischer gemacht und eine Renaissance der Alternativmedizin hervorgerufen. Wir alle kennen das: Von der Homöopathie über Akupunktur, von Psychosomatik über Bio-Resonanz, von den Bachblüten zu Reiki ist vieles entstanden, das von den schulmedizinischen Gewohnheiten abweicht, und seine Vertreter haben sich mindestens ebenso goldene Nasen verdient wie die meineidigen Söhne des Hippokrates.

Ich will nicht behaupten, daß im Bereich der AlternativmedizinerInnen nicht so manche redliche Seele zu finden ist, die tut, was sie kann, und sich um Heilung der Kranken bemüht. Auch unter den MedizinerInnen gibt es mehr und mehr, die Heilung ganzheitlich betreiben bzw. es versuchen. Doch wenn eine glaubt, daß Alternativmedizin etwas mit Heilung zu tun hat, dann ist es jetzt an der Zeit, umzudenken. Alternativmedizin ist ungefähr so sinnvoll, wie wenn obiger Theaterkritiker im Versuch, es besser zu machen, ein bestimmtes Stück in einem bestimmten Theater gesehen hat und auf der Grundlage dieses Stücks versucht, alle anderen Stücke in allen anderen Theatern zu verstehen. Die Sichtweise ist einfach zu eng und geht in die gleiche Richtung wie die Schulmedizin. Sie folgt der Auffassung, daß Krankes gesundgemacht werden muß und der Mensch im Lauf eines Lebens körperlich abbaut, bis er am Ende traurigerweise stirbt. Auch Alternativmedizin geht davon aus, daß Leben Hilfe zum Überleben braucht.

Für eine weibliche Gegenwelt sind sowohl die schulmedizinische Auffassung wie die alternativen Ganzheitsmethoden nicht brauchbar. Selbstverständlich haben sie alle, die Geldschneider und Aufschneider, die Schulmediziner und Alternativen, die Ehrlichen und die Betrüger, die Heilpraktiker und Naturmediziner noch nie auch nur ein einziges Lebewesen wieder gesund gemacht. Günstigstenfalls kann davon gesprochen werden, daß ein Mensch diese oder jene Behandlung erfreulicherweise überlebt hat. Gesundheit ist pure Fiktion, mit der Vati Fortschritt beinahe die eierlegende Wollmilchsau erfunden hat. Erst schafft das Patriarchat Lebensumstände, die Mensch und Tier so sehr leiden lassen, daß sich Siechtum auf der Erde entwickelt, und dann entwickelt es einen ungeheuer lukrativen Bereich der Beschäftigung mit dem Siechtum. Wenn es nach Vati Fortschritt gegangen wäre, hätte es endlos so weitergehen können. Er nannte es sinnigerweise Gesundheitswesen.

Was mit beiden Sichtweisen der Medizin nicht stimmt, ist nicht die Frage der richtigen Organisierung und schon gar nicht die Frage der richtigen Schule. Ich will es mit einem Beispiel erläutern. Im österreichischen Frauen-Branchenbuch annonciert eine Gynäkologin. Sie weist darauf hin, daß sie Schulmedizinerin und Alternativmedizinerin ist. Ihre Behandlungsweisen sind, wie sie schreibt, komplementär/alternativ. Sie kennt sich aus in Akupunktur und Homöopathie. Und dann kommt's. Sie gibt bekannt, daß sie *frauenorientiert* arbeitet.

Eine Frauenfachärztin und Geburtshelferin muß in unserer Welt extra sagen, daß sie frauenorientiert behandelt. Was, um der Göttin willen, machen alle anderen Gynäkologen? Kein Zweifel, sie arbeiten männerorientiert. Das heißt nicht, daß Frauen Medikamente gegen Prostataleiden schlucken müssen, sondern daß sie mißverstanden, eingeschüchtert, abgewertet, übergangen und lächerlich gemacht werden. Sie werden so behandelt, wie es dem patriarchalen Bild von der Frau entspricht. Günstigstenfalls hat der Gynäkologe keine Ahnung, was eine Frau ist, was sie will und woran sie leidet. Ungünstigstenfalls wird er ihr Vatis Auffassung von Frauen schon beibringen.

Warum wundert es so wenige Frauen, daß vor allem Männer Fachärzte für Frauenheilkunde sind? Würden diese Frauen etwa Schwimmen lernen wollen bei einem, der schon viele beim Schwimmen beobachtet und viel über das Schwimmen gelesen hat, es unglücklicherweise aber selbst nicht kann? In bezug auf Frauen sind alle Männer Nichtschwimmer, vor allem aber Gynäkologen, auch dann, wenn sie weiblichen Geschlechts sind und ganzheitlich alternativ behandeln. Erst wenn Gynäkologinnen frauenorientiert arbeiten, sind sie auf der Seite der Frauen und verstehen etwas von ihrem Fach.

Nicht viel anders sieht es in der Psychotherapie aus. Sie wurde von Männern erfunden und meint den Mann, obwohl Frauen das Gros der Patienten und mittlerweile auch der Therapeuten stellen. Psychotherapie gibt zwar vor, beide Geschlechter zu meinen, aber sie ist weit entfernt davon. Wenn in psychotherapeutischen Theorien vom Kind die Rede ist, dann ist es immer der Sohn. Das muß für die Tochter auch gut genug sein, so scheint es, und notfalls gilt für diese eben die Umkehrung der Sohnesprobleme. Auch hier Yin und Yang. Wir kennen das ja nun schon.

In Wahrheit kommen Frauen in keiner psychotherapeutischen Theorie vor, nicht eine einzige der jeweiligen Schulen macht eine Ausnahme, es sei denn, sie ist ausdrücklich frauenfeindlich wie Freuds Psychoanalyse oder Wilhelm Reichs Schriften; auch Hakomi, die Therapie der Achtsamkeit, ist vollkommen männerzentrisch. Einig sind sich alle in einem Punkt: Die Mutter bringt das Böse in die Welt. Sie ist es, die die Seelen verbiegt. Psychotherapie und Psychologie sind bestimmt von der Perspektive des männlichen Kindes, das um seine Autonomie kämpft und sich nicht mit der Mutter identifizieren darf, wenn es ein Mann werden will.

Wie wenig Psychotherapie mit dem Seelenleben von Frauen zu tun hat und wie fern sie von weiblichen Erfahrungen ist, zeigt beispielsweise Freuds Schöpfung der narzißtischen Störung. Unzählige Frauen sind wegen narzißtischer Störungen behandelt worden. Aber Frauen können meiner Ansicht nach keine narzißtischen Störungen entwickeln. Narziß war bekanntlich ein Jüngling. Er verfolgte eine Nymphe in zudringlicher Absicht durch die Sümpfe. Die Nymphe flüchtete in Abneigung und verschwand. Da war Narziß so frustriert, daß er sich in das eigene Spiegelbild verliebte, das er im Wasser sah. Wir sind nicht dieser Typ, der wie eine Osterglocke heißt, wir sind die Nymphe. Unser Problem ist nicht, daß wir testosterongeplagt ein Liebesobjekt zwangsbeglücken wollen. Wir haben andere Sorgen.

Auch das Krankheitsbild der Nymphomanin besagt nicht etwa, daß die Psychotherapie unserer Sorgen gedenkt. Mit diesem Begriff wird ein Verhalten pathologisiert, weil es der erwarteten weiblichen sexuellen Passivität widerspricht, also eher gesund ist. Damit wird auch ein Verhalten bezeichnet, das als Ausdruck von Selbstzerstörung in der Folge von Mißbrauchserfahrungen in der Kindheit entstehen kann. Wenn Therapeuten von Nymphomanie sprechen, dann ohne daß dabei weibliche Wirklichkeit und Erfahrung berücksichtigt wird, und schon gar nicht stehen männliche Ursachen für seelisches Frauenleid im Vordergrund der Betrachtungen, ganz zu schweigen von größeren politischen und gesellschaftlichen Zusammenhängen.

Patriarchale Medizin, geteilt in die für den Körper und die für die Seele, ist ein Spiegel dieser Gesellschaft und ein Herrschaftsinstrument. Feministische Frauenmedizin ist nicht einfach nur Kritik an diesen herrschenden Verhältnissen und ganz sicher nicht als ergänzendes Gegenstück zu begreifen.

Was ist frauenorientierte Medizin? Was ist Frauentherapie? Wie heilen matriarchale Frauen?

Frauentherapie betrachtet die Probleme der Frauen im Patriarchat als unvergleichlich, d.h. nicht vergleichbar mit den seelischen Problemen eines Mannes. Eine Umkehrung wird ausgeschlossen. Die Ausrichtung der Frau auf den Mann gilt nicht als naturgegeben. Vielfach intensive Frauenfreundschaften werden als gleichwertig zu Männerbeziehungen betrachtet, alleinlebende Frauen, Frauenpaare und Frauengemeinschaften als gleichwertige Lebensformen verstanden. Frauen ohne Mann werden nicht als unvollständig angesehen. Zorn, Angst und Depression von Frauen als Reaktion auf konkretes Verhalten von Ehemännern, Freunden, Brüdern, Chefs und Vätern werden nicht „gesundtherapiert", sondern Gewalt, Skrupellosigkeit und Abwehr von Männern als Ursache dieser Gefühlsstörungen thematisiert. Dieses Verhalten wird in politischen Zusammenhängen gesehen und begriffen. Feministische Therapie bezieht ausdrücklich Stellung gegen die Normalität der Verhältnisse.

Frauenmedizin stellt Psyche und Körper der Frauen in den Mittelpunkt. Sie ist frauenorientiert in dem Sinn, daß die Frau übermännlich ist, und bezieht ihre Informationen aus der Erfahrung und der Wirklichkeit von Frauen. Sie ist ebenso wie Frauentherapie unbedingt parteilich. Weibliches Leiden an der Gesellschaft wird ernstgenommen und als ein Ausdruck von Gesundheit betrachtet. Heilung bedeutet nicht die Wiederherstellung und Entlassung in das alte Leben, in dem die Frau wieder so funktioniert, wie es von ihr erwartet wird, sondern die Chance zur Veränderung zu einem unabhängigen, freien Frauenleben.

Ganz besonders wesentlich ist daher das Weltbild, das weiblicher Medizin, weiblicher Heilung zugrunde liegt. Wenn wir die Welt von richtig und falsch, von gesund und krank verlassen, dann offenbart sich, daß gesund leben nicht dazu führt, daß wir nicht krank werden oder uns verletzen. Der Gedanke: „Wenn ich erst dies erreicht oder jenes richtiggemacht habe, dann werde ich nicht mehr leiden", oder: „Ich brauche nur vegetarisch, makrobiotisch, asketisch zu leben, und ich werde nie mehr krank", ist immer noch im polaren Denken verhaftet.

Heilung im matriarchalen Sinn ist das Gegenteil von Abtrennung, Abspaltung. Heil ist, was ganz ist, in der Bedeutung von allumfassend. Das Ganze jedoch ist mehr als die Summe seiner Teile. Ein Kreis von 13 Frauen beispielsweise, die ihre Kraft und Energie zusammentun, bildet die 2300fache Kraft zu einer Frau, die allein arbeitet, wenn wir davon ausgehen, daß jede Frau die Kraft der Amazone, der Mutter und der weisen Alten in sich birgt. Daß das Ganze mehr als die Summe seiner Teile ist, heißt aber auch, daß ein Theaterstück nicht dadurch verstanden wird, daß wir seine Teile zählen, sondern dadurch, daß es uns seinen Sinn offenbart. Die Kenntnis, daß das Stück drei Akte und eine Pause hat, ist dabei genau so unbedeutend wie das Wissen, daß der Mensch aus Körper, Seele und Geist besteht.

Nach der matriarchalen Vorstellung ist Krankheit so etwas wie Katharsis, ein Tor zur Veränderung, und Heilung kann nur erreicht werden, wenn sie zugelassen wird. Auch der Tod ist ein Tor zur Veränderung und bedeutet ebenfalls Heilung. Alles, was wir dazu tun können, daß Heilung zugelassen wird, könnten wir Medizin nennen. Welche Medizin notwendig ist, wird durch die Kommunikation mit der Frau, mit dem Problem bzw. der Krankheit und den Dingen, die bei der Heilung helfen, erfahren. Heilung unterstützen und erleichtern kann durch die Veränderung der Lebensumstände oder die Umstellung der Ernährung oder den passenden Tee, vielleicht auch durch ein Medikament erreicht werden. Damit will ich sagen, daß es nicht um Symptom- oder Problembeseitigung geht und daß alles, was wir tun können, nicht im Kampf gegen Krankheit besteht, sondern in der Unterstützung dessen, was fehlt. Dieser Gedanke sollte die Auswahl der Medizin bestimmen.

Wir können von den Lebenden und den Toten lernen, was alles Heilung zulassen kann, auch von den Tieren, Pflanzen, Steinen, vom Lauf der Sterne, vom Stand des Mondes, von Wind und Wetter. Was der einen geholfen hat, muß der anderen keineswegs eine Hilfe sein. Was gestern Medizin war, kann heute wirkungslos sein. Auf dem falschen Weg sind wir aber mit Sicherheit immer dann, wenn wir danach suchen, was *gegen* eine Beschwerde, ein Symptom, eine Schwierigkeit hilft. Trotzdem gibt es etwas zu bekämpfen.

Das, was Heilung, also Veränderung behindert oder gar den Fluß des Lebens durch Gewalt, Haß, Zerstörung und Mißbrauch vernichtet, wird nicht als schicksalhaft oder karmische Lektion akzeptiert, sondern als lebensfeindlich abgelehnt und bekämpft. Dies ist nicht der einzige Unterschied zur patriarchalen Esoterik, ganz gewiß aber der entscheidende.

So vertritt matriarchale Medizin wohl die Auffassung von der Selbstverantwortung des Individuums, aber dies ist weit entfernt davon, den Opfern von Gewalt die Verantwortung durch ein schlechtes Karma zuzuschieben. Zwar verkörpern wir alle unverwechselbare Aspekte der Göttin, zwar bedeutet Leben, Erfahrungen der unterschiedlichsten Art zu sammeln, die weder gut noch böse sind, aber weder teilt eine matriarchale Vorstellung von Leben die Akzeptanz von Leid, wie es die christlichen Kirchen tun, noch die Bereitschaft, Gewaltfähigkeit der menschlichen statt der männlichen Natur zuzurechnen, ja Gewalttaten etwa als karmische Belastung aus früheren Leben zu rechtfertigen.

Wenn wir davon ausgehen, daß wir mit allem, was lebt, tief verbunden sind, dann machen gewaltsame Handlungen, Kriege, Vernichtung von Tieren, Menschen und Lebensräumen keinen Sinn, und die karmische Last aus früheren Leben entlarvt sich als das, was sie ist: die Rechtfertigung von Gewalt und Haß als menschlich und natürlich. Das ist nicht anders als mit den Kriegsfilmen, die abschrecken sollen und meist besonders grausame Greuelszenen zeigen. Der Buddhismus vertritt die Auffassung der Nichteinmischung, um nicht weiteres Karma auf sich zu laden. Ich kann darin nur wieder eine Variante des männlichen Getrenntseins entdecken. Wenn ich dann noch bedenke, daß der überaus männlich orientierte und strenge Zen-Buddhismus sogar Schläge und gezielten Schlafentzug als Erleuchtungshilfe einsetzt, dann ist vollends klar, daß matriarchale Weisheit anders erreicht wird.

Das heißt nicht, daß matriarchale Heilvorstellungen nicht den Gedanken der Wiedergeburt einbeziehen, jedoch wird sich das wohl kaum so abspielen, wie sich das esoterische Reinkarnationsanhänger vorstellen, denn frühere oder zukünftige Leben kann es schon deswegen nicht geben, weil es Zeit nur in unserer drei-dimensionalen materiellen Welt gibt. Die Anderswelt hat keinen Zeitbegriff wie wir und daher auch keine Vergangenheit und keine Zukunft.

Die Verbundenheit und Verwandtschaft mit allem anderen Leben kann vielfach gestört werden in Vatis Fortschrittszoo. Einer solcherart isolierten, gestörten, verrückten Frau wieder dazu zu verhelfen, in die eigene Mitte zu finden, ist matriarchale Heilung und hat etwas mit der von mir bereits erwähnten Resozialisierung von Frauen zu tun. Die Rückkehr zur weiblichen Ganzheit, die Rückeroberung der wilden, nicht domestizierten Anteile der weib-lichen Natur ist harte Arbeit. Es ist auf vielerlei Weise möglich, die Verbindung sowohl mit sich selbst wie auch mit allem anderen Leben zu verlieren, denn um nichts anderes geht es in einer patri-archalen Gesellschaft, besonders einer, die sich in der Endzeit be-findet. Eine matriarchale Heilerin, Therapeutin, Ärztin, Medizinfrau kennt die Wege, die zur Heilung führen. Gehen muß die betroffe-ne Frau sie allerdings selbst.

Heilung wird nicht erreicht, indem Leiden beseitigt werden, sondern indem wir durch sie hindurchgehen. Da, wo die Angst sitzt, geht's lang. Das ist eine alte Heilerinnenweisheit. Koopera-tion mit dem Leiden bringt die Wandlung. Wenn Selbstzerstörung Heilung verhindert, muß geholfen werden, sie durch bedingungs-lose Liebe zum Selbst aufzugeben. Wenn etwas fehlt, müssen wir es hinzugeben. Wenn etwas zuviel ist, ist Rückzug die richtige Un-terstützung. Immer geht es darum, nicht festzuhalten (was nur der Anfang davon ist, loszulassen!). Es bedarf der Anerkennung von Veränderung und der Wahrnehmung, daß Heilung sich ständig wandelnde Wahrheit ist. Auf diese Weise wird alles, was geschieht, auch die Krankheit oder das seelische Leid, in das Leben der be-troffenen Frau integriert und als eine Chance betrachtet, daß sie ihre Lebenskraft ausdehnt. Was auch immer sein wird, wenn sie durch die Krankheit hindurchgegangen ist, wird sie nicht mehr die-selbe sein wie vorher, und darauf kommt es an.

Heilung ist immer Selbstheilung und nichts anderes als Bewe-gung durch die Zeit. Leiden ist eine Frage der persönlichen Ent-scheidung und ein Versuch, keine Bewegung, keine Veränderung zuzulassen und dem Schmerz zu entkommen. Wir alle wissen, daß es möglich ist, Leiden als eine Art Ersatzidentität zu übernehmen. In diesem Sinn hat jeder Mensch das Recht auf das eigene Scheitern. Scheitern ist hier so gemeint, daß Medizin keine Hilfe bringt und die/der Kranke keine Heilung will.

Ich denke da an den Fall einer Frau in meinem Alter, von der eine andere Frau einmal sagte, sie werfe so dunkle Schatten, daß in ihrem Beisein alles Lachen und alle Freude stürben. Sie war als Kind nicht vom Schürzenband ihrer Mutter fortzubringen. Sie fürchtete sich vor dem Leben, vor der Freiheit. Später heiratete sie einen Mann, der gewöhnt war, daß er den Karren zog, ein echter Kümmerer. Sie bekam zwei Söhne, aber sie blieb das verträumte Kind, das die Zeit vergißt, das traurig zu Hause hockt, das keine Freundinnen hat, keinen richtigen Beruf und immer Schuldgefühle, weil sie so schwach ist oder immer alles falsch macht. Ihr Mann litt darunter, aber er ließ mit seiner Fürsorglichkeit einem möglichen Wachstum in die Selbständigkeit keinen Raum. So war der Käfig perfekt. Als dann der eine ihrer Söhne bei einem Unfall ums Leben kam, blieb sie vollends in ihrer Düsternis stecken. Sie suchte Hilfe bei mir, aber sie blieb bei der ihr einzig bekannten Rollenteilung: daß sie die Hilflose war und ihr Gegenüber die/der Wissende und Helfende. Zwar konnte sie sogar erkennen, wie sehr sie versuchte, festzuhalten, Veränderung zu verhindern, Bewegung zu ersticken, aber sie blieb stehen. So blieb mir nichts anderes übrig, als zu akzeptieren, daß sie ihre Selbstheilung verhinderte. Sie kostete mich viel Kraft, die ich ihr gern schenkte, aber sie verbrauchte sie einfach nur. Als ich sie losließ, weil ich meine Kraft nicht ergebnislos in ihr versinken lassen wollte, überhäufte sie sich in ihrer bewegungslosen Düsternis mit Selbstanklagen. Beinahe hätte sie mir leidgetan. Aber damit hätte ich sie nicht ernstgenommen. So aber erkannte ich an, daß sie ihren Weg gehen und ihrer Wahrheit folgen mußte, auch wenn es bedeutete, daß sie stehenblieb.

Heilung kommt, wenn wir wissen, daß Leben und Tod eins sind, und erkennen, daß es zwei Formen von Leiden gibt. Eines, das Heilung verhindert, und eines, das Heilung bedeutet. Die Vorstellung, die wir uns vom Leben machen, ist dabei entscheidend. Ich kann dem patriarchalen Bild von der Gefährlichkeit des Lebens und der ständigen Bedrohung in diesem Jammertal folgen. Dann kann ich jederzeit von Krankheit und Unglück verfolgt werden, die mich so zufällig treffen wie jeden anderen. Reparaturen aller Art sind die einzige Möglichkeit der Heilung, und alle Heilung nützt am Ende nichts, denn der Untergang durch den Tod ist mir gewiß. Dann liege ich auf dem Friedhof und nicht etwa nur das, was ich einmal war und nicht mehr brauche. Oder ich akzeptiere, daß wir über den Lebenskreis wandern und dabei vielfältigen Gefühlen und den sie auslösenden Ereignissen ausgesetzt sind: Trauer und Freude, Lachen und Weinen, Schmerz, Kummer, Lust, Liebe, Wut, Schwäche, Glück, Stärke, Genugtuung, Enttäuschung, Triumph – die Liste ließe sich endlos weiterführen.

Leben ist Ausdehnung von Kraft. Der Tod ist die größte Ausdehnung und damit alles andere als ein Ende. Auch er ist nur ein Tor in einen neuen Seinszustand. Als Ausdehnung von Kraft habe ich in der Tat mein Leben bisher erfahren. Jetzt, da ich in die Zeit der weisen Alten hineinwachse, bemerke ich, wie ich immer weniger im Materiellen, in der Welt von Raum und Zeit verhaftet bin, wie meine Kraft weit über meinen Körper hinausreicht und immer weniger auf ihn angewiesen ist, um zu leben. Es fällt mir jetzt leichter als in jungen Jahren, auch mit den unsichtbaren Wesen verbunden zu sein. Je mehr ich mich auf die Schwingungen des Lebens einlasse, um so weniger krank bin ich. Das heißt nicht, daß ich gesund bin, sondern daß Veränderung jetzt fließender kommt und häufig nicht so einschneidende Grenzübergänge notwendig macht.

Es gibt vieles, das matriarchale Medizin sich zurückholen muß. Ute Schiran erzählt in ihrem Buch „Menschenfrauen fliegen wieder" von der Zeit, als sie gemeinsam mit anderen Ärztinnen eines der ersten Frauengesundheitszentren einrichtete. Sie lernte, bei Geburten Kräuter anstelle von Muskelsedativa einzusetzen. Sie lernte, Stellungen zu verändern, statt Saugglocken zu nehmen, und Dammschnitte zu unterlassen und statt dessen den Hebammen die alten Griffe wieder beizubringen, die Dammschnitte in den meisten Fällen überflüssig machen. Das war in den sechziger, siebziger Jahren. Seitdem haben heilende Frauen überall begonnen, als Schwimmerinnen Schwimmkurse anzubieten. Immer mehr Frauen schwimmen sich frei. Noch mehr wollen sich freischwimmen.

Noch immer passiert es, daß wir dabei unsere Kräfte nicht für uns verwenden, sondern zur Stärkung von Männern verschwenden. Es ist noch nicht so lange her, da berichtete mir eine Hebamme, daß meine Thesen sie sehr verunsichert hätten. Sie würde viel Aufmerksamkeit, Kraft und Geduld aufwenden, um Männern – Vätern – zu helfen, aktiv, helfend und anteilnehmend an der Geburt teilzunehmen. Und nun käme ich und sagte, daß Männer nicht so wichtig seien. Ich denke, viele Frauen haben an vielen Orten und in vielen Situationen in den vergangenen Jahren viel Zeit damit verbracht, Männer von Dingen überzeugen zu wollen, die für Frauen lebensnotwendig sind. Wenn es nach dreißig Jahren noch immer erforderlich ist, daß Hebammen Väter dazu anhalten müssen, geburtshelfende Väter zu werden, und das noch immer nicht von selber klappt, dann heißt es loslassen lernen. Im Mittelpunkt einer Geburt stehen zwei Frauen. Die, die das Kind auf die Welt bringt, und die, die über die Macht der Geburtshilfe verfügt. Alles andere ist Beiwerk und die reine Freundlichkeit, wenn es einem Mann ermöglicht wird, Zeuge des größten Wunders der Welt zu werden.

Nicht der Mann tut uns Gutes, wenn er versucht, ein guter Vater zu werden, sondern er tut sich Gutes. Aber er soll sich dabei nicht wichtiger machen, als er ist.

Matriarchale Frauen heilen dreifach. Weil Weiblichkeit Verbundenheit bedeutet, ist die Wiederherstellung dieser Verbundenheit auch eine Form, die Erde zu heilen. Die Erde ist ein Organismus, und alles Leben auf ihr, in ihr und um sie herum gehört zusammen. Die Erde kann fühlen und denken, ebenso wie der gesamte Kosmos sich seiner selbst bewußt ist. Alles hat ein eigenes Leben und eine eigene Energie. Ohne Frage hat männliches Leben auf Erden diese Zusammengehörigkeit und diese Tatsachen geleugnet und versucht, die Erde zu zerstören, denn sie ist weiblich, und der Haß auf alles Weibliche, Natürliche ist ihm immanent, denn es hat sich nicht untertan machen lassen. In diesem Sinn haben matriarchal handelnde Frauen viel zu unternehmen, um die Erde wieder zur Heimat von Leben zu machen.

An diesem Punkt angelangt, werden einige Frauen feststellen, daß sie eher geneigt sind, ihrem Computer oder ihrem Auto ein Seelenleben zuzusprechen, als die Erde als bewußt wahrnehmend, denkend und handelnd zu akzeptieren. Das ist bedauerlich, aber zu ändern. Immerhin hängt davon ab, ob es uns gelingen wird, wieder einen echten Realitätsbezug zum Leben herzustellen. Wir

betreten nun die Welt der Feen und Elfen, der Haus- und Natur-
geister, Gnome, Zwerge, der Schutzengel und Ahninnen.

Wenn ich mir hier anmaße zu behaupten, wir Menschenfrauen
könnten die Erde heilen, so ist damit nicht nur gemeint, daß wir
vielfach gutzumachen versuchen, was zerstört worden ist. Selbstverständlich wäre es ein nahezu unmögliches Unterfangen von
geradezu gigantischen Ausmaßen, heilen zu wollen, was der Fortschritt angerichtet hat. Aber wir dürfen gewiß sein, daß wir gar
nicht soviel tun müssen. Die Erde weiß sich vielfach selbst zu helfen. Ein aufgelassenes Autobahnteilstück in der Nähe von Stuttgart
wurde vor einigen Jahren testweise einfach so gelassen, wie es ist,
um zu sehen, was damit geschieht. Es brauchte nur wenige Jahre,
daß sich grüne Kraft durch den Beton den Weg ins Freie bahnte.

In meiner patriarchatsfreien Zone habe ich versucht, als erste
Heilung den wilden Kräften wieder Raum zu geben. Die Wiesen-
abschnitte, die so steil sind, daß sie nur mit der Sense gemäht werden können, wurden einfach in Ruhe gelassen. Innerhalb von drei
Jahren haben sich dort wilde Rosen, Eßkastanienbäume, Brom-
beerhecken, Kiefern, Pappeln, Haselnußbüsche, Eichen und Bu-
chen angesiedelt. Einige sind in dieser Zeit kräftige Bäumchen von
beinahe drei Metern Höhe geworden. Zum Dank sorgen die Pflanzen dafür, daß der Hang nicht abrutscht und die kostbare Erde sich
bei Regen nicht in Muren verwandelt.

Die Erde braucht uns weniger als wir sie. Wenn wir also beginnen, wiedergutzumachen, dann deshalb, weil auf der sogenannten
feinstofflichen Ebene, gemeint sind die Gefühle der Mutter Erde,
die Kommunikation wieder aufgenommen werden muß. Ich glaube, es ist eine Entschuldigung kosmischen Ausmaßes angebracht,
und die tatkräftige Wiedergutmachung soll ein Zeichen dafür sein,
daß wir es ernst meinen. Auf keinen Fall soll die Heilung der Erde
erlauben, daß so weitergemacht werden kann wie bisher. Das
wäre Umweltschutz patriarchaler Machart, und den halte ich für
mehr als verwerflich.

Ich denke da beispielsweise an das Wiener Institut für Boden-
kultur, wo jahrelang Versuche gemacht wurden, Mikroorganismen
zu finden, die imstande sind, kerosinverseuchten Boden wieder zu
reinigen. Es liegt auf der Hand, wozu diese Bemühungen führen,
nämlich dazu, daß unverändert weiter verseucht werden kann.

Wenn Frauen die Erde heilen, tun sie das auf der sichtbaren und unsichtbaren Ebene. Im Steigerwald beispielsweise, in der Nähe von Bamberg, haben Frauen, die sich dort in einem Frauenferienhaus aufhielten, zwei Waldquellen freigelegt und eingefaßt. Seither kommen immer mal wieder Frauen vorbei und sitzen an diesem auf neue Weise energetischen Ort. Naturtempel dieser Art zu finden, zu hüten, zu pflegen und zu benutzen, ist matriarchale Heilung der Erde, die auch Heilung für uns Frauen bedeutet. Solche Orte sind ausgesprochen gut geeignet, um die Kommunikation mit unseren verwandten und verbundenen Pflanzen, Tieren, Geistern und Engeln aufzunehmen.

Diese Plätze zu finden, ist gar nicht so schwer. Auf jeden Fall sind sie selten dort, wo viele Menschenfüße drübertrampeln, aber manchmal sogar gerade dort. Nicht alle Kirchen haben die Heiligkeit eines Ortes ausgelöscht. Mitten in Wien, auf dem Stephansplatz gleich neben dem Dom, gibt es ein winziges Areal, das trotz darunterliegender U-Bahnschächte und Kanalisation eine starke Ausstrahlung besitzt. Darunter liegen die Reste einer winzigen Frauenkapelle aus dem frühen Mittelalter. Interessanterweise gehen Passanten auf diesem Platz in allen Richtungen hin und her, aber dieser kleine Platz wird nur ganz selten gekreuzt. Wenn eine dort stehenbleibt, dann ist es, als stünde sie auf einer Insel der Ruhe. Alle lauten Stadtgeräusche klingen leise und gedämpft, aller Trubel rückt ab.

Kommunikation bedeutet, Verbindung wieder aufzunehmen, Zusammengehöriges wieder zu verknüpfen und Schwingungen zu erzeugen, die Leben geben. Auch alte Wege wieder zu gehen, ist ein Akt der Heilung. Die Anwendung alter Frauensymbole ist ebenfalls Erdheilung, genauso wie alle möglichen Formen von Tanz und Magie.

Es gibt Frauen, die heilen mit den Bildern, die sie malen. Andere singen oder trommeln. Ich benutze das Labyrinth. Es ist der Inbegriff der Katharsis. Eine, die die sieben Umgänge hin und her kreisend hineingeht, im Inneren – Temenos genannt – verweilt und wieder herauskommt, ist nicht mehr dieselbe wie vorher.

8. KAPITEL

PRIESTERIN DER GÖTTIN

Heilkraft, Religion und Magie nach Art der Frauen sind kaum voneinander zu trennen, d.h. sie gehen fließend ineinander über, und das eine kann ohne das andere nicht sein. In diesem Kapitel soll von Frauenreligion die Rede sein.

Für viele Leserinnen wird es offensichtlich sein, daß Frauenreligion vom Christentum, vom Islam, vom Judentum und auch vom Buddhismus so weit entfernt ist wie unser Sonnensystem von den Plejaden. Ein Studium dieser genannten Weltvorstellungen wäre sicher aus dem Blickwinkel interessant, was alles sie aus der Religion unserer *Mutter Der Welt* zusammengestohlen haben, aber jetzt haben wir anderes, Wichtigeres vor. Lassen wir es an dieser Stelle dabei bewenden, daß eine Religion, die einen ausgemergelten jungen Mann, der halbtot gequält am Folterkreuz im Sterben hängt, als Gott der Liebe anbetet und in ihren Kirchen symbolisch dessen Fleisch ißt und sein Blut trinkt, gewiß nicht das Passende für eine Frau ist, wenn sie ihr Verhältnis zum Universum klären will.

Die Anstrengungen, die viele Frauen unternehmen, um den Klerus dazu zu bringen, Frauen als gleichwertig zu akzeptieren und als Priesterinnen zuzulassen, sind absurd. Welche Lehren wollen denn diese Frauen vertreten, falls sie endlich Einlaß in den inneren Kreis gefunden haben? Eine Frau auf dem heiligen Stuhl? Nun gut, die Kleider würden ihr wahrscheinlich besser stehen. Aber sonst, wozu sollte eine Päpstin gut sein? Es sind Männerlehren, waren es von Anfang an. Da brauchen Frauen nicht dran herumzubiegen, bis sie auch ein wenig darin vorkommen dürfen.

Auch Islam, Judentum und Buddhismus tragen die Handschrift ihrer männlichen Religionsstifter. Mohammed wurde von mehreren

Frauen nacheinander finanziell erhalten, und das ist nun der Dank. Der Buddhismus seinerseits ist, wie bereits mehrfach erwähnt, femophob und androzentrisch, also kann auch er uns kaum wirklich Heimat sein. Im Judentum gibt es ein Gebet, das ein orthodoxer Jude täglich spricht: „Ich danke dir, Gott, daß du mich nicht als Frau erschaffen hast." Das sagt alles.

Der Sorgfalt halber wollen wir zu Moses, Mohammed, Jesus und Buddha auch noch Karl Marx, Sigmund Freud und Rudolf Steiner in den Kreis der großen Männer aufnehmen, die der absoluten Wahrheit teilhaftig wurden und sie dann an wenige Auserwählte weitergaben. Damit wollen wir es bei diesem Kurzrückblick auf Männerreligion bewenden lassen. Warum sollten wir uns mühsam durch die Männerreligionen zurück zu unseren Wurzeln kämpfen, wenn wir uns gleich ohne Umwege und größere Umstände dorthin zurückbegeben können?

Mary Daly, ursprünglich katholische Theologin, hat mit gleichgesinnten Frauen in den siebziger Jahren den Auszug der Frauen aus der Kirche demonstrativ vollzogen. Das läßt sich nicht wiederholen, und dem läßt sich nichts hinzufügen. Dennoch kann die heutige matriarchale Antwort auf die Religion der Männer nicht Atheismus sein, denn auch ein aufgeklärter Geist weiblichen Geschlechts hat in diesem Zusammenhang unaufschiebbare Fragen. Auch Philosophie wollen wir es nicht mehr nennen. Wir sind nicht Freundinnen der Weisheit, der Sophia, der Mutter der Welt, wie die genaue Übersetzung dieses Begriffs lauten müßte. Für Männer mag es eine gute Möglichkeit sein, Menschen zu werden, indem sie sich mit dem Leben befreunden, anstatt es ständig zu unterwerfen, zu mißbrauchen, zu bekämpfen und zu besiegen. Wir Frauen aber *sind* das Leben, die Weisheit, Sophia, und die Beschäftigung mit Religion ist daher eine Frage des eigenen Werdens.

Drei Dinge gilt es unbedingt über Frauenreligion zu wissen: Gott ist Göttin. Das Verhältnis einer Frau zur Göttin ist nicht von Unterwürfigkeit und Kindlichkeit geprägt, sondern von achtungsvollem Respekt und Liebe, und: Es gibt so viele verschiedene Religionen, wie es Frauen gibt, die sie praktizieren. Darum kann ich eigentlich unmöglich auf ein paar Seiten dieses Buches beschreiben, was Frauenreligion ist, wie sie sich in den letzten dreißig Jahren entwickelt hat und warum sie so bedeutend für das Entstehen einer weiblichen Gegenwelt ist. Auch sind schon so viele Bücher über die Alte Religion geschrieben worden und darüber, daß Frauen zu ihr zurückkehren müssen, um Verbindungen wieder aufzunehmen.

Ich kann nur meine Vorstellungen über das Universum vermitteln und davon erzählen, wie ich mit der Göttin lebe und warum Religion, Alte Religion, mir eine lebendige Quelle der Kraft und eine scharfe, doppelaxtscharfe, politische Waffe ist. Ich halte es für völlig ausgeschlossen, daß eine sinnige, sinnliche Frau nicht zu irgendeinem Zeitpunkt ihres Lebens beginnt, sich gewisse Dinge zu fragen, beispielsweise: Warum das Ganze? Das mindeste an metaphysischer Einstellung, zu dem sich eine wache Frau angesichts der Schöpfung aufraffen sollte, sind Verblüffung und Entzücken.

Das, was mich mein Leben lang am meisten verblüfft hat, sind die Ähnlichkeiten und Gemeinsamkeiten zwischen allen Lebewesen und mir (ausgenommen die meisten Männer und mein ältester Ziegenbock), und was mich am meisten entzückt hat, ist die Kommunikation mit so vielen verschiedenen Möglichkeiten des Seins zu Wasser, zu Land und in der Luft. Dabei muß ich betonen, daß die Fähigkeit von Bäumen und Tieren, mit Menschen zu kommunizieren, weitaus größer ist als umgekehrt. Schon seit langem weiß ich, daß die uns und unser Verhalten genauestens studieren. Einige von ihnen kennen sich so gut mit uns aus, daß sie sich Anthropologen nennen könnten, wenn sie Wert darauf legen würden. Mein Kater Ralf-Rüdiger zum Beispiel ist auf dem besten Weg, ein Experte für Menschenverhalten zu werden. Ganz gleich, was ich tue, Ralf-Rüdiger sitzt dabei und beobachtet mich. Manchmal sehe ich ihm seine Verblüffung an.

Frauenreligion heißt, in Zusammenhängen zu denken und zu leben; den manifestierten Raum in Beziehung zu sich selbst zu erleben; sich auf den manifestierten Raum zu beziehen; Orte der Übergänge in die unsichtbare Welt als Naturtempel zu achten; die alten Wege, die von einem dieser Orte zum anderen führen, aufrechtzuerhalten; sich zyklisch durch die Zeit zu bewegen; in allem, was ist, war und sein wird, die Große Göttin zu erkennen; matria arché – alles, was lebt, als von der Mutter kommend zu erkennen; alle Manifestationen des Lebens als Geschwister zu akzeptieren; das Leben zu feiern und viel Spaß dabei zu haben.

Glauben muß eine Frau in der Alten Religion gar nichts. Sie kann es erfahren, wenn sie will. Wenn nicht, macht es der Göttin auch nichts. Auch muß die Frau nicht gleich bangen, daß sie nicht in den Himmel kommt oder nicht erlöst wird, wenn sie keinen Glauben hat. Sie ist Teil der Welt, eine Tochter der Göttin und wird es auf ewig und in allen Dimensionen bleiben. Niemand kann ihr das Etikett „Laie" auf die Brust kleben und sich selbst zur Thealogin erhöhen. Es gibt keine Erlöserin, denn es gibt nichts zu erlösen. Auch ist es nicht notwendig, daß sie sich leidend selber karniefelt und geißelt, um zur Erleuchtung zu gelangen. Kein Guru, kein Dogma, rein gar nichts von diesem paranoiden Wahnsinn.

Überdies gibt es eben viele Wege, ein heiles, heilendes, heiliges, heiligendes Leben zu führen. Würden wir einer anderen, einer Guru folgen wollen, würde es uns davon abhalten, die Kraft, heilende Kraft in uns kennenzulernen. Das hat nichts damit zu tun, sich an eine oder mehrere Lebenslehrerinnen zu wenden, wenn eine das braucht. Wenn Guru auch eigentlich nichts anderes als Lehrer bedeutet, so beinhaltet dieser Begriff mittlerweile die hierarchische Erhöhung eines oder einer, die der absoluten Wahrheit teilhaftig wurde und sie nun an gewisse Auserwählte weitergibt, und das widerspricht matriarchaler Religion.

Heiligkeit steht dabei durchaus nicht im Widerspruch damit, sich am Hintern zu kratzen. Nicht nur ist meine freie Sau Lupita, die ich als der Göttin zugehörig ehre, ein sehr reales Urviech, das mir manchmal den letzten Nerv raubt. Es nimmt ihrer Verbindung zur Göttin nichts, wenn sie auf dem Hügel steht und mit kräftigem Strahl in die Wiese pinkelt. Matriarchale, also echte Heiligkeit ist nicht dieses pompöse Pathos, diese saftlose Lustfeindlichkeit, dieses heilsarmeemäßige Moralisieren, wie wir es aus patriarchalen Religionen kennen, und auch nicht dieses mystische Getue der angeblich Eingeweihten, womit Esoteriker ihr Geld machen.

Worte wie „Heiligkeit" sind in dreitausend Jahren Männerherrschaft durch Verhöhnung und Mißbrauch kontaminiert worden. Dennoch wäre es ewig schade, wenn eine das Leben aus der verzerrten Perspektive einer verqualmten, neonbeleuchteten Disco-Existenz beurteilen würde, nur weil ihr Begriffe wie „Religion" oder „heilig" suspekt gemacht worden sind oder sie auch von Frauenreligion Indoktrinierung befürchtet. Noch viel weniger braucht eine zu befürchten, daß ihr die politische Perspektive verrutscht, wenn sie die Göttin in ihr Leben integriert, noch widerspricht es rationaler Logik. Es hat ja keinen Sinn, das Nicht-Rationale zu bekämpfen, indem wir es verleugnen. Es ist vorhanden, ob es einer nun paßt oder nicht.

Was sie erfahren kann, wenn sie also will, ist vollkommen unterschiedlich. Es gibt gleich hinter meinem Hof im Wald einen Platz, da wachsen die Bäume im Kreis, und in der Mitte davon liegen einige Steine, die vielleicht in der Vergangenheit jemand mit Absicht dorthin gelegt hat. Wenn ich dort stehe oder sitze, erlebe ich seltsame Dinge mit mir und der Umgebung. Interessanterweise erleben alle Frauen, die sich im Lauf der Zeit dorthin gestellt, gesetzt oder gelegt haben, das, was von der Erde aufsteigt, ganz genauso wie ich als ein Gefühl vibrierender Wärme. Darüber hinaus trägt sie diese Empfindung aber in ganz unterschiedliche Wahrnehmungen, die mit der meinen gar nichts zu tun haben. Das, was eine dort erlebt, kann sie den anderen erzählen, wenn sie den Austausch von Erfahrungen braucht, aber eigentlich ist das nicht wichtig, denn diese Art von Heiligkeit ist nicht mitteilbar.

Es gibt auch einige, die stehen dort und warten, stehen und warten, und dann sagen sie: „Ich spüre nichts." Nun ist das nicht möglich, außer sie sind tot. Und genau das ist das Problem. Im Grunde sind sie tot. Wenn ich sie dann langsam dazu bringe, zu fühlen, wie ihre Füße den Boden berühren, wie sich die Luft auf ihrem Gesicht anfühlt, wie die vermodernden Blätter riechen, wie ihr Herz schlägt und der Atem kommt und geht, sagen sie: „Ach, das. Ich dachte, daß hier etwas ganz Besonderes passiert." Und schon sind sie weiter auf der Suche nach einer, die ihnen die Mysterien richtig erklären kann, vielleicht mit einem echten Ritual, das sie daheim dann ihren Freundinnen vorführen können.

Es ist Angst, die so eine überwinden muß, um zur vertieften Wahrnehmung zu gelangen. Diese Angst ist nicht ganz unberechtigt. Die Begegnung mit der Göttin, was immer eine sich darunter auch vorstellen will, ist nur jenseits aller Masken und Selbstlügen, fern aller Überlebenskonstrukte und Posen möglich. Das alles loszulassen fällt mancher Frau deshalb so schwer, weil sie befürchtet, dann ein Nichts zu sein und diesen unerträglichen Zustand nicht zu überleben. Ich kenne keine, die diese Angst nicht irgendwann in ihrem Leben verspürt hat, aber manche kommt darüber einfach nicht hinweg.

Es ist traurig, aber es hilft nichts. In dieses Nichts zu fallen, im Nichts anzukommen, passiert sowieso, ob wir uns davor fürchten oder nicht. In Wahrheit passiert es sogar viele Male im Leben einer Frau. Die Angst davor hat mit dem Versuch zu tun, etwas nicht wirklich werden zu lassen, das unserer Bereitschaft und Zustimmung gar nicht bedarf. Auch wenn wir nicht durch die Katharsis gegangen sind, wird es geschehen. Das mag zum Verzweifeln sein, aber so ist es nun mal. Dieser Ort der vibrierenden Wärme hinter meinem Hof vibriert und sendet seine Kraft in die Welt, ob eine das spürt oder nicht. Er ist stärker als wir. Ich kenne auf Kreta einen Ort, der um ein Vielfaches stärker ist als mein kleiner Baumkreis, und keine Frau, die sich dort aufhält, kann verhindern, daß sich ihr Leben auf genau die Weise erfüllt, wie sie es sich in den Tiefen ihres Selbst wünscht.

Da ist es doch sinnlos, daß eine lieber tot ist, d.h. vor lauter Angst nichts spürt und nicht wissen will, wie es in den Tiefen ihres Selbst aussieht und was da in ihr vor sich geht. Den Fluß der Lebensenergie aufhalten zu wollen, ist völlig unmöglich. Welch eine Verschwendung von Lebenskraft, im Leiden zu verharren, Schmerz zu betäuben, vor Angst zu erstarren, schockiert von der Sterblichkeit. Ich gehe diesen Weg lieber im vollen Bewußtsein und bin bereit, mit dem Unausweichlichen in Übereinstimmung zu kommen. Auf diese Weise kommt eine mit dem Allumfassenden in Berührung. Jede auf ihre Weise. Und das ist das Entscheidende.

Was uns allen gemeinsam ist, ist das Blut, das echte heilige Blut, das sacer mens. Sakrament! Es hat eine große religiöse Bedeutung, und das Wesentlichste daran ist, daß niemand sterben muß, damit dieses Blut fließt. Es steht in Verbindung mit den Mondumläufen, mit der Dunkelheit, mit Katharsis, mit dem freien Willen, der es ermöglicht, nein zu sagen. Es ist das Symbol der freien Frau, ein Mysterium, das jede Frau erfährt und das einen großen Einfluß auf ihr Leben hat. Hystera, der Uterus, die Gebärmutter ist eben nicht nur ein birnenförmiges inneres Organ zur Fortpflanzung, sondern der Ort, an dem das Wunder geschehen kann. Und das Wunder hat zwei Seiten: das entstehende Leben und das fließende Blut. Ich möchte an dieser Stelle darauf hinweisen, warum Frauen eine so tiefe Beziehung zu Blumen haben. Blüten sind Gebärmütter und ein Symbol dafür, daß die Erde und alles Leben auf ihr weiblich ist. Die Verehrung für das Leben zeigt sich eben auch in der Liebe zu Blumen. So ist es auch kein Zufall, daß wir den Toten zum Abschied Blumen mitgeben. Das ist im übrigen für mich der einzige Anlaß, zu dem ich es angemessen finde, Blumen abzuschneiden. Ansonsten kann ich mich an dem langsamen Sterben solcher in einer Vase aufgestellten, schön bunten abgeschnittenen Pflanzenteile nicht erfreuen.

Blumen gehören dorthin, wo sie wachsen. Sie von dort zu trennen, aus ihren Lebenszusammenhängen zu entfernen, ist genauso unsinnig wie alles vom Leben Abgetrennte, das wir im Patriarchat vorfinden, wo sogar ihr Gott sich außerhalb der Schöpfung befindet. Die *Mutter Der Welt* ist nicht von der Welt getrennt. Sie sitzt nicht als Schöpferin irgendwo außerhalb der Schöpfung und hat sich alles in einem Augenblick der Langeweile ausgedacht, quasi Objekte von sich.

Sie selbst ist aus dem Ganzen hervorgegangen, ist Teil des Ganzen und hat gleichzeitig das Ganze hervorgebracht. Das Universum ist eine Göttin, die Dimensionen, die über das Universum hinausgehen, sind Göttin, die Erde ist eine Göttin, ich bin Priesterin und Göttin zugleich. Nur ein weiblicher Mensch kann wirklich begreifen, daß es möglich ist, beides zu sein, ja daß es nur möglich ist, beides zugleich zu sein. Weil ich von einer geboren wurde, die das Wunder vollbracht hat, indem sie mich hat werden lassen, und gerade weil auch ich die Hystera in mir habe, weil ich das Wunder der Schöpfung auch vollbringen kann, ist es ohne größere philosophische Gedankenspiele für eine Frau so einfach zu begreifen, was Göttlichkeit ist.

Hieraus ergibt sich die Autorität der Frauen, Priesterin zu sein, echte Priesterinnen, die das Kommen und Gehen von Leben, von Werden und Vergehen begleiten. Das bedeutet, daß sie die Ankunft von Leben angemessen begrüßen, die Sterbenden richtig zu verabschieden wissen und dazwischen alle Stationen des Übergangs von einer Stufe des Seins in eine andere kultivierend und helfend initiieren. Die Armseligkeit christlichen Priestertums kann da wirklich nicht mithalten. Eine Priesterin der Göttin geht diesen Weg immer auch selbst, denn sie ist Teil des Ganzen. Der Kreis ist dabei das Zeichen, daß wir nicht getrennt stehen. Nicht voneinander, von allen Zyklen der Erde, von den Jahreszeiten, von der Beziehung der vier Elemente zueinander – Feuer, Wasser, Erde, Luft –, von den vier Himmelsrichtungen, von den Sternen und ihrer Beziehung zu unserem Planeten.

Weiberreligion und ihre Kulte sind politisch und keineswegs nur ein Weg der Erleuchtung. Überhaupt ist es an der Zeit, diesen Begriff kritisch zu beleuchten. Es ist Teil der Weiberreligion, das Dunkle, die Finsternis zu ehren, in der besondere Kräfte gedeihen, die die Stille und Konzentration benötigen, die nur im Schutz der Nacht entstehen können. Um die Kraft des Mondes sehen zu können, muß es Nacht sein. Die Sache mit dem Kampf des Lichts gegen die Finsternis, die uns in Vatis Fortschrittszoo als von Anbeginn der Welt an existierend verkauft wird, ist in Wahrheit die Metapher für Rassismus. Von daher ist äußerste Vorsicht – politische Vorsicht – angebracht, wenn es nur um das Licht geht und nicht auch das Dunkel geliebt wird. Das betrifft Rechtsradikale, die besonders gern vom Kampf des Lichts gegen die Finsternis faseln und den blonden Herrenmenschen erfunden haben. Das betrifft auch alle diese dubiosen esoterischen Gruppierungen, die himmelwärts ins Licht streben und den Kontakt zum Boden unter den Füßen schon lang verloren haben, aber auch Massensekten wie die christlichen Kirchen, die mit Hosianna himmelan zum Vater hochfahren.

Chi, mana, Energie, Leben sind Worte, die das nicht Berührbare benennen. Erkennen können wir sie nur in konkreten Dingen und Erscheinungen: Atem, Körper, Bewegung. In diesen konkreten Dingen verehren wir das Unsichtbare, Unnennbare, Unberührbare und verbinden uns damit. Die konkreten Dinge aber sind es, die uns zeigen, wie und wohin sich Energie bewegt. Eine Gesellschaft, die dem Prinzip des Lebens (chi, mana, Energie) folgt, setzt automatisch das Weibliche in ihren Mittelpunkt, denn von ihm kommt alles Leben, ob es den Männern nun paßt oder nicht. Damit ist mehr als nur die Gebärfähigkeit gemeint, obwohl diese allein ja bereits ausreicht, um in Verblüffung und Entzücken zu geraten.

Eine Welt, die solchermaßen das Weibliche wieder in ihren Mittelpunkt gestellt hat, könnte nicht mehr anerkennen, daß Macht über andere ausgeübt wird, und würde an ihre Stelle Autorität setzen, die sich aus dem Kontext ergibt. Eine solche Welt, die sich aus einer immanenten Religion ergibt, die sich wiederum aus den Zusammenhängen der Welt ergibt, würde es unmöglich machen, daß Einzelne – Papst, Wirtschaftsbosse oder Parlamente – Entscheidungen fällen, die das Leben Millionen anderer Menschen festlegen, beeinträchtigen, gefährden und vernichten. Eine solche Welt würde bei allem, was entschieden wird, die Konsequenzen der Entscheidungen berücksichtigen.

Das würde bedeuten, daß es zum Beispiel undenkbar wäre, alleinerziehenden Müttern staatliche Gelder zu streichen und zur gleichen Zeit zu bewilligen, daß für das eingesparte Geld Panzer gekauft werden, wie es jüngst in Österreich geschehen ist. Das würde bedeuten, daß es etwas so Grausames wie internationale Tiertransporte nicht gäbe. Es hieße, daß der Bau von Schnellstraßen durch Wohngebiete nicht genehmigt würde, weil das Interesse der Anwohner wichtiger ist als angeblich übergeordnete wirtschaftliche Interessen. Das hieße beispielsweise auch: keine Atombomben und keine Atomkraftwerke, keine Industrie, die sinnloses Zeug zur Gewinnmaximierung produziert, statt dessen Technologie und Ökologie, die klein, organisch, kooperativ projektiert werden. Das wäre der echte Weg der Gesundschrumpfung, der die Aufgeblasenheit von Vatis Fortschrittszoo beenden kann.

Die Frage ist nun, wie lange es dauert, bis die Welt wieder so weit zur matriarchalen Religiosität zurückgekehrt ist, daß es tatsächlich beginnt, reale Auswirkungen auf die Welt zu haben. Ich gebe zu, ich weiß es nicht. Aber ich denke, daß es wie in allen wesentlichen Belangen des Lebens viel wichtiger ist, daß eine Frau bei sich selbst, im eigenen Leben damit beginnt. Eine kann sich eine Priesterin-Lehrerin suchen. Sie kann beginnen, der Göttin in ihrem Leben Raum zu geben, indem sie einen kleinen Hausaltar aufbaut, auf dem alle Symbole der Großen Göttin zu finden sind. So manche Frau wird feststellen, daß sie in ihrem Leben nicht einmal einen eigenen Raum hat. Dann sollte sie damit beginnen, zuerst sich selbst Raum zu verschaffen. Dies nun ist der Zeitpunkt, wo Meditation und alles, was dazu gehört, endlich angebracht sind: Kerzen, Stille, absichtslose Konzentration.

Sie könnte sich die albernen Mondbücher sparen und statt dessen selber der Mondin in der Nacht begegnen. Schon bald wird eine mit allen Aspekten von der Fülle bis zur Leere vertraut werden. Meditationen im Freien sind unvergleichlich näher dem, worum es geht, als Sitzungen vor dem Hausaltar. Von dem Augenblick an, wo eine Frau diese Verbindung wieder aufgenommen hat, beginnen die Dinge sich zu verändern. Der Prozeß der vertieften Wahrnehmung, der damit beginnt, hat größere Auswirkungen auf die Welt, als eine sich vielleicht vorstellen mag.

Jetzt ergibt sich beinahe von ganz allein, daß eine Frau noch mehr tun kann. Der freie Fluß der Lebensenergie kann von ihr gelenkt werden. Gelenkte Energie bewirkt Veränderung. Das ist Magie. Die aber ist eine sehr konkrete Wirklichkeit, die viel bewirkt. Es muß eine nur wissen, wie.

9. Kapitel

Abrakadabra

Mit Hilfe von Luftgeistern, Feuerwesen, Erdzwergen und Wasser-
nymphen einen politischen Kampf zu führen, mag vielen Frauen
ungewöhnlich, wenn nicht unrealistisch erscheinen. Das ist gut so.
Nichts verträgt Magie weniger als den entwertenden, entleerenden
Gebrauch durch die vielen, die es ganz witzig finden, es mal aus-
probieren, damit herumspielen und sich wichtig machen wollen.
Es ist ein langer Weg, der dahin führt, eine Magierin zu werden,
und eine Frau hat auf diesem Weg soviel zu lernen, daß darüber
Jahrzehnte ihres Lebens vergehen. Die Hürde des Fleißes – und
hier ist Fleiß ausnahmsweise mal angebracht – soll die potentiellen
Mißbraucherinnen abschrecken und die echten Magierinnen wirken lassen.

Magie hat die Kraft, dafür zu sorgen, daß der Haß, den ein
Mensch aussendet, niemanden trifft, sondern direkt zu ihm zurückkehrt und ihn selber trifft. Magie kann öffentliche Parks sicher
machen, und wenn wir ernsthaft wollten, könnten wir mit ihrer
Hilfe dafür sorgen, daß Politiker, die lügen, sich im eigenen Lügen-
gestrüpp verfangen. Wenn schon der Entzug unserer Kooperation
mit Vati Fortschritt und seinen Mannen eine erhebliche politische
Waffe ist, so ist die Kooperation mit der unsichtbaren Welt eine
noch größere.

Eigentlich ist Magie nichts anderes als tatkräftige, praktizierte
Spiritualität und Heilung. Nichts ist einfacher, nichts ist folgenrei-
cher, nichts ist so belastet mit sämtlichen Gefühlen der unteren
Skala, wie Angst und Grauen, Gier und Wahnsinn, Zittern und Za-
gen. Auch das wollen wir nicht ändern. Es ist so etwas wie die Kin-
dersicherung an einer Steckdose. Magie ist weder gut noch böse,

weder weiß noch schwarz, aber sie ist eine ungeheure Kraft, mit der eine umgehen können muß wie mit Elektrizität.

Den größten Teil meines Lebens habe ich damit verbracht, zu lernen, was Magie ist, wie sie angewendet wird und was passiert, wenn ich sie anwende. Im Grunde besteht sie aus Visionen und Aktionen und geht davon aus, daß keine Wirklichkeit wirklich ist. Ich könnte auch sagen, daß Wirklichkeit veränderbar ist. Wirklichkeit verändert sich ununterbrochen, und die Energien, die diese Veränderungen bewirken, fließen dorthin, wo sie gebraucht werden. Immer wenn wir festhalten wollen, was ist, und versuchen, Veränderungen zu verhindern, blockieren wir den freien Fluß dieser Energien (chi, mana etc.), was verheerende Auswirkungen auf die Wirklichkeit haben kann. Vatis Fortschrittszoo beispielsweise ist das horrible Ergebnis solcher massenhaften Blockierungen. Weiberreligion läßt die Energien wieder frei fließen. Magie ist, wenn die Energien gelenkt werden.

Es liegt auf der Hand, daß eine Magierin gewissen ethischen Grundsätzen folgen muß. Diese Grundsätze ergeben sich aus der Alten Religion, und darum hat Magie nichts mit Wahrsagerei und Okkultismus zu tun und ist auch nicht destruktiv wie patriarchale Machbarkeit. Es ist sinnlos, in die Zukunft sehen zu wollen, denn alles, was eine tun muß, um ihr Leben zu leben, ist, die Gegenwart richtig wahrzunehmen. Wenn ich heute weiß, was ich tue, brauche ich mir um das Morgen keine Sorgen zu machen. Wenn eine ein Orakel benutzt, weil sie heute schon wissen will, was morgen ist, dann ist sie in der Welt der wilden Weiber, der Hexen und Heilerinnen noch nicht angekommen. Diese Dinge sind etwas für Sklavenseelen und in der Ohnmacht Gefangene, die dem Lotto-Effekt erlegen sind.

Die Zukunft zu gestalten, ist allerdings eine andere Sache. Erfolg ist das, was erfolgt. Aus dem, wie ich heute lebe, erfolgt das, was morgen ist. Daher ist es wichtig, alles, das wir aus dem Gestern an Druck und Dreck mit uns herumschleppen, kathartisch abzuwerfen und wenigstens im nachhinein zu verstehen und uns dann in vollen Zügen der Gegenwart zuzuwenden, aus der sich die Zukunft so entwickelt, wie wir sie gestalten. Für Frauen ist dabei von großer Bedeutung, offensiv zu werden, d.h. bereit zu sein, Einfluß zu nehmen und die Verantwortung dafür zu tragen. Es ist notwendig, daß Frauen in das Geschehen eingreifen, und Magie ist eine sehr brauchbare Möglichkeit, einzugreifen. Nur so lösen wir die alten Muster auf, in denen die Energie aufgestaut und blockiert nach einem Ausweg sucht. Nur so können neue Energiefelder entstehen, die uns neue Wirklichkeiten bringen.

Allerdings müssen wir wissen, daß Magierinnen zwar lernen, Energien zu lenken, aber darauf gefaßt sein müssen, daß die Ergebnisse überraschend sein können und von Kräften bestimmt werden, die größer sind als die der Magierin. Darum ist es wichtig, daß eine lernt, sich zu erden, und sich auch ansonsten zu schützen weiß. Eine Magierin entfernt nichts aus seinen Zusammenhängen, denn sie ist es, die die Konsequenzen dafür zu tragen hätte. Sie manipuliert nicht, um zu erreichen, was sie will, sondern sie spinnt, webt, verknüpft und verbindet, bereitet den Weg, ruft herbei, schickt fort, bewegt sich und setzt andere in Bewegung, um Kräfte wirken zu lassen. Sie weiß, wen sie ruft, was sie fortschickt, welche Kräfte sie verknüpft, und sie weiß vor allem, wie. Sie muß dabei jede Zielstrebigkeit vergessen, denn wenn ihr Verstand auch noch so messerscharf ist, den Überblick über alle Konsequenzen kann sie nicht haben.

Allerdings sollte sie sich im klaren darüber sein, was sie will und was nicht, bevor sie tätig wird. Der Unterschied zur Zielstrebigkeit ist gewaltig. Sie sollte in ihrem Geist klare Vorstellungen haben, die den unsichtbaren Kräften die Gelegenheit geben, klar zu reagieren. Diese unsichtbaren Kräfte agieren und reagieren sehr direkt und ohne abstrahierende Spitzfindigkeit. (Wenn eine sich wünscht, weiß zu sein und am Wasser zu wohnen, könnte dabei herauskommen, daß sie als Kloschüssel wiedergeboren wird.) Als nächstes sollte sie immer mit dem arbeiten, was sie sehen, fassen und halten kann. Wollen ist die Vision, und der Wille ist der Kanal, durch den Energie eine Vision wirklich werden lassen kann. Und mit *wirklich* meine ich wirklich *wirklich*. Ich will dies an einigen Beispielen erläutern.

Wenn eine Frau sich innere Kraft wünscht, ist das eine sehr ungenaue Sache, nichts wirklich Konkretes. Sie sollte also wissen, *was* ihr innere Kraft gibt, und *das* sollte sie sich wünschen. Erst wenn sie ebenso präzise wie realistisch vorgeht, wird sie merken, ob sie sich wirklich innere Kraft wünscht oder nur Hilfe, d.h. Halt durch einen anderen Menschen oder eine äußerliche Situation, was einen großen Unterschied macht, nämlich den, fremde Energie zu verbrauchen, ohne wirklich stark zu werden oder sich endlich auf die eigenen Beine zu stellen. Wir sehen also, daß Magie vor allem aus Arbeit und geistiger Anstrengung besteht, und die meiste Arbeit hat eine mit dem Wollen.

In einem anderen Fall erkämpfte eine Frau sich in meiner patriarchatsfreien Zone in zweimonatiger harter Arbeit die Kraft zur Selbstbehauptung. Am Ende sollte sie eine Schutzhexe für sich und ihre beiden Söhne fertigen. Die Arbeit an dieser Hexe zeigte ihr, daß und wie ihre Vision in Wahrheit ganz anders war, als sie es sich glauben machen wollte. Sie hatte zwar die richtigen und wirksamen Materialien zusammengestellt. Aber sie hatte Schwierigkeiten, die Arbeit an der Hexe wirklich zu Ende zu bringen. Das heißt, es fiel ihr schwer, für den eigenen Schutz zu sorgen. Aber das war noch nicht alles. Als sie sich endlich dazu durchgerungen hatte, die Arbeit an der Hexe zu beenden, zeigte sich, daß der Gesichtsausdruck, den sie der Hexe aufgemalt hatte, tieftraurig und voll verzweifelter Verletzbarkeit war. Das bedeutete, daß sie noch einmal beginnen mußte, an ihrem Wollen, ihrer Vision zu arbeiten. Erst danach hatte die Hexe ein Gesicht, das Würde und Macht ausstrahlte.

In diesem Fall machte die Schutzhexe sichtbar, was ansonsten unsichtbar ist. Das Unsichtbare ist immer nur in den Dingen zu erkennen. Umgekehrt führen uns die Dinge daher auch zum Unsichtbaren. Das gilt nicht nur in einem heilerischen Sinn für das, was in unserem Unterbewußtsein verborgen ist, sondern auch für die Arbeit der Magierin, wenn sie etwas bewegen will.

Energie, chi, mana, ist unsichtbar. Wie bereits gesagt, können wir sie nur in Konkretem erkennen: Körper, Bewegung, Atem. Materielles. Darum bedient sich Magie der konkreten, materiellen Dinge, um die unsichtbare Energie zu lenken. Strukturen bestimmen, wie die Energie fließen wird, wohin sie fließen wird und was aus ihr hervorgehen wird. Hier liegt die große Bedeutung der Form, die dem Inhalt Halt und Richtung gibt. Und hier ist es endlich auch angebracht, sich ganz konkret mit Ritualen zu befassen. Wenn eine sich mit der Meditation vertraut gemacht und so die absichtslose Konzentration gelernt hat, dann hat sie auch kennengelernt, was das Geheimnis aller Materie ist. Sie ist lebendig, beseelt, sich ihrer selbst bewußt. Nun kann sie sich mit der Seele von Materie durch besondere Handlungen in Verbindung setzen.

Es kommt darauf an, den richtigen Ort, den richtigen Baum, Stein oder was auch immer es sein mag, zu finden. Dann muß der Zugang zur Seele des Ortes, des Baumes, des Steins gefunden werden. Was dabei helfen kann, sind die richtigen Worte. Worte, die Kraft geben und die unsichtbaren Kräfte wecken. Zaubersprüche, würden manche sagen, und so ganz falsch ist das nicht. „Abrakadabra" und „Hokuspokus, dreimal schwarzer Kater" sind Reste, Verballhornungen ehemals echter magischer Worte, die häufig deshalb in Reimen weitergegeben wurden, damit sie nicht vergessen wurden, und die Frauen schon den ganz kleinen Kindern beibrachten, damit sie tief im Unterbewußtsein verankert wurden. Denn magische Worte dürfen zwar gesprochen und gesungen, aber nicht aufgeschrieben werden. Sobald sie aufgeschrieben sind, ist ihre magische Kraft verflogen.

Neben den richtigen Worten sind es Symbole, die den Zugang zu den unsichtbaren Kräften bilden. Diese Symbole können gezeichnet, geformt und getanzt werden. Das Labyrinth beispielsweise ist eines dieser Symbole.

Der Umgang mit dem Zugang zum Bewußtsein der Dinge mündet aus zwei Gründen in Rituale. Zum einen hat ein Ritual dieselbe Funktion wie ein Reim, es bedeutet Gedächtnis. Zum anderen dient ein Ritual der Erdung und der Erzeugung von Schwingung und läßt daher die Energien auf eine ganz bestimmte Weise fließen.

Wenn wir uns mit dem Bewußtsein von Materie in Verbindung setzen, dann wird das immer so geschehen, wie unser begrenztes Bewußtsein dies zuläßt. Wenn die eine Frau Auren sehen kann (und nicht alle, die sagen, sie können das, können das auch wirklich), kann eine andere das vielleicht aus dem gleichen Grund nicht, aus dem die erste keine Stimmen hören kann. Weil sie es psychisch nicht verkraften könnte, wenn es so wäre. Oder weil sie in Wahrheit sich diesen Kräften nur aus der sicheren Distanz einer Zuschauerin zuwenden könnte, was unmöglich wäre, denn Magie ist etwas, das jede bis über beide Ohren erfaßt, sie muß gelebt werden.

Das, was wir aus der unsichtbaren Welt hören, sehen und fühlen, muß nicht wirklich so aussehen oder sich anfühlen, wie wir es erleben. Wenn unsichtbare Kräfte sich ihrerseits mit einer Frau in Verbindung setzen, so wählen sie logischerweise Formen der Kommunikation, die durch unsere Sinne Eingang in unser Hirn finden und von diesem auch verstanden werden können. Dies erklärt, warum die eine Frau Zwerge, Elfen und Feen als real erkennt und eine andere eher Engel und Elementarwesen nennt. Es erklärt im übrigen auch, warum Männer mit ihrer begrenzten Wahrnehmungsfähigkcit die Ordnung von Yin und Yang sogar im Jenseits wiederentdecken und deshalb für ein Naturgesetz halten, während echte Hexen, Magierinnen das Männliche allenfalls vereinzelt und wenn, dann nur als Begleiter des zentralen Weiblichen erfahren. Wenn nicht sowieso die Macht weiblicher Magie auf der Stelle verschwindet wie das Würstl vom Kraut, sobald eine Frau sie an einen Mann weitergegeben hat, wäre es völlig sinnlos, sie einem Mann nahebringen zu wollen, denn aus den in den ersten Kapiteln dieses Buches erläuterten Gründen kann er sie gar nicht verstehen.

Deshalb läßt sich Magie auch nicht in Kursen lernen. Auch nicht, wenn eine Frau diesen Kurs gibt. Dort können wir nur lernen, nach welchem psychischen Ordnungsprinzip eine bestimmte Person die Welt deutet und sich in ihr bewegt. Das muß nicht für andere gelten, ja mit Sicherheit läßt sich dieses System höchstens verstehen, aber nicht 1 : 1 übertragen. Nehmen wir einmal an, einer Frau kündigte sich der Kontakt eines unsichtbaren Wesens regelmäßig durch kräftiges Niesen an. Nehmen wir weiterhin an, diese Frau hätte einen unstillbaren Mitteilungsdrang, weil sie geradezu bezaubert ist von dem, was sie erlebt hat. Also zeigt sie anderen, wie Niesen ihr metaphysische Zustände beschert. Irgendwann hat es sich herumgesprochen, und jemand beginnt, Nieskurse zur Kontaktaufnahme mit dem Jenseits zu veranstalten. Und am Ende gibt es irgendwo ein privat gegründetes Institut, wo eine Frau sich für teures Geld zur Diplom-Nies-Trainerin ausbilden lassen kann. Alles, was das letztlich bringen wird, ist eine Renaissance des Schnupftabaks, aber niemals wird es jemandem gelingen, auf diese Weise mit unsichtbaren Kräften zu kommunizieren. Und mit Sicherheit kündigen sich der Frau, die als erste begonnen hat zu niesen, von nun an damit allenfalls unsichtbare Wesen wie Viren und

Bakterien an, die ihr einen Schnupfen bringen, aber keine Elfe und keine Fee wird sie mehr besuchen.

Magie verträgt nur kleine Kreise und große Wahrhaftigkeit. Auf diese Weise hat sich unser Wissen seit den entsetzlichen Zeiten der Hexenverbrennungen bis heute retten können. Auf diese Weise können wir sie vor Mißbrauch schützen. Die Integration der Magie in matriarchales, frauenzentrisches Leben ist daher eine ebenso diffizile wie notwendige Sache, die große Achtsamkeit erfordert. Die Bedeutung der Magie für eine matriarchale Welt ist groß.

Sie gibt mir ein tiefes Gefühl von Zusammengehörigkeit mit allem Sein. Sie gibt mir ein Gefühl von Potenz, wobei mir die Erfahrung des vielfältigen und zahlreichen Zusammenspiels mit dem Willen anderer nicht nur einen Schutz vor Anwandlungen von Omnipotenz gibt, sondern auch sinnlich vermittelt, was die Chaos-Theorie sagen will: daß wir alle einzigartige Teile eines einzigartigen Ganzen sind, daß wir daher niemals einsam und ungeschützt sind und das, was wir tun, dennoch viel verändern kann, denn es bringt das einzigartige Ganze zum Tanzen.

So bin ich befreit von Hilflosigkeit und Ohnmacht. Ich habe Kraft und Eigen-Macht. Magie nimmt die Angst vor dem Unbekannten. Sie nimmt die Angst vor der Auslöschung, denn sie gibt die Erfahrung einer immanenten Metamorphose. Eine Magierin ist wie eine Membran für das, was im Wechselspiel von Materie und Raum sonst nicht zu hören, nicht zu sehen und nicht zu fühlen wäre. Sie ist die Zaunreiterin, die zwischen den Welten hin und her springt. Sie ist die Wächterin des Unbewußten, eine gefährliche Frau für alle, die mit ihrem Haß Zerstörung und Leid bringen. Eine Spinnerin von Verbindungsfäden für alles Leben ist sie, und so stellt sie Konsens her. Magie macht gemeinschaftsfähig.

10. Kapitel

Lebensgemeinschaften

In einer matriarchalen Welt gibt es eine Vielzahl von Möglichkeiten, Lebensgemeinschaften zu bilden. Nur eine gibt es nicht: die heterosexuelle, monogame Ehe. Solche Beziehungskisten sind – wie ich schon vor Jahren geschrieben habe – Särge von gestern für Leute von heute. Wenn es nach mir ginge, würde ich diese Art der Verbindung zwischen Menschen und die gesamte Struktur, die sie hervorbringt, einfach wegzaubern. Jedoch wäre ein solcher Eingriff in die Entwicklung vieler Frauen vielleicht ein untergriffiger Übergriff. Das werde ich mir nicht aufladen wollen. Also bleibt uns nur, die Zeit für uns arbeiten zu lassen, und sie arbeitet für uns.

Dornröschens Geschichte ist ja noch immer nicht zu Ende erzählt. Und wie es aussieht, wendet sich das Blatt. Es bleibt also abzuwarten, wer hier wen aus welchen Gründen und wohin küßt. Das finde ich einen ausgesprochen beruhigenden Zustand, aber wir sollten die Suggestion dieser unendlichen „Frau-findet-endlich-einen-Mann-und-ihr-Leben-kann-beginnen"-Geschichten nicht unterschätzen.

Dornröschen und Schneewittchen, Pretty Woman und Bodyguard, all diese patriarchalen Übergriffe auf die Freiheit und Selbstbestimmung von Frauen schaffen die emotionale Struktur, die sich in die Hirne unzähliger Frauen eingebrannt hat, bis sie sich gar nicht mehr vorstellen können, daß Leben nicht nur auch ganz anders sein kann, sondern daß das Leben erst richtig beginnt, wenn es sich wieder auf seine weibliche Mitte zentriert.

Das geht so weit, daß mich immer wieder Frauen jeden Alters bei meinen Veranstaltungen fragen, warum ich allen Ernstes für ein einsames, vereinzeltes, zölibatäres Leben von Frauen eintrete, weil ich die Eheschließung als einen unsittlichen Vertrag ablehne. Die mich da fragen, sind erfahrene und intelligente, aber patriarchal hypnotisierte Frauen, so daß sie offenbar nicht einmal darüber nachdenken können, ob und welche anderen Formen von Lebensgemeinschaften sie sich vorstellen könnten, und am allerwenigsten darf die Natürlichkeit einer Mann-Frau-Verbindung, wie wir sie kennen, angezweifelt werden.

Zäh hält sich die angstvolle Vorstellung, zur geächteten Außenseiterin zu werden, wenn die Energiefelder verlassen werden, in denen nur paarweise gelebt werden darf. Es lohnt sich also, wenn wir uns an dieser Stelle noch einmal nüchtern, entromantisierend und entmystifizierend betrachten, was es denn mit dieser „Zweierbeziehung" auf sich hat und wie Wunsch und Wirklichkeit auseinanderklaffen.

Die Abschaffung der Ehe dient der Entwirrung unheilvoller Verknüpfungen, die den Frauen nicht guttun. Aber die Ehe und ebenso die vertraglich nicht abgesicherte eheähnliche Gemeinschaft existieren ja auch nicht, um einer Frau gutzutun, das Gegenteil ist der Fall. Sie sind ein Tauschgeschäft, bei dem der Mann jederzeit ungehinderten Zugang zu Sexualität hat und emotional von einer als Gattin oder Lebensgefährtin getarnten „Mutter" versorgt wird, wofür sie zum einen seinen Schutz vor allen anderen Männern als Bedrohern erhält und zum anderen der Einsamkeit entgeht, in die sie nicht geraten könnte, wenn sie nach matriarchalen Grundsätzen leben würde. Mit Liebe hat das wirklich nichts zu tun.

Daß das Leben mit einem Mann kein Zustand ist, wissen alle Frauen, die sich auf so etwas eingelassen haben, sogar die, die es nicht wahrhaben wollen. Mit schöner Regelmäßigkeit findet sich bei meinen Veranstaltungen aber immer mindestens eine Frau, die darauf besteht, daß es auch glückliche Ehen gibt. Wenn ich genauer nachfrage, stellt sich heraus, daß sie darunter verstehen: Man hat sich zusammengerauft. Oder nur die Fassade einer Beziehung ist bekannt. Oder die Zahl der Ehejahre wird gezählt und der Verzicht auf Scheidung schon für eine gelungene Beziehung gehalten. Das, was eine Frau dazu bringt, wieder und wieder nach wenigstens einer einzigen glücklichen Ehe auf dieser Welt zu suchen, ist derselbe Mechanismus, der Sektenangehörige nicht zum Nachdenken kommen läßt. Man nennt das Gehirnwäsche.

Aber selbst wenn es so wäre, selbst wenn es Ehen gibt, die nicht auf Kosten der Frau gehen, ist dies nicht der Beweis, daß Ehen funktionieren, sondern daß dieses System hin und wieder Überlebende kennt.

Darüber hinaus ist die Ehe eine Wirtschaftsgemeinschaft und eine Kinderproduktions- und Kindererziehungsgemeinschaft, beides mehr schlecht als recht. Für beide Funktionen ist die Mann-Frau-Zweierbeziehung ungefähr so geeignet, wie ein Wohnwagen kein Haus ist und ein Balkon kein Gemüsegarten, auch wenn er nach Süden liegt. Über die finanzielle Situation der ohne Lohn arbeitenden Hausfrau oder der doppelbelasteten Superfrau ist schon genügend gesagt worden, und was die Erziehung der Kinder angeht, so ist, realistisch gesehen, jede Frau alleinerziehend, ob sie nun mit einem Mann zusammenlebt oder nicht.

Wenn sie Pech hat, ist ihr Mann ihr ältestes Kind. Wenn sie noch mehr Pech hat, ist er ein sie lebenslang entmündigender Vater. Am meisten Pech hat die, die einen unreifen Sohn geheiratet hat, der sich als entmündigender Vater aufspielt. Nur einen Partner, den hat sie nicht in ihm. Den wird sie auch unter denen, die sich im Gesicht rasieren müssen, vergeblich suchen. Testosteron verhindert die Fähigkeit zur Partnerschaft, denn es hat einen fatalen Hang, Hierarchie und Konkurrenzverhalten zu erzeugen. Das ist die Realität. Falls sie glaubt, daß die Zweierbeziehung ihr wenigstens erlaubt, das Phänomen „Mann" in den Griff zu bekommen, erliegt sie damit ebenfalls einer ungesunden Illusion, die sie ihre ganze Lebenskraft kosten kann, mit der sie das patriarchale System am Leben erhalten hat.

Die heterosexuelle Lebensgemeinschaft bringt überforderte Mütter hervor und als Folge davon seelisch verbogene Kinder. Sie setzt diese Kinder der Nähe und dem unkontrollierten Zugriff pädagogisch blinder Väter aus (und das trifft auf die meisten Männer zu, machen wir uns da nichts vor!), was der gesunden Entwicklung der Kinder auch nicht gerade guttut.

Realität ist auch, daß der Mann mit der Aufrechterhaltung seiner Autonomie gegenüber Frauen beschäftigt ist und sich dauernd wie in alten Kinderzeiten gegen sie abgrenzen muß, während die Frau ihre ganze Kraft in Nähe, Konsens, Austausch und Verschmelzung legt, vergeblich. Der österreichische Kabarettist Josef Hader hat einmal darüber sinniert, wie es kommt, daß ein Mann nach fünf Jahren die gleichen Geheimnisse vor seiner Frau hat wie vor seiner Mutter. Ja, was glaubt der Gute wohl, woran das liegt?

Das liegt daran, daß eine Symbiose zwischen Mann und Frau aus seinem tiefen Wunsch nach einer verlängerten Kindheit entsteht, wobei er jetzt bestimmen darf, wann er ins Bett geht, denn er ist ja schon groß. Das liegt daran, daß ein Mann zwar eine Zweierbeziehung braucht, aber keine Ahnung hat, was er mit einer Frau als Frau eigentlich anfangen soll. Das liegt daran, daß Testosteron ihn an Partnerschaft hindert. Das liegt daran, daß beide mit einer Zweierbeziehung nicht das haben, was sie brauchen. Sie haben nicht einmal eine gemeinsame Sprache.

Die emotionalen Spannungen, die sich daraus ergeben, sind für die Entwicklung von Kindern das reine Gift. Kinder brauchen Zuverlässigkeit, Stabilität, Regelmäßigkeit und Bezugspersonen, die emotional so ausgeglichen sind, daß sie sich ihnen mit viel Zeit und in Liebe widmen. Jede Mutter weiß, wie oft sie die Interessen der Kinder hintangestellt hat zugunsten der Interessen ihres Mannes oder weil ihre Kraft in irgendeinem Ehezwist absorbiert war.

In „Die wilde Frau" habe ich darüber geschrieben, daß Männer und Frauen nicht kompatibel sind. Ihr Zusammenleben auf der 1:1-Basis von Yin und Yang hat aber nicht nur die hier angerissenen Nachteile für eine Frau, was allein schon unerträglich ist, aber doch dazu verleiten könnte, weiterhin darauf hinzuarbeiten, den Mythos der Partnerschaftlichkeit durch Arbeit an der Beziehung Wirklichkeit werden zu lassen. Das aber käme dem Versuch gleich, einen Pudding an die Wand nageln zu wollen, wie ich in „Der weise Leichtsinn" beschrieben habe. Die Ehe und die eheähnliche Gemeinschaft sind neben der emotionalen Ausbeutung der Frau und der kostenlosen Zurichtung des Nachwuchses auf patriarchale Ziele die beste Möglichkeit, Frauen auf das Maß von Männern zurechtzustutzen. Das erst macht sie zu einem Ort der Verzweiflung und Heimatlosigkeit für das weibliche Geschlecht, für Ehefrauen und ihre Töchter. Das erst macht sie so unentbehrlich für das Patriarchat.

Ich wage die Behauptung, daß es nicht eine einzige patriarchale eheähnliche Yin-Yang-Beziehung auf der Welt gibt, in der die Frau nicht die Erfahrung gemacht hat, daß ihr Mann absichtlich verhindert, daß sie geistig, seelisch, beruflich, finanziell, je nachdem und wie auch immer, über ihn hinauswächst. Das am häufigsten angewandte Mittel ist die subtile Entmutigung, Entwertung und vor allem die emotionale Sabotage. Aus diesem Grund läßt eine patriarchale Gesellschaft nur diese Form von Gemeinschaft gelten und wertet alle anderen Gemeinschaftssysteme drastisch ab, denn es ist die einfachste Möglichkeit, das weibliche Geschlecht im Griff zu behalten.

Um emotionale Sabotage handelt es sich, wenn der Gatte oder Lebensgefährte rein zufällig immer dann Streß macht, wenn die Frau den Rücken frei braucht, um sich vielleicht auf einen Studienabschluß zu konzentrieren, oder auf andere Weise so gefordert ist, daß sie nicht nur ihre Aufmerksamkeit von der emotionalen Betreuung des Mannes abziehen muß, sondern sie außerdem mit ihren Aufgaben den Mittelpunkt des allgemeinen ehelichen Interesses bilden sollte. Der eine bricht einen Streit vom Zaun, der andere geht fremd, der dritte wird krank, der vierte vergißt justament die ihm zuvor in mühsamen Diskussionen beigebrachten Regeln eines sozialen Zusammenlebens wie: bei Verhinderung anzurufen oder die Hausarbeit zu teilen oder das Kind vom Kindergarten abzuholen. Das Konkurrenztier Mann scheint die Ausdehnung des Weiblichen offenbar nicht ertragen zu können.

Emotionale Sabotage kommt aber auch im Kostüm liebevoller Fürsorglichkeit daher. Ich habe Freunde, die wünschen mir immer wieder „viel Kraft" für meine Arbeit. Obwohl an einem solchen guten Wunsch generell nichts auszusetzen wäre, reagiere ich immer sehr ärgerlich, eigentlich ganz gegen meinen Willen und meine Gewohnheit. Es ist mein mit den Jahren recht gut entwickelter „Emotionale-Sabotage-Seismograph", der da reagiert. Inzwischen weiß ich, daß ich mich auf solche spontanen Gefühlsreaktionen von mir verlassen kann. Obwohl sie mich gern haben, würde die Ausdehnung meiner Kraft bedeuten, daß auch sie wachsen müßten. Genau das versuchen sie zu verhindern, und so drückt ihr guter Wunsch nieder, anstatt zu beflügeln.

Es gibt Leute, die müssen noch nicht einmal den Mund aufmachen, um emotionale Sabotage zu betreiben. Ich kenne eine Frau, deren Eltern solche Spezialisten auf diesem Gebiet sind, daß sie nur aufzutauchen brauchen, und die ganze Welt ist wie mit einem grauen Schleier aus Geringschätzung überzogen. Diese Geringschätzung ist der Versuch, von ihrer eigenen langweiligen Mittelmäßigkeit abzulenken. Mit einem Schlag sehen die Möbel schäbig aus, jede Idee wird zur unrealisierbaren Schnapsidee, und wenn sie dann wieder abgezogen sind, benötigt die Tochter gewöhnlich mehrere Tage, um in die eigene Mitte zurückzufinden.

Emotionale Sabotage in der patriarchalen Familie ist deshalb so substanzraubend, weil es daheim passiert, also an dem Ort, der dem Rückzug vor dem kraftzehrenden Außen dienen sollte. Einen Rückzug vom Rückzug gibt es nicht, zumal die meisten Frauen nicht einmal einen eigenen Raum in der Wohnung besitzen. Wenn ich mich umschaue, entdecke ich unzählige Adlerinnen, die sich mit einem Gockel zusammengetan haben. Manche versuchen trotz allem auf dem Hühnerhof zurechtzukommen. Aber immer mehr ahnen, daß die Freilandhaltung nicht wirklich ihre Bestimmung ist.

Das Endstadium des Patriarchats führt erfreulicherweise dazu, daß mehr und mehr Frauen aus der patriarchalen Hypnose erwachen, den Sargdeckel der Beziehungskiste aufklappen, aussteigen und losfliegen. Da trifft es sich gut, daß andere Frauen die letzten Jahrzehnte dazu genutzt haben, neue frauenzentrische, lebensfreundliche Lebensgemeinschaften zu erdenken, zu erträumen und auszuprobieren.

Vor allem und zuerst geht es jedoch darum, die alten Denkmuster aufzulösen. Wenn wir in der Geschichte zurückwandern und in den archäologischen Funden der Jahrzehntausende stöbern, läßt sich für lange, lange Zeit nicht ein einziges Yin-Yang-Paar entdecken. Die ersten abgebildeten Paare sind immer Frauenpaare, wie Gabriele Meixner nachgewiesen hat. Die ersten abgebildeten Gruppen sind Frauengruppen. Der Mann taucht irgendwann als kleines männliches Kind auf dem Arm der Mutter auf. Aber noch bevor der Mini-Heros in Erscheinung tritt, ist es die Mutter-Tochter-Verbindung, die in den Abbildungen der Jungsteinzeit eine große Rolle spielt. Ebenso die zweifache Göttin, die zwei Tänzerinnen, zwei Amazonen auf dem Weg in den Kampf, zwei Schwestern, zwei Liebende. Mann und Frau als sich ergänzendes Paar sind ganz offensichtlich eine patriarchale Erfindung. Diese Erfindung hat sich aber so breitgemacht, daß es einige Mühe kostet, sich ihrer wieder zu entledigen.

Mit sattem Sarkasmus kann eine Frau es schaffen, die alten Denkmuster loszuwerden. Als meine Tochter vor einigen Jahren in Tränen aufgelöst anrief, weil ihr Freund sie verlassen hatte, habe ich mich gleich daran gemacht und ihr eine Kassette mit Liedern aufgenommen, auf denen viele Sängerinnen darüber jammern, wie traurig das Leben doch ist „without my mähään". Jaja, „sometimes it's hard to be a woman..." Seither ist es ein schöner Brauch geworden, eine entsprechende Kassette zu überreichen, sobald eine Frau aus ähnlichen Gründen glaubt, die Welt ginge unter. Gut macht es sich auch, diese Herzenssongs gemeinsam laut und lauter zu singen. Die eine oder andere Feministin der ersten Stunde erinnert sich vielleicht noch dunkel an Gloria Steinems alten Spruch: „Eine Frau ohne Mann ist wie ein Fisch ohne Fahrrad." Mir kommt er nach dreißig Jahren zwar auch recht abgenudelt vor, aber es sind neue Generationen von „pretty women" nachgewachsen, die dieser Klarstellung vielleicht bedürfen. Wir hätten ihn vertonen sollen.

Das Prinzip meiner Kassette für herrenlos gewordene Frauen ist eine kleine Psychotechnik aus der Psychothek einer Fachfrau für Dissidenz. Dieses Prinzip besagt, daß die Kombination von Witz und Überdruß ein guter Weg ist, um aus einer Sucht und den damit verbundenen Illusionen auszusteigen. Der Trick dabei ist, in das Spiel einzusteigen und es von innen kaputtzumachen, indem die Regeln so lange direkt befolgt werden, bis es unerträglich wird oder bis die angebliche Begehrlichkeit im wahren Licht ihrer Bedeutung zu erkennen ist. Es müssen nicht die Herz-Schmerz-Songs sein, die einer Frau die Realitätsfindung erleichtern. Dem Einfallsreichtum einer Frau sind da keine Grenzen gesetzt. Wesentlich ist, die Hemmschwelle zu überspringen, die sie daran hindert, Regeln zu verändern.

Wenn die Denkfalle, Mann und Frau seien erschaffen worden, um ein Paar zu bilden, erst einmal aufgedeckt worden ist und eine Frau es für denkbar halten kann, ohne mähään zu leben, kann sie überhaupt erst die Vielfalt der Formen von Lebensgemeinschaften entdecken, die ein frauenzentrisches Leben bietet.

Jede Frau, die nicht wenigstens eine beste Freundin hat, ist ein bedauernswertes und verlassenes Geschöpf. Eine Frau kann gar nicht genug Freundinnen haben. Beste Freundinnen kann eine nur wenige haben. Die aber sind ein Quell der Kraft und Wärme wie sonst nichts auf der Welt. Die finstersten Zeiten meines Lebens habe ich nur deshalb überstanden, weil ich neben der eigenen Lebenskraft und meinem belebenden Zorn auf den langweiligen Vati Fortschritt beste Freundinnen hatte, die bei mir waren und mir beistanden, als ich es nötig hatte. Überlebensgefährtinnen, die, ohne mit der Wimper zu zucken, mit mir verheultem Jammerknödel nachts um drei bei strömendem Regen kilometerweit in die nächste Disco fuhren, nur weil ich keine Zigaretten mehr hatte. Ein einziges Mal in meinem Leben habe ich eine solche Freundin tief verletzt, weil ich die Beziehung zu einem Mann wichtiger genommen habe. Es tut mir noch heute leid. Das alles ist lange her. Heute rauche ich nicht mehr, und in den Energiefeldern der Männer halte ich mich auch nicht mehr auf, weshalb die meisten Anlässe zu Wehklagen sowieso nicht mehr vorhanden sind. Beste Freundinnen habe ich immer noch, werde sie haben bis an mein Lebensende, und ihre Freundschaft ist mir kostbarer denn je.

Die beste Freundin ist nicht etwa nur so etwas wie ein Satellit im Leben einer Frau, sondern etwas sehr Zentrales. Wir sind es gewöhnt, der im Patriarchat zentralen Yin-Yang-Beziehung alle anderen Verbindungen unterzuordnen und sie abzuwerten. Vor allem Frauenfreundschaften werden da nicht sehr ernstgenommen. Sie sind es aber wert, wieder in den Mittelpunkt einer Frauenwelt zurückgeholt zu werden. Und das nicht nur, weil beste Freundinnen einander viel geben und bedeuten können.

Solche Beziehungen, die häufig schon im Kindergarten begonnen wurden und sich dann lebenslang fortsetzen, sind letzte Reste einer alten, der Frauennatur entsprechenden Lebensform, die für Frauen wie für Kinder ebenso natürlich wie gedeihlich ist. Es ist der gute alte Harem. Das darf sich eine nicht so vorstellen wie das Klischee aus Operette und Hollywoodfilm. Harem ist der Ort für Frauen, an dem für Männer kein Platz ist. Das ist nicht nur eine patriarchatsfreie Zone, sondern das Zentrum des Lebens, die Gruppe der Elefantinnen, die in ihrem wilden Tantenkreis keinen Bullen dulden. Allerdings käme so ein Elefantenbulle auch gar nicht auf die Idee, sich länger als die Sohneszeit und über die Pubertät hinaus dort aufzuhalten.

Der Kreis der Elefantinnen ist ein brodelnder, wilder, wachsamer und fürsorglicher Haufen von Individualistinnen, die zusammenhalten und zusammen leben. Mütter, Töchter, Schwestern, Tanten, Cousinen und Freundinnen für's Leben. So leben alle unsere tierischen Schwestern, die zu den Gruppentieren gehören. Warum nicht auch wir? Bei den Elefantinnen bleiben die Bullen ganz draußen und ziehen in Männergruppen umher. Nur manchmal wird einer kurz hereingebeten, wenn eine Elefantin sich fortzupflanzen wünscht. Warum nicht auch bei uns? Bei den Löwinnen sind einzelne Männer akzeptiert. Aber sie kennen ihre Grenzen. Ihr Job ist es, den Löwinnen bei der Jagd die konkurrierenden Hyänen vom Hals zu halten. Dafür kriegen sie auch etwas zu essen. So haben sie über die Fortpflanzungsfunktion einen Platz in der Gemeinschaft. Von mir aus auch bei uns. Delphinmänner sollen sogar ganz nett sein, habe ich gehört.

Es kann schon sein, daß unsere leiblichen Mütter und Tanten, Schwestern und Cousinen nicht gerade die Wunschpartnerinnen sind, wenn wir matriarchale Harems bilden. Dann sollten wir keine Scheu haben, uns neue zu suchen. Auch Freundinnen können sich zu einem Harem zusammenschließen. Wesentlich dabei ist die Verbundenheit. Allerdings sollten wir die patriarchale Trennung der Generationen für aufhebbar halten. Am Ende zeigt sich vielleicht sogar, daß auch Mütter, Töchter, Tanten und Schwestern zu einem frauenzentrischen Leben zusammenfinden, wenn sie über die Verletzungen, die sie sich gegenseitig in einem patriarchalen Leben zugefügt haben, hinausgewachsen sind. Wie meine Sau Lupita zu sagen pflegt: „Die Welt ist voller Wunder."

Die alten Formen des Zusammenlebens, die Sippen, die sich zum Stamm verknüpften, die Stämme, die einen Clan bildeten, der Clan, der sich mit der Natur verbunden wußte, sind vor langer Zeit schon zerstört worden. Die Dynamik der gemeinsamen Kraft müssen wir jetzt in neuen Gemeinschaften und Zusammenschlüssen wieder entstehen lassen.

Harem ist herrschaftsfreier Raum, in dem Mütter leicht gute Mütter sein können, denn es sind viele Frauen da, um sie zu entlasten. Mütter sind so mitten im Zentrum des Lebens und nicht ausgeschlossen. Sie können viele Dinge tun, ohne daß ihre Kinder darunter leiden. Es ist der Harem, der einer Frau ermöglicht, keine Kinder haben zu müssen und trotzdem mit Kindern zusammensein zu können. Das ist in Fragen der Bevölkerungspolitik nicht ganz unwichtig. Eine solche Frauengemeinschaft bietet in jeder Hinsicht die größten Entfaltungsmöglichkeiten für jede einzelne Frau.

Lebensgemeinschaften, die Männer als Bewohner dulden oder gar nur eine Zusammenfassung mehrerer Yin-Yang-Paare sind, schaffen es nicht, herrschaftsfrei zu bleiben. Das ist nicht nur meine Erfahrung aus den früheren Jahren, als wir in Kinderläden und Wohngemeinschaften versuchten, sowohl arbeitsteilig wie partnerschaftlich Eltern, Wirtschaftende, FreundInnen und LebenspartnerInnen zu sein. Auch heutige gemischte Lebensgemeinschaften sind an diesem Punkt kein Stückchen weitergekommen. Ich kenne eine Lebensgemeinschaft, da landete eine Katze auf der Straße, weil ihr Besitzer sich nicht mehr für sie interessierte und die anderen sich nicht zuständig fühlten. Das ist für mich ein ernstes Anzeichen dafür, daß die Energie einer solchen Gruppe destruktiv ist, also nicht den Gesetzen der Weiblichkeit folgt.

Das kann sogar dann die bestimmende Kraft einer Gemeinschaft sein, wenn sie nur aus Frauen besteht, nämlich dann, wenn solche Gruppen Zweckbündnisse von vorübergehenden Yin-Yang-Hälften sind, die noch vollkommen in patriarchalen Denk- und Verhaltensweisen feststecken.

Ein echter Harem ist herrenlos, d.h. welche Beziehungen auch immer eine Frau zu einem Mann hat, hier ist nicht der Ort, an dem sie stattfinden. Das schafft einen Raum für Frauenfreiheit. Wo viele Frauen miteinander leben, hat das Patriarchat keine Chance mehr. Frauen in der Gruppe sind stark, und sie sind vor allem nicht mehr manipulierbar.

Eine solche Frauengemeinschaft kann wirtschaftliche Stabilität bieten bei gleichzeitiger Vermeidung emotionaler Abhängigkeiten, denn Liebesbeziehungen nach patriarchalem Muster sind nicht die Basis des Zusammenseins. Das heißt nicht, daß es nicht Liebe und nicht auch Paare gibt.

Frauen, die Liebesbeziehungen zu Männern unterhalten, haben so die Gelegenheit, die Liebe und nichts als die Liebe zu er-leben. Ich bin sicher, daß dieser entwirrte Zustand einiges zutage fördert, das manche auf die Liebe schwörende Frau nicht für möglich gehalten hätte. So kann sich zeigen, was denn an der Sache dran ist, wenn es nur noch um Freiwilligkeit und Gefühle geht. Die Frage, was einen Mann dann noch attraktiv macht, kann ich nicht beantworten. Aber eines ist sicher: Diese Art der Liebe hat ein natürliches Ablaufdatum, denn diese Art der Liebe ist ein luftiges Gefühl, das auch wieder verfliegt, das ist seine Natur. Wollten wir es festhalten, würde es schwer und ranzig, trüb und wolkig, eben Yin und Yang.

Ich halte Sexualität für den am meisten überschätzten und in des Wortes Sinn verrückten Bereich menschlicher Kommunikation. Liebe drückt sich durch Sexualität aus, aber Sexualität ist keine Liebe, das ist ein großer Unterschied. Solange das Gesetz der Spermie unser Leben bestimmt, definiert auch das die Spermie antreibende Hormon, was Sexualität ist, wie sie gelebt wird und welches unsere Bedürfnisse sind. In den Jahren psychotherapeutischer Praxis habe ich immer wieder festgestellt, daß ausnahmslos alle Frauen nicht wirklich wußten, welche sexuellen Bedürfnisse sie hatten. Nur wenige merkten überhaupt, daß sie diese Verbindung zu ihrem Körper verloren oder gar nicht erst entwickelt hatten. Alle orientierten sich, ohne nachzudenken, am patriarchalen Leistungsmodell, das als sexuelle Aufgeklärtheit getarnt das Geschehen bestimmt. Keine der mit einem Mann liierten Frauen unter meinen Klientinnen wagte es, sich so weit aus diesem Teil ihrer Beziehung zurückzuziehen, daß sie herausfinden konnte, was ihr Körper ihr erzählt, wenn sie ihm wirklich zuhört. Es überwog die Angst, die Antwort zu hören, der sich die Angst anschloß, die Beziehung zu verlieren, wenn sie dieser Antwort folgen würde.

Wenn eine Frau nicht mehr prüfend zählen muß, wie oft in der Woche sie sich als Beweis für ihre Attraktivität sexuell betätigt hat, hat sie überhaupt erst die Gelegenheit, wahrzunehmen, in welchem zyklischen Rhythmus sich ihre Lust zeigt. In einer frauenzentrischen Welt könnte sich zeigen, daß die bereits begonnene Entwicklung, die zu einer drastischen Abnahme der heterosexuellen Sexualität in ihrer institutionalisierten Form der Ehe und eheänlichen Beziehung führt, weitergehen wird. Hier trennen sich nun wirklich die Wege der Geschlechter, ob eine nun auf Männer steht oder nicht.

Ob Narziß sich mit seinem Spiegelbild begnügt, ob er sich der Wirklichkeit wieder zuwendet, ob er sich vor starken Frauen fürchtet, ob er endlich beginnt, darüber nachzudenken, warum er eigentlich auf der Welt ist, und ob er tatsächlich Befreundung als begehbaren Weg akzeptiert, ist für die Nymphe zunächst einmal völlig unerheblich. Auch jetzt noch hat sie andere Sorgen.

Neues frauenzentrisches Leben beginnt damit, herauszufinden, was eine Frau, die sich nicht mehr auf Männer bezieht, d.h. sich nicht mehr nach Männerkriterien beurteilt, sich nicht mehr Männerbedürfnissen anpaßt und Liebe nicht mehr nur mit Sexualität und mit Männern in Verbindung bringt, überhaupt will. Es könnte sein, daß ein so belasteter Begriff wie Liebe sich plötzlich in uferlose Vielfalt ausdehnt, die unendlich viele Ausdrucksmöglichkeiten findet, die nicht im Bett enden, sondern im Leben beginnen. Zuwendung, Liebe, Zärtlichkeit, Freude am Austausch können sich sexuell ausdrücken, müssen es jedoch nicht.

Sexualität ist nach frauenzentrischer Auffassung keine hormonelle Energieentladung, sondern untrennbar Gefühl und sein Ausdruck. Nicht Geilheit, sondern Lust. Nicht Unterwerfung, sondern Begegnung. Nicht Schuß, sondern Fluß. Nicht Dienstleistung, sondern Freude unter Gleichen und Gleichwertigen. Es wird sich zeigen, welche Rolle ein Mann im Leben einer Frau noch spielt, wenn sie einmal so weit gekommen ist.

Die Essenz dessen, was Liebe ist und sein kann, hat sich seit Anbeginn der Welt im Frauenpaar als Liebespaar ausgedrückt. Diese Form der Lebensgemeinschaft blickt auf eine lange, wenn nicht die längste Tradition in der Existenz der Menschheit zurück. Sapphos Töchter sind nicht einfach nur die Ausnahme von der Regel der Heterosexualität, sie sind auch nicht einfach nur homosexuell. Was sie grundsätzlich von der Beziehung zwischen zwei Männern unterscheidet, ist der Gehalt ihrer Beziehung. Lesbische Beziehung basiert auf Nähe, Konsens, Austausch und Verschmelzung. Sie lebt von der gegenseitigen Zuwendung und ist immer nicht nur erotisch, sondern auch freundschaftlich und schwesterlich. Das setzt beispielsweise der Gemeinsamkeit mit schwulen Männern, deren Kameraderie und deren Spiel mit flüchtigen sexuellen Kontakten enge, vor allem aber klare Grenzen.

Feministische Lesben verstehen sich ausdrücklich als frauenidentifiziert. Das bedeutet, daß es um mehr geht als die sexuelle Präferenz. Es bedeutet, daß sie die gleichgeschlechtliche Imitation des Rollenspiels der heterosexuellen Standardlösung ablehnen. Es bedeutet auch, daß sie der Ansicht sind, jede Frau ist Angehörige der großen Gemeinschaft der Frauen, und die Loyalität zu dieser Gemeinschaft ist die einzige Treue, zu der eine Frau verpflichtet ist. Es geht einer feministischen Lesbe nicht um das Recht, ihre sexuelle Präferenz leben zu können, sondern darum, frauenzentrisch zu leben, was ihr Recht, Frauen zu lieben, automatisch inkludiert.

Es waren vor allem feministische Lesben, die in den vergangenen Jahrzehnten Frauengemeinschaften aufgebaut und gelebt haben. Ihre Erfahrungen sind von unschätzbarem Wert für alle Frauen, die jetzt nach matriarchalen Bedingungen leben wollen. Nicht alle Erfahrungen waren gut, viele waren vielleicht sogar schmerzvoll. Aber keine war sinnlos.

Es gibt Gemeinschaften auf dem Land und in der Stadt, solche, die projektbezogen arbeiten, und andere, die eine große Familie bilden, große Gruppen und Zweierbeziehungen. Viele Gemeinschaften machten vor allem Erfahrungen mit dem Begriff „Veränderung". Die größten Schwierigkeiten ergaben sich aus einer hohen Fluktuation, zu hohen Erwartungen an die beteiligten Frauen, Fehleinschätzungen des eigenen Könnens und Selbstausbeutung. Es kann einer Frauengemeinschaft passieren, daß sie mit zwanzig Frauen beginnt, und schon nach ein, zwei Jahren sind nur noch fünf davon übrig. Manchmal sind neue dazugekommen, manchmal hat sich eine Gruppe damit gesundgeschrumpft. Manchmal ist von den Gründerinnen keine einzige mehr dabei, und ganz andere Frauen realisieren die Ziele.

Zu den inneren Schwierigkeiten, Hierarchie zu vermeiden und praktizierte Solidarität zu lernen, kommen häufig noch Verfolgungen und Diskriminierungen von außen. Manche Gruppen lesbischer Frauen wurden und werden verfolgt, weil sie lesbisch sind, mehrheitlich würde ich jedoch einschätzen, daß es passiert, weil sie Frauen sind.

Kreise von Frauen, die die alten Lebensformen verlassen haben, sind in jedem Fall eine Bedrohung für Vati Fortschritt. Ich erinnere an die eigentlich gutwilligen Herrenbesuche in meiner patriarchatsfreien Zone, die nur schwer ertragen konnten, nicht gebraucht zu werden. Ebenso halte ich die dreisten Imponierposen der hiesigen Jägerschaft für symptomatische Aggressionen als Antwort auf weibliche Eigen-Macht. Den Lernprozeß von Frauengemeinschaften, wie und womit eine sich zur Wehr setzt, halte ich für geradezu existentiell. So wie wir im Inneren zu lernen haben, Konsens herzustellen, statt Gehorsam zu fordern, respektive zu befolgen, müssen wir in der Abgrenzung nach außen lernen, kraftvoll zu kämpfen, geistreich Grenzen zu ziehen und jeden Sieg dazu zu nutzen, uns noch weiter breitzumachen.

Ich habe in meiner Umgebung auf vielerlei Weise drastisch klargemacht, daß ich mir nichts gefallen lasse und daß das Spiel nach meinen Regeln gespielt wird oder gar nicht. Als ich damit Erfolg hatte, habe ich es nicht dabei bewenden lassen. Ich mische mich ein, wenn es sein muß. Vieles ist ein Fall für „The Flying Feminists". Es gibt in meiner Nachbarschaft einen Fall von schwerster Kindesmißhandlung, bei dem ich nicht weggeschaut habe, wie es sonst hier üblich ist. Ich konfrontiere die Menschen hier in einem der Herzen des Patriarchats mit meinen dissidenten Ansichten und trage auf diese Weise dazu bei, daß die Strukturen sich verändern können.

Angst davor, als sonderbar zu gelten, darf eine nicht haben. Ängstliche Frauen, die auf ihren guten Ruf bedacht sind und ihr soziales Ansehen nicht verlieren wollen, haben noch nie etwas verändert und in Bewegung gesetzt.

Mittlerweile kommen die ersten Frauen aus der Region in meine psychologische Beratungspraxis. Nur mit dem ersten südost-steirischen Frauenstammtisch bin ich vorerst baden gegangen. Das war den hiesigen Frauen dann doch noch zu steil, vor allem, als ich vorschlug, Politiker zum Wahrheitsspiel an den Stammtisch einzuladen. Dies alles hat viel damit zu tun, Grenzen zu ziehen und Terrain zu erobern, denn Frauenlebensgemeinschaften, patriarchatsfreie Zonen dienen nicht allein dazu, nach innen in ein frauenzentrisches Leben zu emigrieren, sondern dazu, nach außen weithin sichtbar tätig zu werden.

Frauengemeinschaften, Harems, sind Orte der Geborgenheit und Sicherheit. Sie haben deshalb dafür Sorge zu tragen, daß alle sich dort aufhaltenden Frauen und Kinder sich sicher fühlen können. Im Inneren wird dies erreicht, wenn wir Antworten auf die Frage finden, wie Solidarität gelebt wird und wie eine Achtung vor sich selbst und anderen lernen kann. In der Regel entzünden sich Konflikte in den Bereichen Verwaltung, Hausarbeit und Entscheidungskraft, respektive Entscheidungsbefugnis. In der Regel haben sie in Wahrheit aber damit gar nichts zu tun, denn diese Bereiche sind nur die Bühne, auf der das Spiel der Reibung stattfindet. Mit Reibung umzugehen ist für alle nicht ganz leicht. Manche Reibung muß sein, denn sie bringt alle in Hitze, und am Ende war sie vielleicht eine notwendige Katharsis. Andere Formen von Reibung sind einfach nur lästig, weil entwicklungsfeindliche Frauen ein Riesentamtam machen, um zu tarnen, daß sie sich und anderen nicht guttun wollen.

Der Umgang mit Reibung ist deshalb so schwierig, weil eine Gemeinschaft von Frauen eine Gemeinschaft von Gleichen ist. Das bedeutet, alle haben so ziemlich die gleichen Tricks drauf und die gleichen Ticks auf Lager. Frauen durchschauen einander schnell, und es kann viele Lehrjahre dauern, bis eine darüber lachen kann. Wir werden unsere Lasten aus der patriarchalen Zeit ja nicht so schnell los, wie uns lieb ist.

Alle haben weibliche Erfahrungen mit Geben und Nehmen gemacht, und so schreien entweder zu viele: „Gib mir, gib mir, endlich muß mir gegeben werden", und keine ist da, die das Geben übernehmen will oder kann, denn viele von uns sind gerade in Fragen von Ausbeutung bis zur Hautlosigkeit empfindlich. Oder es reißt eine das Geben an sich, und alle anderen müssen in Demut nehmen, von regelmäßigen Vorwürfen angemessen gebeutelt.

Häufig regen uns vor allem die Frauen besonders auf, die uns spiegeln, was wir an uns selbst so hassen. Nicht selten hadern wir nicht mit der Frau, die wir vor uns haben, sondern in Wahrheit mit unserer Mutter oder unserem Vater und wissen es noch nicht einmal. Immer wieder passiert es, daß das, was uns an einer anderen so ärgert, eigentlich das ist, was uns selber fehlt. Daß ich verträumte, kindliche und naive Frauen nicht aushalte, liegt nicht nur daran, daß solche Frauen sich wie ein schweres Gewicht auf mein Gemüt legen, auch nicht nur daran, daß ich eine Mutter hatte, die nie wirklich erwachsen wurde, sondern auch daran, daß ich manchmal selbst gern die Verträumte wäre, was ich mir in meinem Leben nur selten erlauben konnte.

In einem meiner Seminare lieferte eine Teilnehmerin einmal ein geradezu klassisches Lehrbeispiel für den Stoff, aus dem die überflüssigen Frauenkonflikte sind. Ihr Äußeres signalisierte, daß es für sie Wichtigeres gab als Kleidung und Aufmachung. Die Frau in der

Gruppe, die ihr geradezu zuwider war, trug silbern lackierte Fingernägel, eine blondierte Föhnfrisur und einen „Ist-der-weich-ist-der-neu"-Pullover. Meine Teilnehmerin hatte ihre Mutter früh verloren. Die Frau mit den Fingernägeln war als Co-Therapeutin wichtig und doch passiv, denn die Hauptakteurin war ich. Klientinnen von ihr, die auch an dem Seminar teilnahmen, gaben klar ihre Bewunderung für ihre Therapeutin zu erkennen. Meine Teilnehmerin aber konnte vor lauter Ärger gar nichts Besonderes an ihr entdecken. Die Therapeutin ließ sich voll auf das Seminar ein, wie auch das Gefühl offensichtlich ihr wichtigster Wahrnehmungssinn war. Meine Teilnehmerin schleppte schon seit Jahren vom Hals abwärts eine Totalblockierung mit sich herum. Grimmig saß sie mit Rückenschmerzen am zugigen Fenster und sagte mir hinterher, lieber sei sie dort unter Schmerzen gesessen, als mit der schwachen Co-Therapeutin den Platz zu tauschen.

Zwar gab es noch fünfzehn andere Frauen, mit denen sie ihren Platz hätte tauschen können, aber darum ging es ja in Wahrheit gar nicht. Es war die ideale Projektionsfläche der Co-Therapeutin, die ihr erlaubte, ihre schwache Mutter zu hassen, ihren Zorn auf sich mit ihrem Äußeren preisgebende Frauen auszuleben und ihrem Neid auf die gefühlslebendige Teilnehmerin Ausdruck zu geben. Nur wahrhaben wollte sie das nicht und kannte keine Dankbarkeit für eine solche Gelegenheit, sich selbst kennenzulernen. Und das ist der entscheidende Schritt, der aus einem überflüssigen Konflikt ein befreiendes Lehrstück hätte machen können. Es ist nichts Schlimmes an diesen Dingen, es sei denn, wir leugnen sie und kämpfen uns auf diese verdeckte Weise in die Destruktion.

Es gibt keine Möglichkeit, Frauen dazu zu bringen, daß sie sich mögen, wenn das nicht der Fall ist. Allerdings gibt es Möglichkeiten, Konflikte konstruktiv auszutragen. Offenheit und Klarheit lassen sich lernen. Manchmal ist es besser, auseinanderzugehen, als krampfhaft Konsens herzustellen, von dem keine wirklich überzeugt ist. Manchmal ist es besser, auszuharren, dabeizubleiben. Niemals aber sollte Reibung dazu führen, daß wir in den roten Bereich außerhalb der Achtung voreinander geraten. Es ist gar nicht so schwer, in der anderen die Fähigkeiten anzuerkennen, die der Gemeinschaft auf ganz besondere Weise helfen, anstatt sich darüber aufzuregen, was die andere alles nicht kann. Die Verschiedenartigkeit als etwas Positives, als eine Bereicherung anzusehen, ist der erste Schritt, aus alltäglichem Rassismus und Schuldzuweisungen herauszukommen.

Lebensgemeinschaften von Frauen haben ein hohes Ideal und einen steinigen Weg, es zu erreichen. Es ist sehr viel einfacher, einen Mann als Gegenüber zu haben, gerade weil er so unzulänglich in seiner Ausstattung fürs Leben ist. Er ist so anders als wir, daß Gemeinsamkeit und Übereinstimmung von vornherein ihre natürlichen Grenzen finden. In Lebensgemeinschaften unter Gleichen geht es ganz anders zur Sache. Allerdings finden wir hier auch endlich die emotionale Atmosphäre, nach der wir immer gesucht haben. Ganz gleich, ob Frauen sich zusammentun, um miteinander nach dem alten Vorbild des Harem zusammenzuleben, ob sie als Liebes- und Freundinnenpaar ihren Weg gemeinsam gehen, ob sie sich in kleinen Konventen treffen, um die Göttin zu ehren, ob sie sich zu Erwerbsgemeinschaften vereinen oder als Künstlerinnen gemeinsam den Raum zur Entfaltung ihrer Künste schaffen, immer geht es darum, ein Leben zu führen, bei dem das gemeinsame Leben stärkt und nicht schwächt.

Eigentlich habe ich mein Leben lang Bilder in mir getragen, die aus der Sehnsucht nach einem wahrhaftigen Leben entstanden sind, auch damals, als ich noch mitten in den patriarchalen Energiefeldern unterwegs war. Immer glichen die Bilder dem eines südlichen Gartens, von dem ich schon als junge Frau träumte, in dem viele Frauen bei der Arbeit sind, dem echten Garten Eden. Allen Frauen in diesen Bildern ist eine wortlose Verbundenheit anzumerken, wie sie zwischen Menschen entsteht, die einen langen Weg miteinander gegangen sind. Ganz besonders ist die Eigen-Ständigkeit, die jede Frau trotz ihrer Verbundenheit mit anderen ausstrahlt. In meinem Garten Eden sind nur ganze Frauen anzutreffen und nicht suchende Hälften. Das ist ja auch viel besser, denn wer kann mit so einer halben Frau schon was anfangen. Die fällt ja dauernd um.

Als ich die Vision für mein eigenes Alter entwickelte, sah ich mich als alte Frau in einer großen Küche an einem langen Holztisch stehen und mit der mir eigenen Lust das Essen für viele Frauen zubereiten. Die Frauen waren ganz unterschiedlichen Alters. Draußen sah ich Kinder spielen, und erfreulicherweise waren es nicht meine eigenen. Ich war mitten im Leben und hatte doch meine Ruhe. Ich sah, wie Kinder in einer solchen Gemeinschaft geboren wurden. Inmitten von Frauen, die gemeinsam ihren Kaffee tranken. Mit Freundinnen, die die gebärende Mutter mit Kräuterölen massierten, die räucherten und Musik machten. Ich sah auch, wie Frauen in dieser Gemeinschaft starben. Gehalten und begleitet von Freundinnen, die nicht nur wußten, wie die Ankunft eines Menschen zu zelebrieren war, sondern auch der Abschied. Die die richtige Musik kannten und die richtigen Zeichen für eine gute Reise in die andere Welt.

In einer solchen Lebensgemeinschaft werden Kinder nicht in Kindergärten abgeliefert, denn es gibt keinen Grund, sie aus dem Zentrum des Lebens zu entfernen. Sie brauchen nicht unbedingt Geschwister, denn alle anderen Kinder sind ihre Geschwister. Sie haben viele Mütter und Tanten, so daß ein Kind nicht zwangsweise nur in der Mutter ein Rollenvorbild findet. Die Schulen sind keine Angstanstalten mehr, wo charakterlich fragwürdige Individuen sich als Lehrer wichtig machen können, sondern die Schulen sind klein, und das Lernen ist ein Spiel, das dem Interesse und dem Lerntempo der Kinder angepaßt ist. Der Lehrstoff hat tatsächlich mit dem Leben zu tun und macht immer einen Sinn.

11. Kapitel

Mütter und Töchter

Das älteste Paar der Menschheitsgeschichte sind Mutter und Tochter. Keine Beziehung ist inniger, keine ist schwieriger. Beide erleben in der anderen die äußerst fragile Fortsetzung des eigenen Selbst. Beide sind Gleiche und doch völlig verschieden. Sie müssen sich aus der Symbiose heraus in die Autonomie kämpfen, und sie müssen dabei ein Stück von sich selbst verlassen. Von der Mutter lernt die Tochter, was eine Frau ist. Weil sie selbst weiblich ist, wird ihre Identität auf die eine oder andere Weise mit dem Wesen der Mutter verknüpft bleiben.

Die Gestaltung der Mutter-Tochter-Beziehung in einem matriarchalen Leben ist deshalb so schwierig, weil unsere Rollenvorbilder auf diesem Gebiet in den alten mythischen Zeiten von Persephone und Demeter aufhören. Seither lebten wir wie Persephone bei Hades in der Unterwelt. Auf unserem Weg zurück in das Zentrum des Lebens gelangen wir dorthin, wo Demeter seit den alten Zeiten auf die Rückkehr ihrer Tochter Persephone wartet. Wir kehren zu den Müttern zurück und müssen uns in ihrer Welt neu zurechtfinden, bis sie unsere Welt geworden ist. Dabei fangen wir da an, wo das Patriarchat aufhört, d.h. wir schleppen eine Menge Altlasten mit uns herum. Das macht es nicht ganz einfach, aber es hängt soviel davon ab, deshalb muß es sein.

Die Mutterschaft betrifft nicht alle Frauen, und nicht alle Mütter haben Töchter. Deshalb ist ein großer Teil dieses Kapitels aus der Tochtersicht geschrieben, denn wir können zwar entscheiden, keine Mutter zu werden, aber wir können nicht entscheiden, keine Mutter zu haben. Aus diesem Grund wird es zuerst vor allem darum gehen, das richtige Verhältnis zur eigenen Mutter zu finden.

Immerhin ist sie die Frau, die mehr Einfluß auf unser Leben gehabt hat als irgendein anderer Mensch auf der Welt. Noch in jedem meiner Seminare gestaltet sich die Findung der wilden Mutterkräfte am schwierigsten. Viel einfacher ist es, die wilden amazonischen Anteile eines Frauenlebens wiederzubeleben, und auch die weise Alte ist den meisten nicht so fern, selbst wenn sie noch jung sind. Aber die Mutter als wilde Frau verbirgt sich für die Tochter hinter einem Berg von Angst, Verletzung, Mißverständnissen, Verrat und Vergeblichkeit.

Es ist auch nicht ganz einfach, das richtige Verhältnis zu einer Frau zu finden, die einerseits so mächtig ist, daß sie uns das Leben geschenkt hat, und andererseits in der patriarchalen Welt auf der untersten Stufe des sozialen Ansehens zu finden ist. Aber es ist vor allem die Tatsache, daß unsere Mütter uns in der Tat viel angetan haben, die es uns so schwer macht, unbelastet und unbeschwert mit ihnen zu sein.

Vati Fortschritt hat es fertiggebracht, in jeder Hinsicht Frauen die Dreckarbeit machen zu lassen. Die Dreckarbeit für Mütter besteht darin, daß sie ihren Töchtern beibringen, die Dreckarbeit für Vati Fortschritt zu machen, ohne zu klagen, ja es sogar für die natürliche weibliche Bestimmung zu halten und dies ihren Töchtern nahezubringen. Die Mutter als ausführende Erfüllungsgehilfin sagt: „Ich und mein Mann." Und: „Papa will das aber so." Und: „Natürlich liebt Papa dich. Er kann es nur nicht so zeigen." Sie sagt auch: „Stell dich nicht so an, du weißt doch, wie er ist. Sei wenigstens du vernünftig." Ihre unausgesprochenen, unterschwelligen Botschaften lauten: „Du darfst nicht so genau hinschauen, wenn ich mich unterordne (unterwerfe), und du darfst dich nicht erheben, denn sonst müßte ich auch handeln, und das kann ich nicht." So beginnt es, daß Frauen den Grund für die Unterwerfung von Frauen in den Frauen suchen.

Mütter geben Töchtern widersprüchliche Botschaften. Sie sagen zum Beispiel: „Der Prinz auf dem weißen Pferd wird kommen." Und unausgesprochen vermitteln sie: „Männer sind ungut. Du bekommst niemals von ihnen, was du brauchst." Das hat zur Folge, daß manche Töchter ihr ganzes Leben damit verbringen, aus unguten Männern Prinzen machen zu wollen, denn die Botschaften der Mutter sind tief in unser Herz versenkt, vor allem die unausgesprochenen und wie grotesk sie auch sein mögen, Töchter versuchen, ihnen lebenslang gerecht zu werden.

Frauenzentrisch empfindende Frauen werden eine andere Art Mutter für ihre Töchter sein, denn Töchter brauchen Mütter, die ihnen ins Leben helfen, die ihnen die Wirklichkeit zeigen und ihnen beibringen, wie eine diese Wirklichkeiten nicht nur überlebt, sondern so stark wird, daß sie die Wirklichkeiten verändern kann, falls sie nicht gut sind. Sie brauchen Mütter, von denen sie lernen, wie sie sich erfolgreich gegen Übergriffe von Männern verteidigen. Wie sie unterscheiden lernen, ob jemand es gut meint oder nicht. Mütter sollen Töchtern beibringen, sich auf die eigenen Füße zu stellen und Freie Frauen zu werden. Sie sollten die Töchter lehren, Achtung vor dem Weiblichen zu haben und die Welt aus weiblicher Sicht zu sehen. Matriarchale Mütter geben den Töchtern die Botschaft: „Du bist wichtig, *weil* du eine Tochter bist." Und: „Du bist das Zentrum des Lebens, denn du bist weiblich." Matriarchale Mütter feiern daher die Geburt einer Tochter mehr als die eines Sohnes. So eine Mutter haben wir alle nicht gehabt. Ich gebe zu, so eine Mutter war auch ich nur in Ansätzen. Teilweise nicht einmal ansatzweise, denn ich war noch nicht die, die ich heute bin, damals, als ich kleine Kinder hatte.

Aber wie soll eine Frau eine starke Mutter werden, wenn sie selbst noch nicht einmal von der eigenen Mutter abgelöst ist. Solange die Beziehung zur Mutter nicht geklärt und auf eine erwachsene Ebene gehoben worden ist, hat keine Frau eine echte Chance, eine gute Mutter, eine gute Mutter für Töchter zu werden. Ich möchte sogar behaupten, daß sie keine Chance hat, eine gute Beziehung zu anderen Frauen, Freundinnen, Schwestern zu entwickeln, und am wenigsten, sich selbst eine Freundin zu sein. Denn in ihrem Umgang mit anderen Frauen, gleich, in welcher Beziehung sie zu ihr stehen, spiegelt sich immer, was diese Frau über Frauen denkt, was sie von ihnen hält, und damit natürlich auch, was sie von sich selbst hält. Die meisten Mütter in der patriarchalen Welt haben ihren Töchtern vermittelt, daß sie von Frauen und damit von sich selbst und von ihren Töchtern nicht viel halten.

Wenn wir das in Zukunft ändern wollen, müssen wir es zuerst in der eigenen Vergangenheit anschauen, denn ungeklärt werden uns diese Dinge unser Leben vergiften.

So steht also am Anfang der Abschied von der Mutter. Ein solcher Abschied vollzieht sich in Form einer klaren Abrechnung mit Mutters Taten und Versäumnissen, mit ihrem Verrat und ihrem Kleinmut. Wir müssen uns genau anschauen, wie dumm, bösartig, lieblos und gedankenlos Mütter sein können, die statt in einem südlichen Garten auf einem Balkon leben, der nach Süden liegt, d.h. nicht im Matriarchat, sondern im Patriarchat, und vor allem muß eine sich anschauen, welche Missetaten die eigene Mutter zu verantworten hat. Wenn wir das nicht tun, wenn wir dieses Tabu nicht brechen, werden wir niemals die Chance erhalten, eine gute Beziehung zur eigenen Mutter und zu Müttern überhaupt zu entwickeln. An diesem Punkt hilft es nichts, wenn wir uns dagegen empören, daß die Mütter immer für alles verantwortlich gemacht werden, die Väter aber nicht.

Mütter machen die Dreckarbeit für das Patriarchat, damit Vati eine hat, der er die Schuld geben kann. Das tut er deshalb, weil er niemals Verantwortung für irgend etwas übernimmt, das er zu verantworten hat. Das gehört zu seinem Lebensprinzip. Wir können dies nicht ändern, indem wir uns an Vati wenden und ihn in die Verantwortung zwingen. Wir können dies nur ändern, indem die Mütter nicht mehr für die Dreckarbeit zur Verfügung stehen. Das jedoch erreichen wir nur, wenn Mütter sich anschauen, was sie getan haben. Diese Art der Verantwortung können und müssen Mütter tragen. Damit müssen Töchter abrechnen.

Drei Ängste hat jede Frau in bezug auf die eigene Mutter: daß sie ihre Liebe verlieren, daß sie wie ihre Mutter werden und daß ihre Mutter sterben könnte. Drei wesentliche Dinge sind zwischen Mutter und Tochter in einem patriarchal bestimmten Leben nicht erlaubt: daß sie sich voneinander lösen, daß sie einander wahrhaft verbunden bleiben und daß sie ihre Beziehung wichtiger nehmen als die zu Vätern und Ehemännern.

In den drei Ängsten ist die große Macht der Mutter dokumentiert und gleichzeitig auch die immense Bedeutung als Machtinstrument, die sie dadurch für das patriarchale System erhalten hat. Die drei Verbote sichern, daß die Tochter Abhängigkeiten über die Kindheit hinaus benötigt und daß diese Abhängigkeiten auf Männer projiziert werden und nicht mehr auf die Mutter und in der Folge auf andere Frauen.

Die notwendige Abrechnung mit der eigenen Mutter kann einer Frau vor allem deshalb Angst machen, weil sie fürchtet, dann die Liebe der Mutter zu verlieren. Darum kann es ihr vielleicht unmöglich sein, all die Dinge zur Sprache zu bringen, die unausgesprochen zwischen ihr und der Mutter stehen. Generelle Regeln, wie eine Abrechnung zu erfolgen hat, gibt es erfreulicherweise nicht. Es kann sinnlos sein, mit der Mutter über diese Dinge zu sprechen, weil sie es nicht verstehen würde. Es kann aber durchaus auch heilsam sein.

Ich erinnere mich an eine Klientin, die bei mir ihre schwere Kindheit aufarbeitete. Eine Kindheit, die von Mißbrauch und Vergewaltigungen überschattet war. Wie in beinahe allen Fällen von sexuellem Mißbrauch spielte die Mutter die ambivalente Rolle der wahrscheinlichen Mitwisserin. Es gehört zur Aufarbeitung solch schwerer seelischer und körperlicher Verletzungen, die Täter zu konfrontieren und mit allen Beteiligten offen zu reden. Weil die Mutter zu diesem Zeitpunkt schon eine sehr alte Frau war, hatte meine Klientin schwere Bedenken, offen mit ihr zu sprechen und ihr auch den Groll mitzuteilen, der sich mit den Jahrzehnten über den Verrat der Mutter in ihr aufgestaut hatte. Sie hatte Angst, die Liebe der Mutter zu verlieren, und sie hatte Angst, die Mutter könnte an dem Schock sterben. Ich einigte mich mit der Klientin, daß sie geduldig in sich hineinhorchen sollte, um herauszufinden, ob sie nicht doch die Kraft zu einem Gespräch finden könnte. Irgendwann klappte es, und es gab ein langes Gespräch zwischen den beiden Frauen. Zur Überraschung meiner Klientin haben die beiden seitdem und eigentlich zum erstenmal in beider Leben ein inniges, liebevolles Verhältnis zueinander.

Dieser Fall ist mir immer ein Argument für ein abrechnendes Gespräch mit der Mutter. Aber es gibt auch Argumente und Gründe, die dagegen sprechen. Es gibt Mütter, die sind zu dumm, um es zu verstehen. Oder sie sind so sehr gepanzert, daß nichts zu ihrem Herzen durchdringt. Oder sie sind gebrochene, zerstörte Persönlichkeiten, die außerstande sind, sich mit der Verantwortlichkeit für das eigene Leben auseinanderzusetzen. Oder sie sind schon gestorben. Dann bleibt nichts anderes übrig, als wenigstens bei uns selbst, in unserem Inneren diese Arbeit zu leisten. Hilfreich ist es, diese Arbeit nicht allein zu tun, sondern sich eine Begleiterin zu suchen, die hilft, daß wir uns nicht im Kreis bewegen, vor lauter Angst vor dem, was zutage treten könnte.

Ich konnte erst mit meiner Mutter abrechnen, als sie schon fünfundzwanzig Jahre tot war. Unter dicken Schichten von Idealisierungen drang ich bis dorthin vor, wo ich den Zorn, die Verletztheit und Traurigkeit über ihr Versagen als Mutter aufbewahrte, und konnte dem gewaltigen Groll begegnen, den ich in meinem Herzen gegen sie hegte. Ich betrachtete das Leben dieser Frau und alles, was sie getan hatte, um zu verhindern, daß ihr Leben gelingt, ebenso klar wie distanziert. Meine Mutter, die fremde Frau. Ich durchschnitt alle unsichtbaren Nabelschnüre, an denen ich noch hing und in denen ich mich immer wieder verhedderte. Am Ende dieser Ablösung träumte ich, daß ich auf dem Weg, eine große Reise anzutreten, von einem Unwetter aufgehalten wurde. Ich befand mich auf einer Anhöhe an der Küste von Kreta, und in diesem orkanartigen Sturm mit Regen und Erdbeben, bei dem ganze Berghänge ins Meer krachten, begegnete ich einem kleinen verlorenen Mädchen. Ich fragte sie, wohin sie gehöre, und sie antwortete mir: „Nirgendwohin." Da sagte ich ihr: „Von nun an werde ich mich um dich kümmern." Ich nahm sie bei der Hand, und wir flüchteten uns in eine kleine Kapelle, in der nur ein Bild der Göttin mit ihrem Kind stand. Dort warteten wir, bis der Sturm vorüber war. Danach setzten wir gemeinsam unsere Reise durch eine nach dem Sturm völlig veränderte Landschaft fort.

Ich hege seither keinen Groll mehr gegen meine Mutter, und das ist wichtig. Ich habe ihr verzeihen können, was sie mir angetan hat. Ich konnte sie loslassen. Es war harte Arbeit. Ich bin jetzt selbst für mich und mein Leben verantwortlich. Danach erst konnte ich ihr dafür danken, daß sie mir das Leben gegeben hat, und ihr wieder den Platz im Leben einräumen, der ihr gebührt. Sie ist die Frau, die vor mir da war, so wie meine Tochter die Frau ist, die nach mir da sein wird. Keine Frau ist verpflichtet, die Frau, die vor ihr da war, zu lieben. Aber sie kann ihr die Achtung entgegenbringen, die aus der Solidarität entspringt, daß auch die Mutter der großen Gemeinschaft der Frauen angehört. Sie kann die Liebesarbeit der Mütter würdigen, denn keine Mutter macht aus Vorsatz Fehler, jede handelt, so gut sie kann. Wir dürfen nicht vergessen, daß das Patriarchat verhindert, daß Mütter gute Mütter werden.

Meine Tochter hat mir das Geschenk der Abrechnung rechtzeitig gemacht. Ich gebe zu, es war sehr schmerzvoll. Es waren nicht nur meine Missetaten, die anzuhören mir nicht leichtfiel, es war die große Angst, mein kleines Mädchen herzugeben, sie gehen zu lassen und womöglich für immer zu verlieren. Auch Mütter haben große Angst, die Liebe ihrer Tochter zu verlieren. Ich habe sie gehen lassen, und in einem gewissen Sinn habe ich sie auch verloren. Vorbei die Zeit, als ich ihr weismachen konnte, es gäbe keine Seehunde, weil unser Hund ja auch nicht schwimmen konnte. Die große Macht der Mutter, die sich so leicht nicht in die Karten sehen ließ, war nun vergangen. Die Kleine war eine ebenbürtige Frau. Seither haben wir miteinander erfahren dürfen, daß erst nach dieser Ablösung ein gemeinsames Sein in einem matriarchalen Sinn möglich ist.

Irgendwie hatte ich mir wohl doch gewünscht, daß sie ein besseres, klügeres, schöneres, vollkommeneres Ich wird, die ideale Fortsetzung von mir selbst. Das mußte sie mir verweigern. Sie ist ganz anders als ich geworden, eben sie selbst. Ich achte die Unterschiedlichkeit unseres Seins und bin ihr heute nah und verbunden.

Die Ablösung der erwachsenen Tochter von der Mutter ist auf jeden Fall notwendig. Die Abrechnung mit ihren Taten als patriarchale Erfüllungsgehilfin ist nur ein Teil davon. Auch in einer matriarchalen, frauenzentrischen Welt werden sich die Töchter von den Müttern lösen müssen. Demeter muß Persephone gehen lassen, wohin auch immer sie gehen will. Aber sie kann sicher ein, daß die Tochter zurückkehrt.

Starhawk, die Frau, die immer ein Ritual weiß, weiß für diesen Anlaß gleich mehrere. Eines hat mir besonders gut gefallen. Da treffen sich, am besten an einem Strand, Freundinnen der Mutter und Freundinnen der Tochter, dazu alle Tanten und Cousinen. Mutter und Tochter werden mit silbernen Bändern aneinandergebunden. Dann müssen sie miteinander den langen Strand hinunterrennen. Irgendwann bleibt die Mutter stehen. Die Tochter rennt weiter, so daß die silbernen Schnüre durchreißen. Es ist von Bedeutung, daß alle miteinander hinterher ein großes Fest feiern. Bei den Ablösungsritualen der Söhne gehört die anschließende gemeinsame Feier nicht dazu, wie wir im nächsten Kapitel sehen werden.

Ab diesem Zeitpunkt beginnt der Prozeß, der dazu führt, daß die Tochter für sich selbst verantwortlich ist. Von da an ist es auch von Bedeutung, ob und daß eine Frau eine gute Tochter wird. Die Ablösung von der Mutter kann nur von der Tochter begonnen werden. Mütter können in diesem Fall nur reagieren. Wenn eine Tochter sich nicht löst, wird es schwierig für die Mutter.

Eine meiner besten Freundinnen steckt mit ihrer ältesten Tochter in so einer Falle. Die Tochter ist an irgendeinem Punkt ihrer Entwicklung stehengeblieben und dreht sich in der Leidensschleife, die es ihr ermöglicht, Mutter zu beschuldigen, Mutter zu verletzen, Mutter zu provozieren, aber nicht, um den wirklichen Sprung in ihr eigenes Leben zu vollziehen, sondern um die Mutter seelisch gefangenzuhalten. Der verletzbarste Punkt im Leben meiner Freundin ist ihre Angst, nicht intelligent zu sein, was zwar völlig unbegründet ist, aber die Angst ist nun einmal da. Das ist genau der Punkt, an dem die Tochter immer wieder ansetzt. Sie spricht mehrere Sprachen, hat gleich mehrere Studien parallel abgeschlossen und mehrere akademische Grade erreicht. Aber sie wirft der Mutter vor, daß sie nicht genügend für die Bildung der Tochter getan habe. Meine Freundin hat ihre beiden Töchter allein aufgezogen und dazu eine bemerkenswerte Karriere als Fotografin gemacht. Die Tochter aber kann ihr nicht verzeihen, daß sie ohne Vater aufgewachsen ist.

Nun hat jede Frau das Recht, in ihrer Entwicklung stehenzubleiben. Aber sie hat nicht das Recht, andere auch festzunageln. Weil meine Freundin die Mutter ist, hat sie keine Chance, die Ablösung zu vollziehen, denn das geht immer nur von der Tochter aus. Aber sie muß nicht als ewige Mutter ebenso in ihrer Entwicklung steckenbleiben. Sie hat immerhin die Möglichkeit, die Tochter aufzufordern, endlich erwachsen zu werden, und sie dann stehenzulassen. Erwachsene Töchter müssen eine Definition dafür finden, was eine gute Tochter ist. Sie müssen ihren Müttern eine Chance geben, denn die Mutter von heute ist eine ganz andere Person als die Frau von damals, als die Tochter noch ein kleines Mädchen war.

Eine Mutter wiederum muß wissen, daß sie Anspruch darauf hat, daß die Tochter als Erwachsene das Geschenk des Lebens würdigt und wahrnimmt, wieviel Kraft es gekostet hat, die Tochter aufwachsen zu lassen. Dankbarkeit allerdings kann die Mutter nicht erwarten. Dankbarkeit stammt aus der hierarchischen Welt von Vati Fortschritt. Allenfalls kann sich die Dankbarkeit in die andere Richtung wenden, zu den neuen Töchtern, die von unseren Töchtern geboren werden.

Was können wir diesen neuen Töchtern für eine frauenzentrische Welt mitgeben? Denen, die jetzt junge Frauen sind, denen, die noch Kinder sind, und auch denen, die noch gar nicht geboren wurden? Wir können ihnen vorleben, wie und was starke Frauen sind, freie Frauen, weise Frauen, ganze Frauen. Der Privatbereich war immer der Bereich der Unterdrückung der Frau. Vor allem in diesem Privatbereich können wir dafür sorgen, daß unsere Töchter unfähig dazu werden, sich unterdrücken zu lassen. Ihre Einstellung zu Frauen, zu sich selbst, hängt von der Einstellung ab, die sie zu ihren Müttern haben, den ersten Frauen, denen sie im Leben begegnen und die ihr Bild der Frau mehr prägen als jeder andere Mensch.

Es ist leichter, in einer matriarchalen Welt eine gute Mutter zu werden. Es kommt ihr nicht mehr die Aufgabe zu, die Sündenziege für alles zu sein. Weil sie in Frauengemeinschaften lebt, liegt es auch nicht mehr an ihr allein, alle Antworten auf alles haben zu müssen. Viele Co-Mütter unterstützen das Werden der Töchter. Die Töchter können von uns lernen, ihre Energien nicht mehr in den Energiefeldern von Männern versickern zu lassen. Wir können sie lehren, sich nicht mehr verwirren zu lassen von den vielfältigen und kranken Botschaften, die alle in die eine Botschaft münden, Frauen hätten den Wunsch, sich unterzuordnen, zu unterwerfen. Sie können von uns lernen, daß sie ihre Wünsche nach Kunst und Können nicht aufgeben für den Platz an der Seite irgendeines Mannes. Es liegt an den Müttern, die Töchter im Leben willkommen zu heißen.

Es liegt am Leben der Mütter, ob die Töchter ihnen glauben und ihnen nachfolgen.

12. Kapitel

Mütter und Söhne

Es macht einen großen Unterschied, ob eine die Mutter einer Tochter oder eines Sohnes ist. Vor allem Frauen, die die Welt noch mit Männeraugen sehen, wollen dies nicht wahrhaben. Allzu leicht unterminiert dieser Gedanke das Fundament des Patriarchats: die Inferiorität des Mannes, seine Lebensunterlegenheit nicht sehen zu dürfen, seine Aggression und Verachtung tolerieren zu müssen und sein Mißfallen zu fürchten. Den Sohn, dieses niedliche Zwergerl, das so goldig lächelt und der Mama zum Muttertag ein rührendes Bild gemalt hat, als Angehörigen der herrschenden Männerkaste zu erkennen, bringt Mütter in schwere Konflikte und in ein kaum zu bewältigendes Dilemma. Doch selbst wenn wir vorerst dieses Dilemma noch beiseite lassen, zeigt sich, daß es nicht dasselbe ist, ob eine einen Sohn oder eine Tochter aufzieht.

Es gibt eine ganze Reihe von beglückenden Erfahrungen, die eine Sohnesmutter niemals machen wird. Vieles, das sie mit ihrem Sohn nicht teilen kann. Eine Menge, das sie ihm nicht mit auf den Lebensweg geben kann. Er wird immer ein wenig fremd für sie bleiben, selbst dann, wenn sie selber eine echte Vater-Tochter ist und es verträgt, sich mit vielen Männern zu umgeben. Die New Yorker Feministin Jane Lazarre schilderte schon vor Jahrzehnten auf eine für mich unvergeßliche Weise, was es heißt, diesen Unterschied als Mutter wahrzunehmen. Sie hat zwei Söhne. Eines Tages kletterte sie mit ihrer Freundin und deren zweijähriger Tochter Emma auf einen Schuttberg neben einem Teich. Die kräftige, freche kleine Emma kletterte vor den Frauen her durch den glitschigen Schlamm. Jane griff nach ihren Knöcheln, weil sie Angst hatte, die Kleine fiele sonst ins Wasser. Aber Emma schlüpfte ihr weg und stürmte bis auf die Spitze. Dann drehte sie sich auf allen Vieren um und schrie: „Hallo da unten. Ich ganz oben!" Jane sah die kleine Emma an und wußte plötzlich, daß es ihr ganz wichtig war, daß es ein Mädchen war, das da oben stand. Gleichzeitig war sie sehr traurig, daß sie selbst nur Söhne hatte. In diesem Augenblick erhielt sie Klarheit über sich durch die Verbundenheit mit der kleinen Emma und deren Mutter, wie sie erzählte.

Söhne werden, dem Bild ihres Körpers folgend, Männer werden wollen. Sie werden ziemlich fragwürdige Männer werden, wenn sie keine entsprechenden Vorbilder haben, nach denen sie sich richten können, und diese Vorbilder müssen männlich sein. Wir wissen, daß unsere Söhne in der Regel keine guten Vorbilder haben, die unseren Ansprüchen genügen, und das macht die Sache für die Mütter noch verzwickter. Auf jeden Fall sind Söhne nicht Teil der mütterlichen, der weiblichen Welt, sondern haben darin nur Aufenthalt genommen. Und wenn wir uns nach den Gesetzen der Natur richten, ist dieser Aufenthalt zeitlich begrenzt.

Einer Sohnesmutter stellen sich gleich mehrere Fragen. Was macht sie, solange sie noch in einer patriarchalen Welt lebt, in der ihr Sohn schon sehr früh erfahren wird, daß er zu denen gehört, die die Privilegien in dieser Welt haben, ganz im Gegensatz zu seiner Mutter? Und: Was macht sie mit einem Sohn, wenn sie in einer frauenzentrischen Welt lebt, in der er seinen Platz finden muß? Wie werden aus kleinen Söhnen nicht einfach nur Männer, sondern Menschen? Was kann eine Mutter dafür tun? Was darf sie nicht tun?

Alle Männer waren einmal niedliche Babys, und erst später, wenn sie erwachsen sind, wird uns bei einigen von ihnen klar, daß es besser gewesen wäre, wenn ihre Eltern ein Kondom benutzt hätten. Ich denke da beispielsweise an Adolf Hitler und Josef Stalin, Josef Mengele und den unbekannten Soldaten, aber auch an manchen noch quicklebendigen und leider auch tätigen Zeitgenossen aus Politik, Wirtschaft und Unterwelt. Wie kommt es, daß aus diesen goldigen Kerlchen Vergewaltiger, Waffenhändler, Mörder, seelenlose Top-Manager, Päpste, Tierquäler, machtgierige Politiker und dumme Parteivorsitzende, herzlose Nichtsnutze, Seelen- und Genmanipulateure, alltägliche Lebens- und Frauenhasser werden?

„Das sind keine echten Männer. Das sind unreife Menschen, die nicht erwachsen geworden sind", versuchte sich bei einer großen

Veranstaltung des Österreichischen Sozialministeriums ein prominenter Esoterik-Guru auf meine diesbezüglichen Vorhaltungen hin zu rechtfertigen und tat, als ob es sich um einzelne, verschwindend wenige Flops unter den Männern handelte. Es war klar, daß er sich selbst zu den reifen Männern zählte, aber in Wahrheit versuchte er zu retten, was zu retten war, denn er war ebensowenig wie alle anderen Referenten darauf gefaßt, daß ich mit meinem Vortrag die höfliche Ausgewogenheit von Yin und Yang verließ und sie persönlich für den Zustand der Welt verantwortlich machte. Aber dann hatte er sofort eine Erklärung parat, die ein deutliches Licht auf seinen eigenen Reifegrad warf. „Wir können das nicht den Männern allein anlasten. Die Mütter machen aus Söhnen unreife Menschen." Aha! Da haben wir es wieder. Die Mama war's. Darum heißt es ja auch Patriarchat. So stellen sie sich das vor: Mama baut heimtückisch aus dem Hinterhalt ihren Sohnemann zum Massenmörder auf, und wenn sie sich emanzipiert, dann heißt das, daß sie selbst Adolf Hitler wird.

Was würde aus den Männern, wenn die Mama nicht mehr wäre? Sanfte Engel? Gütige Lichtgestalten? Auch wenn viele Mütter als Erfüllungsgehilfinnen des Patriarchats tätig sind, glaube ich doch, daß wir mehr Hitlers und Stalins zu verkraften hätten als jetzt schon, wenn es nicht Frauen wären, die die Kinder aufziehen, sondern Männer. Da auch Sohnesmütter keine Lust mehr haben, für Vati die Sündenziege abzugeben, gilt es nun, die Söhne den Männern zu entfremden, indem wir aus ihnen reife Männer machen. Aber wie? Das ist die entscheidende Frage.

Mütter von Söhnen haben nicht viel Zeit, das zu bewerkstelligen. Wenn der Knabe sich dem zwölften Lebensjahr nähert, ist es schon vorbei. Zwar können auch dann noch Erfahrungen das Werden des zukünftigen Mannes prägen, aber es sind nun andere, die Einfluß nehmen. Alles, was die Mutter tun kann, ist, ihre Zeit zu nutzen und dafür zu sorgen, daß sich anschließend, wenn ihr Einfluß abnimmt, die richtigen Menschen finden, die ihre Arbeit fortsetzen.

Es ist sehr hilfreich, sich dem Dilemma zu stellen, das sich aus der Tatsache ergibt, daß der eigene Sohn es sein kann, aus dem einst ein Horrormann wird. Ohne die Anerkennung dieses Zwiespalts kann sie keine dissidente Sohnesmutter werden. Ein männliches Kind geboren zu haben, bedeutet, daß eine sich zuerst einer gründlichen Selbstprüfung unterziehen muß, um herauszufinden, wieviel und welcher patriarchale Schrott sich noch in ihrem Kopf befindet, den weiterzugeben sie eigentlich beauftragt ist.

Die meisten Mütter von Söhnen sind damit abgelenkt, ihren Söhnen beizubringen, wie und was ein Mann ist, und sie fähig zu machen, in der Männerwelt zurechtzukommen. Ersteres ist schon deshalb sinnlos, weil sie selbst keiner sind und dafür nun wirklich einmal Männer in die Verantwortung zu zwingen wären. Und sie fit für die Männerwelt zu machen, heißt, Feinde fürs Leben aus ihnen zu machen. Denn dann muß sie ihm das Gesetz der Spermie beibringen und dafür sorgen, daß er Frauen funktionalisiert und er emotional verkümmert. Auch darf sie nicht vergessen, daß es für den Sohn eine im Status unter ihm stehende Frau ist, die ihm da zu verklickern versucht, was ein echter Mann ist. Das ist der Grund, warum Mütter bei Söhnen häufig keine Glaubwürdigkeit haben. In der Regel bietet sie ihm tatsächlich auch noch das Bild einer sich Männern unterwerfenden, sich selbst zurücknehmenden Frau. Es ist dieses Bild, das sie selbst von sich häufig nicht wahrnimmt und dessen verheerende Wirkung auf ihren Sohn sie leicht achtlos beiseite schiebt.

Echte Pädagogik hat in den vergangenen Jahrzehnten zu erreichen versucht, daß Kinder nicht mehr geprügelt und psychisch gequält werden. Ausgangspunkt war der Gedanke, daß nur ein Kind, das geprügelt wurde, später seine Kinder ebenfalls prügelt. Wir wissen oder behaupten zu wissen, daß Mißbraucher zuvor als Kinder selbst mißbraucht wurden. Aber offenbar ist niemandem aufgefallen, daß weibliche Kinder zwar auch zu den Prügelopfern zählen, aber weitaus weniger Mütter als Väter die eigenen Kinder prügeln. Bei den Mißbrauchsopfern ist es sogar noch krasser. Die meisten Opfer sind weiblich. Die meisten Täter sind männlich. Was der gutgemeinte pädagogische Ansatz übersieht, ist die Tatsache, daß alle kleinen Jungen beobachten, wie der Vater mit der Mutter umgeht. Und so und vor allem so lernt er, wie er das später auch einmal machen wird. Er sieht die erwachsenen Männer; er sieht, wie sie sich durchwurschteln, wie sie von der Kraft der Frauen leben. Er sieht, wie die Mutter das mit sich machen läßt, wie sie sich preisgibt und keine Selbstachtung hat.

Es gibt für die Sohnesmutter Essentielles zu bedenken. Sie ist die erste Frau im Leben dieses zukünftigen Mannes, und wie sie dasteht, wie sie lebt, wie sie denkt und handelt, zeigt ihm, wie und was Frauen sind. Sie ist es, die seine Ansicht darüber, was Frauen von Männern erwarten, festlegt. Wenn sie in diesen Dingen nicht klar und deutlich ist, wird sie nicht nur eine immense Chance vertan haben, sondern verantwortlich dafür sein, daß dieser Mann unklare und ungenaue Vorstellungen über Frauen entwickelt, und das hat für uns alle unangenehme Folgen.

Vor einigen Jahren lud ich in Unkenntnis der Herausforderung, die das für mich und meine großmütterlichen Kräfte bedeutete, eine junge Mutter mit ihren beiden acht und zehn Jahre alten Söhnen zu mir in die patriarchatsfreie Zone ein. Ich hatte mir das in meiner Ahnungslosigkeit recht nett vorgestellt und angenommen, die Knaben würden sofort damit beginnen, die Freiheit zu genießen, Baumhäuser zu bauen und ähnliches. Jedoch kam es ganz anders. Ihre Mutter war eine aktive Feministin, deshalb fand sie gar nichts dabei, daß ihre Söhne hauptsächlich vom Vater erzogen und betreut worden waren. Sie verhielt sich nicht wie eine Mutter, sondern eher wie eine Art Kumpelin, die da war für den Fall, daß die Jungen irgend etwas brauchten. Ohne daß ich es genau hätte benennen können, war es, als ob irgendeine wesentliche Verbindung zwischen der Mutter und den Söhnen fehlte. Die unsichtbare Nabelschnur war nicht vorhanden.

Beide Knaben umgab eine spürbare, beinahe sichtbare Wolke von Mißachtung weiblicher Koordinaten. Es war nahezu unmöglich, irgendeinen emotionalen Zugang zu ihnen zu finden. In allem, was sie taten oder nicht taten, war Geringschätzung gegenüber uns Frauen zu spüren. Wenn sie nicht gelangweilt in der Gegend herumhingen, machten sie irgend etwas kaputt. Ich hatte ihnen noch nicht zu Ende erklärt, warum sie das eine nicht tun durften, da waren sie schon dabei, irgendwas anderes anzustellen. Es war, wie wenn sie uns nicht ernst nahmen, ganz gleich, was wir ihnen als Reaktion auf ihr Verhalten entgegensetzten. Und ihr Verhalten hatte es wirklich in sich. Nicht daran gewöhnt, Grenzen gesetzt zu bekommen, trieben sie in einer uferlosen Welt dahin und suchten die Reibung, wo sie sich fand. So ein Verhalten kannte ich durchaus, und ich bemühte mich, ihnen Halt durch Reibung zu geben. Setzte ich ihnen Widerstand entgegen, reagierten sie aber mit ungläubiger Verächtlichkeit. Grenzen von Frauen, schien es, wurden nicht als Grenzen anerkannt.

Eines Mittags, als wir beim Essen saßen, gab der ältere der beiden eine so frauenverachtende Äußerung über eine Mitschülerin von sich, daß ich nun wirklich in Zorn geriet. Ich setzte mein bösestes Furiengesicht auf und mahnte ihn ab, d.h. ich verbot ihm, in meinem Beisein sich derart über ein weibliches Wesen zu äußern, und machte ihn warnend darauf aufmerksam, daß er nur von weiblichen Erwachsenen umgeben war. Ich hatte es geschafft! Endlich war er fassungslos. Nun aber war es seine Mutter, die sich bis dahin tapfer gehalten hatte, die ausstieg. Das seien doch, so meinte sie, die ganz normalen, natürlichen, altersgemäßen Äußerungen eines Buben über Mädchen. Das täten alle Buben in dem Alter. Da war es an mir, fassungslos zu werden. Woher nehmen wir solches Wissen? Wieso hinterfragen wir es nicht?

Wie kommt es, daß es die Mütter nicht wundert, wenn die Söhne für ihre natürliche Entwicklung aggressive Reaktionen gegenüber Mädchen benötigen?

Im Fall dieser beiden zukünftigen Männer war noch nicht alles zu spät. Als sie abreisten, nahm ich eigentlich an, daß sie heilfroh waren, der bösen Hexe auf dem Schlangenberg entronnen zu sein. Aber sie wären gern wiedergekommen, wenn nicht ihr Vater ihnen erklärt hätte, daß ich eine Männerhasserin sei, der sie besser nicht mehr begegneten. Ganz allmählich entdeckte die Mutter, wie ihr angeblicher Ausnahmemann Geist und Herz der beiden patriarchal vergiftete. Allerdings hat die Mutter inzwischen begonnen, die wenigen Jahre, die ihr dafür noch bleiben, gut zu nutzen und dem männerzentrischen Wahnsinn, mit dem der Vater die Söhne indoktriniert hat, entgegenzuarbeiten. Sie begann, an sich als Mutter zu arbeiten, um ihren Söhnen ein klares, kräftiges, mächtiges und ernstzunehmendes weibliches Energiefeld zu bieten, in dem sie lernen konnten, was Frauen sind und womit ein Mann zu rechnen hat, wenn er ihnen begegnet.

Mehr kann eine Frau für ihre Söhne nicht tun, aber das immerhin kann sie. Wir dürfen nicht vergessen, daß es immer eine Frau von gestern ist, die dem Sohn sein Frauenbild gibt. Mit diesem Bild muß er heute leben. Das führt beispielsweise dazu, daß unter den heutigen jungen Männern ziemliche Ratlosigkeit in bezug auf ihr Verhältnis zu Frauen herrscht, weil die jungen Mädchen eher offensiv sind, eher bindungsunwillig, eher männerkritisch. Von Mama waren die Herren Söhne ganz etwas anderes gewöhnt. Und nun entwickeln sich ausgerechnet die Knaben zu Stubenhockern, die sich vom Nest nicht losreißen können. Dort haben sie aber, wenn sie ein gewisses Alter erreicht haben, eigentlich nichts mehr verloren. Solange sie sich aber noch im Wirkungsbereich weiblicher Energie aufhalten, sollten Mütter und Co-Mütter ihnen beibringen, was sie unter weiblicher Kultur verstehen.

Wir können damit nicht früh genug beginnen. Mein Enkelkind hat selbstverständlich eine Puppe, und seine Mutter hat ihm gezeigt, wie er für sie sorgen kann. So beginnt sie früh, seine fürsorglichen Qualitäten zu kultivieren. Den liebevollen Umgang mit Tieren und die lebendige Achtung vor ihnen lernt er bei mir. Auf vielfache Weise sorgen wir dafür, daß er eine Chance bekommt, sich mit dem Leben, der Natur zu befreunden, so daß er es/sie sich später nicht untertan machen muß. Die Förderung emotionaler Intelligenz bei männlichen Kindern wird eine wesentliche Aufgabe in matriarchalen Gesellschaften sein. Mit dieser Aufgabe werden die Mütter nicht alleingelassen werden.

In einer Welt wie der unseren steht die Mutter aber allein davor, und Sohnematz ist einem unaufhörlichen Bombardement von Aufforderungen zur Gewalt ausgesetzt. Es ist eine Welt, in der die Söhne auf vielfache Weise vom Vater ans Kreuz genagelt werden, und die unterschwellige Botschaft lautet: „Wenn du dich nicht kreuzigen lassen willst, dann mußt du die anderen kreuzigen." Die Botschaft an die Mütter lautet: „Opfere mir, dem Vater, deinen Sohn." Was wir für die heutigen Söhne tun können, ist, sie unfähig zur Gewalttätigkeit und unfähig zur Opferung zu machen. Wir dürfen uns allerdings davon nicht zuviel versprechen, d.h. wir müssen darauf vorbereitet sein, daß sie als Erwachsene dennoch zu Vati Fortschritt mutieren. Die Gründe, die dazu führen, daß aus dem Sohn ein patriarchaler Mann wird, sind vielfältig. Der gravierendste ist der Druck der Männerallianz.

„Weiberschmecker", sagt man in Bayern verächtlich zu Buben, die lieber mit den Mädchen und mit Puppen spielen. Jungen, die dem Spiel mit der alltäglichen Gewalt nichts abgewinnen können, sind vom Abstieg auf den Status „Frau" gefährdet. Das ist Vatis Waffe, die schon bei den Kleinsten zur Anwendung kommt. Damit haben Mütter und Co-Mütter zu kämpfen, wenn sie vor dem Problem stehen, daß der Kleine ein Maschinengewehr zum Spielen will wie alle anderen auch, daß er nach rassistischen, frauenfeindlichen Videospielen giert, daß er Panzerkreuzer töpfert und keinen Kerzenleuchter.

Ich halte es für den schlechtesten Weg, wenn wir uns dreinfinden und dem Druck beugen vor lauter Angst, der Kleine könnte ein Außenseiter werden. Wenn mehrere Feministinnen ihre Söhne zusammenstecken und gemeinsam zur Schule gehen lassen oder gar auf breiter Basis eine feministische Schule gründen, in der auch Söhne lernen können, Menschen zu werden, dann bedeutet Außenseitertum nicht automatisch auch soziale Isolierung.

Es ist ganz klar, nur das Wort einer mächtigen Mutter gilt. Eine Frau kann nicht dulden, daß ihr Sohn frauenfeindlich und rassistisch wird. Sie wird ihm begründen müssen, warum sie es nicht dulden kann, aber sie wird darauf bestehen müssen, daß er diese Grenze wahrt, und nicht darauf warten, ob er vielleicht so freundlich ist, sich überzeugen zu lassen. Genausowenig wie es nicht von seiner Zustimmung abhängt, wenn sie ihn dazu bringt, nicht ins Zimmer zu kotzen und für die Stoffwechselrückstände die Toilette zu benutzen, kann sie in Zusammenhängen von Frauenrechten, d.h. Menschenrechten, in Fragen von Gewalttätigkeit und Lebensfeindlichkeit irgendwelche Zugeständnisse machen. Von ihrer Eigen-Macht und Authentizität wird abhängen, ob er diese Grenze achtet.

Wenn er in die Pubertät kommt, kann sie im Grunde nichts mehr für ihn tun, außer ihn darauf vorzubereiten, ihre Welt zu verlassen und zu den Männern zu gehen. Auch der Sohn muß sich von der Mutter lösen. Auch in diesem Fall kann sie nichts anderes tun als loszulassen, ihn gehen zu lassen. Sie muß darauf gefaßt sein, daß diese Ablösung turbulent sein kann, denn spätestens jetzt, wenn Testosteron ihn kräftig durcheinanderwirbelt, muß er damit fertigwerden, daß er niemals das können wird, was seine Mutter und alle anderen Frauen können. Er kann nicht bluten, er kann nicht gebären, er ist nicht aus sich selbst heraus schöpferisch. Er ist das Gewordene, das Fremde, das nun vom Zentrum des

Lebens fortgeschickt wird, während im Harem, in der Gruppe der wilden Elefantinnen die laute Party weitergeht, weiter gelebt, weiter gekocht, getanzt, gespielt wird.

Ein Abschiedsritual für Söhne, das mir immer besonders gut gefallen hat, geht so: Der Junge, der verabschiedet wird, sucht sich aus seinen Kindersachen all das zusammen, was er nicht mehr braucht und das mit seiner Kinderzeit verbunden ist. Er entscheidet, was er an jüngere Kinder weitergibt und was verbrannt werden soll. Dann wird das, was er loswerden will und muß, zu einem großen Feuer geschleppt. Dieses Feuer sollte auf einem Gelände entzündet werden, das vielleicht am Fuß eines Hügels liegt. Hier feiert der Junge mit der Gruppe der Frauen, jüngeren Geschwistern und anderen Kindern ein Fest, bei dem es Gutes zu essen und zu trinken gibt und so peu à peu seine überflüssigen Sachen ins Feuer geworfen werden. Wenn es dann richtig dunkel geworden ist, entzünden die Männer oben auf dem Hügel (oder sonstwo in einer bemerkenswerten Entfernung) ein weiteres Feuer. Nun muß sich der Junge von den Müttern verabschieden und sich in der Dunkelheit ganz allein zu den Männern durchschlagen.

Vor dem, was dann kommt, wenn der Junge in der Welt der Männer angekommen ist, fürchten sich viele Sohnesmütter. Nicht ganz zu unrecht, denn Männer unter sich sind – wie ich einmal geschrieben habe – gefährlicher als eine Bombe, denn sie sind die Erfinder der Bombe und ihre Bastler. Wir müssen die Söhne trotzdem fortschicken. Und wir sollten wissen, daß auch dann, wenn die Liebe zwischen Mutter und Sohn danach bestehen bleibt, die alte Innigkeit aus Kindertagen verloren ist und nicht mehr zurückgeholt werden kann.

Das ist eines dieser Dinge, die Mütter und Töchter den Müttern und Söhnen voraushaben. Auch zwischen Müttern und Töchtern variiert die Qualität ihrer Beziehung und schwankt die Tragfähigkeit ihrer Verbindung, wenn beide erwachsen sind. Aber wenn Mütter und Töchter einander wirklich mögen, gernhaben, lieben, dann bleiben sie einander ein ganzes Leben verbunden.

Eine frauenzentrische Welt basiert auf der Verbindung zwischen der Frau, die vor mir da war, und der Frau, die nach mir da sein wird. Wir gelangen dorthin, wenn wir über unseren eigenen Schatten springen. Die beständige Kraft vieler Frauen kann viel verändern. Wir haben schon mehr als eine Mauer einstürzen sehen. Wenn ich mir das chaotische Gehüpfe vorstelle, wenn diese vielen Frauen alle über den eigenen Schatten springen, dann hüpft auch mein Herz.

Viele von uns sind bemerkenswert unruhestiftende Frauen geworden, die nur durch die Gewißheit ihrer eigenen Vision geleitet werden. Ungehindert von Bitterkeit, frei von der Furcht vor Mißfallen, lustvoll in die Breite gehend kommen die alten Mütter zurück, machen sich die neuen Amazonen auf die Socken, und unweigerlich hört man hinter ihnen eine Tür ins Schloß knallen. Ah, endlich unter uns. Diese Ruhe! Dieser Frieden!

DER EID DER FREIEN FRAUEN

Auch von einem Buch muß eine sich lösen lernen. Das gilt für mich, die ich jetzt diese letzten Zeilen schreibe, und für alle Leserinnen, die meinen Gedanken bis hierhin gefolgt sind und es nun bald wieder aus der Hand legen werden. Ganz im Sinn einer matriarchalen, frauenzentrischen Lebenssicht habe ich versucht, Nähe, Konsens und Austausch herzustellen. Die Wahrheit meiner Erfahrungen abzuschließen, bedeutet wieder einmal, loszulassen in der Erwartung, daß alle Leserinnen sie in ihre Wahrheiten weiterverwandeln werden.

Draußen schneit es, und es ist so kalt, daß es auch Lupita zuviel wird. Sie liegt im Stroh vergraben in ihrem Schuppen und läßt sich mit tiefrotem Rüssel nur zum Fressen blicken. Die Dicke wächst mir immer mehr ans Herz. In diesem Jahr habe ich viele meiner Tiere verloren: Alberto, den kleinen Ziegenbock, Paul, den Kojoten, Bozo, den zugewanderten Kater, Monas Katerkinder Müller und Novack und vor einigen Tagen Sina, ein Findelkätzchen. Traurige, schmerzvolle Zeiten. Wir sind nicht unverwundbar.

Ich habe viel gelernt, viel bekommen, viel gegeben, alles ist im Fluß. Ich höre in der Stille, wie die Zeit vergeht. Gestern war vorgestern morgen. Für den Zeitpunkt, wenn dieses Buch von mir fortgeht und seinen Weg zu den Frauen findet, die es brauchen können, haben AstrologInnen für die Entwicklung des Weltgeschehens einschneidende Umwälzungen vorausgesagt. Na, das paßt ja.

Wenn der Frühling da ist, werde ich ein paar neue Schutzhexen machen. Ich werde meinen Hausgebrannten gegen Feigenmarmelade tauschen. Wir werden unsere Netze weiter spinnen, die alten Wege neu gehen.

Dreitausend Jahre Zeit der Männer sind genug. Jetzt beginnt die Zeit der Frauen. Auf diesen Frühling freue ich mich schon sehr. Mama ante portas! Wir werden es noch erleben. Jede wird tun, was ihr möglich ist.

Zuallerletzt möchte ich diesen Eid der Freien Frauen, zu dem mich meine Tochter angeregt hat, auf die Reise schicken. Ich bin sicher, daß er seinen Weg machen wird, und sehr gespannt, wann, wo und wie er mir wieder begegnen wird.

Ich schwöre, daß ich von diesem Tag an nie mehr
den Namen eines Mannes führen will,
sei er Vater, Vormund, Liebhaber oder Gatte,
sondern einzig und allein
als die Tochter meiner Mutter bekannt sein werde.

Ich schwöre, daß ich ein Kind nur dann empfangen und
gebären will, wenn es mein Wunsch ist.
Der Wunsch eines Mannes nach Nachkommenschaft
wird keinen Einfluß auf mich haben.

Ich entsage dem Recht zu heiraten.

Ich werde an keinen Mann Rechtsansprüche stellen,
daß er mich beschütze, mich ernähre oder mir helfe.
Ich werde keinem Mann Rechtsansprüche auf mein Leben,
meinen Körper, meine Gefühle und meine Arbeit einräumen.

Ich werde keinen Mann mehr vor sich selbst beschützen,
noch werde ich ihm als Vergrößerungsspiegel dienen.

Ich werde mich in Zukunft nicht kleiner machen, als ich bin.

Ich schwöre, daß ich bereit bin, mich mit Gewalt und List
zu verteidigen, wenn ich mit Gewalt angegriffen werde.

Ich schwöre, daß ich mich niemals mehr einem Mann
oder einer Institution, die seine Macht repräsentiert,
unterwerfen werde.

Ich verspreche, daß ich von heute an gegen alle Formen
der Selbstzerstörung kämpfen und daran arbeiten werde,
sie aufzugeben.

Mit diesem Tag entsage ich dem Festhalten
an Leid und Geringschätzung, Selbstlügen und Selbsthaß
und begegne mir selbst mit der Achtung,
die ich verdient habe.

Von diesem Tag an wird jede einzelne der Freien Frauen
für mich sein wie meine Mutter, meine Schwester,
meine Tochter, meine Freundin oder meine Geliebte.

Ich verspreche, daß ich mich auf der Erde
mit achtungsvollem Respekt und Liebe bewegen werde.

Matria arché! Ich weiß, daß alles, was lebt,
von der Mutter kommt.

Ich erkenne alle Lebewesen dieser Erde als meine
mir gleichgestellten Geschwister an. Niemals werde ich
eines meiner Geschwister sinnlos töten oder leiden lassen oder
sinnlos getötete und gequälte Geschwister kaufen oder essen.
Ich werde die Lebensräume und Bedürfnisse
aller anderen Lebewesen achten und aktiv Verantwortung tragen
für diejenigen, die, durch die Hand des Mannes domestiziert,
nicht mehr zu einem freien und wilden Leben fähig sind.

Ich schwöre, daß ich nichts von dem, was ich
über Heilung, Religion und Magie erfahre und lerne,
jemals an einen Mann weitergebe, auch dann nicht,
wenn dieser Mann mein Vertrauen hat oder mich darum
im Namen dieses Vertrauens bittet.

Frauen, die noch nicht ganz loslassen möchten,
erhalten Informationen über
Veranstaltungen, Seminare und Beratungen
über die Kontaktadresse:
Temenos
Postfach 22
A–8093 St. Peter am Ottersbach.